Touraine Sociology and
New Theory of Social Movements

トゥレーヌ社会学と新しい社会運動理論

濱西栄司 著
Eiji Hamanishi

新泉社

装幀　勝木雄二

トゥレーヌ社会学と新しい社会運動理論

目　次

第6章　運動の特性と新しい説明理論（2）　180

トゥレーヌ社会学と新しい社会運動理論

序章

1　研究テーマと先行研究

社会運動は、革新的・保守的を問わず、これまで何十年にもわたって社会・世界に強いインパクトを与えてきた。ここ五年ほどをみても、世界では中東の民主化運動、オキュパイ・ウォール・ストリート運動、反移民や反EUの運動、日本でも東日本大震災以後の脱原発運動、反安保法制の運動、反ブラック企業の運動等々、新しい運動が生まれ、社会のありように——少なくともこれからの社会の行く末や世論に——影響を与えてきている。

社会運動に関する学術的研究は、政治学や歴史学（社会史）、人類学、国際関係論などでも部分的にはなされているが、社会学はその中心にあって、実証研究をリードし、理論や分析手法を隣接学問分野に輸出してきた。そのような蓄積が可能になった背景には、社会学自体の歴史において、社会運動というものが重要な位置を占め続けてきたことがある。

そもそも社会学は、神学や哲学（啓蒙思想）、法学、政治論、経済論では太刀打ちできないようなフランス革命後の混乱や社会の崩壊状況にあって、現状を多角的に分析し、新しい社会を予見・再構成すべく誕生した学問であった。社会学の始祖と呼ばれる学者たちは、闘争や紛争、組合、団体、社会主義運動などを積極的に論じてきたし、「社会運動」という言葉を、社会全体の変化（とそれをもたらす勢力）を指すものとして用いはじめたのも社会学の始祖の一人――ヘーゲルの弟子で日本の立憲体制にも影響を与えた――ローレンツ・フォン・シュタインであった（Stein 1850）。

その後も社会学は、社会とその変化を論じるときに、現実の社会運動の動きに注意を払ってきたし、批判理論のように土台に運動・紛争の状況を想定しているような社会理論も少なくない。社会学の再構成が同時に、社会運動理論の刷新につながるということも、本書で扱うトゥレーヌ理論のように、めずらしいことではないのである。

これまで社会運動理論は、同時代の運動・紛争に向き合い、より良い理論を構築する努力を続けてきた。その結果、革命や暴動を中心とした理論から、労働運動を中心とした理論へ、そして争点ごとに組織される運動を中心とした理論へとパラダイムはシフトしてきたのである。その歴史をふまえれば、仮に現在、従来の組織的な運動イメージから外れるような、流動的で群衆的な運動が増加しつつあるとすれば、運動理論も、現代の運動に適したものへと刷新される必要があるということになる。本書の大本にあるのはこのような問題関心である。

だが、その作業は一朝一夕に進むものではない。既存の社会運動理論は、組織や集合行為を中心とした実証主義的な社会学理論に支えられているのであり、その運動理論の乗りこえには社会学理論レベルからの根本的な検討作業が必要になるからである。本書第Ⅰ部でまず社会学理論の検討をおこなうのはそのためである。

第Ⅰ部で取り上げるのは、現代フランスを代表する社会学者・知識人であるアラン・トゥレーヌ（Alain Touraine）の社会学理論である。トゥレーヌは、戦後フランス社会学を支えた四人の社会学者（他にブルデュー、クロジェ、ブードン）の一人として、また現代社会学を代表する〈社会運動研究者〉として世界的に知られている。とりわけ彼の名は、脱産業社会論や「新しい社会運動」概念と結びつけられることが多い。一九六八年以後の運動の盛り上がりを、彼は先駆的に社会全体を左右する新たな「社会運動」の登場と捉え、[*1] 社会の「脱産業（工業）」化を主張したのである（Touraine 1969）。その解釈は、現在では広く受け入れられており、日本でも東日本大震災以後の脱原発運動や近年の反安保法運動を「新しい社会運動」と呼ぶことが増えている。

彼はまたフランスの代表的知識人の一人である。古典的な産業主義的「社会主義」をいち早く批判し（Touraine 1980）、一九九〇年代以後は女性の権利・運動の重要性を積極的に訴え（Touraine 1992, 2006他）、フランスの（穏健派）革新勢力に大きな影響を与えてきた。現在も二大政党の一つである社会党（PS）やフランス民主労働総同盟（CFDT）のブレーンとして活躍しており（Royal et Touraine 2008; CFDT 2015）、「パブリック・ソシオロジー」（公共社会学）の代表的実践者の一人としても国際的に認知されている（Burawoy 2007）。

トゥレーヌは教育者としても知られ、M・カステルやA・メルッチはもちろん、欧州・ラテンアメリカ圏を中心に多くの社会学者を育ててきた――彼はフランス語・英語・スペイン語を操る。一九八一年に国立社会科学高等研究院（EHESS）内に設立された「社会学的介入・分析センター」（CADIS）はその拠点であり、国内外の社会学者五〇人以上（二〇一五年現在）が共同研究や大学院生の指導をおこなっている。代表的なトゥレーヌ派社会学者といえば、CADIS第二代所長でテロリズムや人種差別、原子力公社の研究で有名なM・ヴィヴィオルカ（二〇〇六―一〇年度国際社会学会〔ISA〕会長）、初代副所長で郊外のマージナルな若者集団や小中高・大学生の研究で知られるF・デュベを「双璧」として、第三代所長で癌患者の主体性に関する研究のP・バタイユ、第四代所長でイスラム社会・アラブの春研究のF・ホスロハヴァール、サパティスタなどラテンアメリカ研究のY・ル・ボ、労働組合や若者集団、非西欧圏の運動の研究で知られるK・マクドナルド、オルタ・グローバル化運動研究のA・ファッロやG・プレイヤーなどである。トゥレーヌを中心としたネットワークは、現在では、ISAにおいても重要な位置を占め、Z・バウマンやA・ギデンズ、U・ベック、J・アーリ、S・サッセンなどとの関係も深い。

では、そのトゥレーヌと後継者たちの理論や業績についてこれまでどのような研究がなされてきたのだろうか。五〇年以上におよぶトゥレーヌの知的営為については前期（一九五〇―六八年）、中期（一九六八―八六年）、後期（一九八六年―現在）に分けた上で、国際的なレベルでの状況と、日本における状況を確認しておきたい。

まず前期（一九五〇―六八年）はルノー工場の歴史調査や大規模階層調査をおこない、また独自の行為理論を構築した時期である。その時期の業績については、多くの社会理論家や産業・労働社会学者によって検討がなされてきた（Mallet 1963; Sheppard 1966; Rose 1996a,b他）。ギデンズも実証主義を超えるアプローチの一つとして、トゥレーヌの行為論に早くから注目していた（Giddens ed. 1974）。日本でも、一九六〇年代から前期トゥレーヌの翻訳が進められ（Touraine 1965=1974）、高橋（1952）や小関（1968）、林（1975）が彼の工場調査や階層調査の検討をおこない、梶田（1974, 1988）、塩原（1975）、新明（1974）、林（1977）、佐藤（1976）が彼の行為主義・行為論について検討している。とりわけ佐藤（1976）は、ウェーバー理論とトゥレーヌ理論を土台に自らの「行為の社会学」を提起した。

つぎに中期（一九六八―八六年）は、すでに述べたように、五月運動論や脱産業社会論を提示し、アメリカの大学・学生運動の分析、社会学的介入による大規模な社会運動調査を実施した時期である。この時期の業績については、とりわけ世界中で検討がなされてきた。目立つところでは、新しい労働者階級論で有名なS・マレ（Mallet 1969）やバウマン（Bauman 1983）、メルッチ（Melucci 1975, 1980他）の研究がある。またトゥレーヌ理論の一部である運動論を、J・ハーバマス、C・オッフェ、メルッチらの理論（の一部である運動論）と一緒に、「新しい社会運動論」「新しい社会運動アプローチ」と呼んだ上で、「なぜ」運動が起きるのかを問うアプローチとして位置づける研究（Klandermans 1986, 1991; Tarrow 1988他）は、運動研究の中で非常に多い。また話題を呼んだ社会学的介入法についての研究（Eyerman 1982; Wieviorka 1986; Dubet & Wieviorka 1996; McDonald 2002; Ansart 1990; Hamel 1998, 2001; Blee & Taylor 2002; Johnston 2002; Minguet 1980; Amiot 1982; Scott 1991; Gamson 1983）も積極的になされてきた[*2]。

日本でも、中期の著作の多くが翻訳され（Touraine 1968=1970, 1969=1970, 1978=2011; Touraine et al. 1980=1984; Touraine et al. 1981=1984）、その歴史的行為システム論（梶田 1980, 1988他）やフランス社会（学）との関係性（寿里 1975, 1984; 杉山 1983, 1990, 2000他）について、また、社会学的介入の検討（伊藤るり 1984; 矢澤 2003他）、資源動員論との比較検討（伊藤るり 1993a; 長谷川 1990; 成・角 1998; 渡辺 2000, 2001; 杉山 2007他）もなされてきた。ちなみにトゥレーヌは、一九六九年に成田闘争などの学生運動に関する講演のために来日し、また一九七三年にもパーソンズとともに、日本経済調査協議会主催のシンポジウム（経団連会館）において「プログラム化社会の誕生」について報告をおこなうために来日している（大久保他 1974: 353–354）。

後期（一九八六年—現在）は、西欧近代の脱近代化・脱制度化・脱社会化の理論を構築し、「主体」概念の問い直しや文化運動論を提起し、女性や他のマイノリティの調査を実施した時期である。この時期については、ほとんどの著作が英語等に翻訳され[*3]、著名な社会理論家によって、近代論、社会論、行為論などの観点からすでに検討がなされている（Bauman 2000, 2001; Delanty 2003; Urry 2000; Cohen 2006; Joas 1996; Habermas, Schnapper et Touraine 2001）。とりわけ脱近代化論の検討（Arnason 1994, 2002, 2010; Ballantyne 2007, 2008, 2010; Knöbl 1999; Wagner 1998）、個人的主体論と批判理論、公共哲学などとの比較検討（Arnason 1994; Gorz 1996; Knöbl 1999; Tucker 2005; Linkenbach 2000; Wilde 2007）がなされてきた。また多くの学者が後期理論に重点を置いて検討する特集本として『アラン・トゥレーヌ——合意と論争』（Clark & Diani ed. 1996）や『主体を考える』（Dubet et Wieviorka ed. 1995）があり、また European Journal of Social Theory 誌（Wagner 1998; Beckford 1998; Fine 1998; Turner 1998）や Anthropological Theory 誌（Hant 2002他）においても特集が組まれている。

日本では、後期理論に関する翻訳は存在せず、その内容はほとんど知られていない。実際、トゥレーヌに言及するような近年の研究（大畑・木下 2006; 道場 2006; 牛山 2006; 牟田 2006; 荻野 2006; 中澤 2012; 伊藤昌亮 2011）も引き続き中期をトゥレーヌ理論として取り上げているものがほとんどである。例外的に貝沼（2003, 2004a,b）は後期理論と批判理論の関係を、長谷川秀樹（2000）は後期トゥレーヌのネオリベラリズム論を、それぞれ独自に検討していて貴重だが、前・中期との関係性については残念ながら検討されていない。ちなみにトゥレーヌは、二〇〇八年に来日し、京都大学で「現代の社会運動」と題して後期理論に関する講演をおこなっている。

最後に後継者の業績については、国際的にみてもまだほとんど体系的な検討がなされていない。たとえばヴィヴィオルカ理論の検討はほとんどが書評のレベルにとどまるし（Crowley 1992; Wilkinson 1997; Martiniello 1998; Peace 2009; Mondon 2015他）、またデュベに関しても書評（Berthelot 1996; Yves 1996; Derouet 1992; Duprez 1988; Claude 2003）と一部の実証研究への応用（Briot and Chifflet 2004; Jary and Lebeau 2009他）にとどまっている。例外的にハンブルグ社会研究所刊行の Mittelweg 誌の特集で、デュベの正義研究（Dubet et al. 2006）だけはホネットの承認論などと比較研究（Castel and Dubet 2011; Hartmann 2011; Pongratz 2011; Potthast 2011）がなされているが、やはりかなり限定的である。

日本ではデュベの翻訳（Dubet 1994=2011; 2011=2014）やヴィヴィオルカの翻訳（Wieviorka 1998=2007, 2001=2005, 2004=2007）が進みはじめた段階であり、森（2007）や宮島・森（2009）、田川（2007）がヴィヴィオルカに、また伊藤るり（1993b）や花田（1995）、荻野（2006）がデュベに、そして稲葉（2004）がトゥレーヌ派全般に、それぞれ触れている程度で検討はほとんど進んでいない。実証的には、ヴィヴィオルカの反運動論をフラッシュモブ分析に用いたり（伊藤昌亮 2011）、また後述するケビン・マクドナルドの経験運動論を、地域通貨運動（濱西 2005a）や非正規雇用・若者の労働運動の分析の一部（橋口 2011）に用いたりする例はあるが、まだ限られている。

　このように既存の研究はそれぞれ時代・対象が限定されている。前期から後期、後継者まで、トゥレーヌらの理論の全体像を捉えるものではなく、[*4] その結果、実際には前期にしかあてはまらない特徴、中期にしかあてはまらない特徴、後期・後継者にだけあてはまるような特徴を、トゥレーヌらの理論全体の特徴として捉えることになってしまっているとすれば、その状況は、トゥレーヌ理論の正確な理解を妨げ、その意義や可能性を見失わせることにつながるだろう。

　というのもトゥレーヌらはつねに実証研究をおこない、その結果と対話することで理論・方法論を新たに作り変えてきたからである。前期であれば、『ルノー工場における労務の進化』（Touraine 1955）がまず歴史的な研究であり、その成果にもとづいて、『行為の社会学』（Touraine 1965）において視座と分析手法が定められ、大規模階層調査にもとづく『労働者意識』（Touraine 1966）がその分析成果ということになる。また中期であれば、『五月運動、あるいはユートピア的コミュニズム』（Touraine 1968）と『脱工業社会』（Touraine 1969）は歴史的分析であり、『社会の生産』（Touraine 1973）が分析の枠組みを定めるものとして位置づけられる。[*5] そして分析のための特殊な方法（社会学的介入）を定めるものが『声とまなざし』（Touraine 1978）であり、『学生闘争』（Touraine et al. 1978）、『反原子力の予言』（Touraine et al. 1980）、『地方対国家』（Touraine et al. 1981）、『連帯』（Touraine et al. 1982）、『労働運動』（Touraine et al. 1984）などがその成果だということになる。一九八一年に創設されたＣＡＤＩＳは、まさにそのような仮説・理論にもとづいた調査を大規模におこなうための拠点だったのである。さらに後期においても、『近代の批判』（Touraine 1992）、『民主主義とは何か』（Touraine 1994）、『われわれはともに生きることができるのか』（Touraine 1997a）が歴史的分析であると同時に理論的枠組みを提示する書であり、『女性の世界』（Touraine 2006）や後継者らの著作がその成果ということになる。

つまりトゥレーヌ理論は、歴史的に限定された対象を分析するための方法論とそれにもとづく調査研究の成果から構成される理論であるが、このような特徴は、トゥレーヌらの研究の全体を見渡して初めて浮かび上がるものである。既存の部分的な研究では、その特徴は決して見えてこない。

トゥレーヌ理論が正確に理解されていなければ、ヴィヴィオルカやデュべら後継者の理論・業績はもちろん、トゥレーヌの影響下で理論構築を開始したメルッチやカステルの理論を厳密に理解することも難しくなる。またギデンズの初期理論（Giddens ed. 1974）やリキッド・モダニティ論以後のバウマン（Bauman 2000, 2001）、アーリ（Urry 2000）、デランティ（Delanty 2003）など、しばしばトゥレーヌらの理論を参照しつつ議論を展開するような理論の理解も不十分なものになってしまうだろう。ブルデューら（Reynaud et Bourdieu 1966）がなぜ前期トゥレーヌ理論を批判したのかも理解できないのである。社会理論・学説上、トゥレーヌ理論という「空白」が存在していることは、さまざまな社会理論を理解する上で障害になっている。

2　本書の研究課題・事例・構成

本書の研究課題はまずもって、トゥレーヌらの理論を検討し、その全体像と独自性を明らかにすることにある。トゥレーヌ理論は、行為主義・歴史的仮説からなる。「行為主義」とは、社会・システム・構造に対して、歴史・アクター・主体を中心にさまざまな社会現象を捉えようとする立場を指し、そこには多元的な行為論理を想定して対象を解釈していく方法論も含まれる（第1章参照）。つぎに「歴史的仮説」とは、同時代状況を行為主義にもとづいて、歴史的に捉えた仮説を指す（第2章参照）。本書第Ⅰ部では、行為主義と歴史的仮説という核を軸にトゥレーヌらの理論を検討していくことになる。

方法論的にみれば、トゥレーヌらのアプローチは、歴史や全体社会と関係づけつつ行為・紛争・運動に関する諸類型を構築した上で、潜在的な部分も含めて現実の対象のもつ意義を（規範的に）解釈・評価するものである。対象は、運動・紛争を中心に、さまざまな組織、問題、制度、個人の経験におよぶ。実際、第3章では、日本社会全体、社会組織ネットワーク、アクティビスト・キャンプの実践など幅広い対象をトゥレーヌ理論から解釈できることを示すことになる。

つぎに本書第Ⅱ部では、トゥレーヌ理論を社会運動論として限定的に捉え、方法論的な検討にもとづいて因果分析のアプローチへと転換し、現代のグローバル運動（サミット・プロテスト）の分析をおこなう。これが本書の二つ目の課題である。本書第Ⅰ部が、トゥレーヌ流の解釈理論の刷新に寄与するとすれば、第Ⅱ部は、方法論的立場を異にする因果分析の領域において、新たな説明モデルを構築し、もって社会運動理論全体のパラダイム・シフトに寄与しようとするものとして位置づけられるだろう。

本書第Ⅱ部で取り上げる「サミット・プロテスト」(summit protests) とは、先進・主要国首脳会議（G6／G7／G8）や国連の首脳会談など、いわゆる「サミット」(summit meeting) 級の会議に対する大規模な抗議活動のことである。一九九〇年代末から世界的な盛り上がりをみせ、「反グローバル化運動」「オルタ・グローバル化運動」などと呼ばれ、マス・メディアでも大きく取り上げられてきた。多種多様な個人・集団が参加し、ソーシャル・メディアを駆使して、路上でのデモ行進や実力行使を展開するそのスタイルは、その後の中東民主化運動（アラブの春）やアメリカの金融街占拠運動（オキュパイ・ウォール・ストリート）などにも影響を与え、日本でも東日本大震災以後の脱原発運動や反安保法運動のスタイルなどにその影響をみることができる。国際的な運動研究の学界においてもサミット・プロテストを含むグローバル運動への注目は高まってきており、近年の国際学会では、社会運動関連部会のほとんどを上述のオキュパイ運動やアラブの春、世界社会フォーラムなどに関する研究が占めるということも起きている。しかし、一国家・社会内で活動する社会運動の場合とくらべても、グローバルな運動への研究アプローチが確立されているとは言いがたい。

既存のサミット・プロテスト研究は、サミット・プロテストの一部の側面を取り上げ、一般化することが多かった。たとえば、「オルタ・グローバル化運動」研究の多くは、一つの事例として、一九九九年のシアトルWTO会議や二〇〇一年のジェノアG8サミットへの抗議活動を取り上げている（della Porta ed. 2007; della Porta et al. 2006; Pleyers 2010; Farro 2004; Toscano 2012; Wieviorka ed. 2003; Wieviorka 2005他）。しかし、それらの研究はきわめて多様な側面をもつサミット・プロテストの中で、「オルタ・グローバル化」を明示的に掲げるようなアクター（世界社会フォーラムや欧州社会フォーラム、ATTACなど）を中心にしてそこに全体を還元して論じているようにみえる。また社会運動のトランスナショナル化の現象として、サミット・プロテストを取り上げる研究（Tarrow and McAdam 2003; Tarrow 2005他）も多いが、NGOなど組織化された可視的な組織群だけに焦点をあてており、しばしば各国の統計データと結びつきやすい部分だけに注目している。アナキズムや直接行動を指向する人々に焦点をあてる研究（McDonald 2006; Graeber 2009）もあるが、他の多様な組織的アクターは視野から抜け落ちることが多い。また、「反帝国主義」「マルチチュード」の運動であるとする分析（Hardt and Negri 2004）も、二〇〇一年ジェノアG8サミットの際の社会センターなどが中心で過去四〇年近いサミット・プロテストに関わるアクター全体に焦点をあてているわけではない。

またサミット・プロテストが注目を浴びてきた一つの理由として、サミット会場付近での大規模なアクションの展開があるが、やはり従来の研究では、組織・アクターの特徴や考え方に焦点が置かれており（della Porta ed. 2007; della Porta et al. 2006; Pleyers 2010; Farro 2004; Toscano 2012; Wieviorka ed. 2003; Wieviorka 2005; Tarrow and McAdam 2003;

Tarrow 2005; Hardt and Negri 2004）、アクションそれ自体に関する分析はそれほど進んでいない。NGOグループ当事者によるロビー活動報告書（Darnton 2006; 林 2007; Metrica 2007）は出されているが、記述レベルにとどまり、またNGOの行動に限定されている。学問的なレベルでは、直接行動の実態の記述（Graeber 2002, 2009; Juris 2007; McDonald 2006; 仲田 2008a,b）、世界社会フォーラムのスタイルの分析（Haug et al. 2013）、社会センターなどの非暴力不服従スタイル（White Overalls 1998; Grazioli and Lodi 1984; Dines 1999; Berzano and Gallini 2000; Berardi 1997 [1987], 2009; 阿木 2000）などに限られ、いずれも全体からみれば一部の対象に限定されている。サミット・プロテストの多種多様なアクター・アクション全体を射程に収め、分析しようとする研究は管見の限りではまだ存在していない。国家を超えるグローバルな運動の広がり、さまざまなアクターを含む包括性、サミット開催地でのさまざまな革新的な行動や混乱、出来事などは非常に注目を浴びているが、既存のアプローチでは十分な説明も理解も得られていないのである。

最後に本書の構成について簡単に述べておきたい。

本書はまず第I部で、トゥレーヌ理論を検討する。第1章では、伝統的な行為論との関係で行為主義を位置づけ、トゥレーヌ理論の全体像と特徴、方法論、課題を明らかにする。続く第2章では、前期・中期・後期・後継者の歴史的仮説を検討した上で、福祉レジーム論などにもとづいて、仮説を相対化していく。第3章では、そのレジームモデルを日本の社会組織・運動に試論的に応用し分析をおこなっていく。

第II部では、第I部の成果をふまえつつ、サミット・プロテストの事例分析を通して社会運動理論のパラダイム・シフトを試みる。まず第4章で社会運動論の二つの系譜の方法論的検討を通して、トゥレーヌ理論を動員論に代わる新しい因果的分析のアプローチへと転換する。その上で第5章では、多様な争点・アクター・アクションが混ざり合うサミット・プロテストの特性が形成されるメカニズムを複合レジームモデルから説明していく。そして第6章では、一つの集合的現象として立ち現れるメカニズムを、敵手との重層的関係や空間的密集・集合的経験から説明していく。

第Ⅰ部　トゥレーヌ（派）社会学とその応用

第1章　行為主義の社会学理論

第1章では、トゥレーヌ理論の核となる行為主義について検討する。行為主義は、全体社会を理論化する仕方における一つの立場であり、機能主義・構造主義とは異なり、機能や構造よりも行為・闘争を、システムではなくアクターを重視する。[*1]

以下では、まず伝統的行為論からトゥレーヌの歴史的行為論を位置づけ（第1節）、つぎにその理論体系の中で歴史的行為の諸類型が定められていることを確認する（第2節）。その上で対象と理論の関係、調査と介入、多元的解釈といった方法的な特徴について検討していく（第3節）。

1　歴史的行為からシステムへ

行為主義と歴史的行為

振り返って、M・ウェーバーは、人間の行動の中で主観的意味が含まれているものを「行為」と呼び、行為の中で他者への指向性をともなうものを「社会的行為」（放置や我慢も含む）として位置づけた。

> 「行為」とは、単数或いは複数の行為者が主観的な意味を含ませている限りの人間行動を指し……「社会的」行為という場合は、単数或いは複数の行為者の考えている意味が他の人々の行動と関係を持ち、その過程がこれに左右されるような行為を指す。（Weber 1921–22=1972: 8）

ここでいう、他者への指向性とは、「他の人々の過去や現在の行動、或いは、未来に予想される行動へ向けられる」ことを指している。たとえば「以前に受けた攻撃への復讐、現在の攻撃の撃退、未来の攻撃に対する防御方法」（Weber 1921–22=1972: 35）である。[*2] 黙想、孤独の祈り、瞑想、また他者に向けられているようにみえても単純な模倣などは除かれるという。

> 外的行為も含めて、あらゆる種類の行為が、この意味の社会的行為であるとは限らない。外的行為がただ物体の行動の予想に向けられている場合は、社会的行為ではない。内的行動でも、他の人々の行動に向けられて初めて社会的行為になる。従って、たとえば、黙想や孤独の祈りのような宗教的行動は社会的行為ではない。ある個人の経済的行為や、第三者の行動を考慮している限りにおいてのみ社会的行為である。（Weber 1921–22=1972: 35–36）
>
> 人間間の接触は、そのすべての種類が社会的なものとは限らない。自分の行動の意味が他人の行動に向けられていなければ、社会的ではない。（Weber 1921–22=1972: 36）

社会的行為というのは、（1）大勢が同じ行為をすることとも違うし、（2）他人の行動に影響された行為とも違う。……（1）雨が降りはじめて、街頭でたくさんの人たちが同時に雨傘を開いても、普通、或る人間の行為が他の人間の行為に向けられているわけではなく、すべての人間の行為は、濡れるのを防ぐという必要に等しく向けられているのである。(Weber 1921–22=1972: 36)

他人の行為の単純な模倣も、自分の行為が他人の行為に意味的に向けられるのでなく、模倣がただ反射的に起こる限り、概念的にはとくに社会的行為というものではない。この境界はあいまいなので、区別の難しいことが多いように思う。しかし、或る人が便利な方法を他人から学び、それを自分も試みるというような事実だけでは、わたしのいう社会的行為にはならない。この行為は、他人の行動に向けられているのでなく、行為者が他人の行為の観察によってある客観的な利益を知り、この利益を目標にしているのである。(Weber 1921–22=1972: 37–38)

ウェーバーによれば社会的行為は指向性の「種類」にもとづいて少なくとも四つに区別される。すなわち、価値合理的行為、目的合理的行為、感情的行為、伝統的行為である。ただし、これらは「行為の方向［指向性］の種類を網羅した分類ではなく、社会学の目的に合わせて作った概念上の純粋類型に過ぎない」(Weber 1921–22=1972: 41［ ］内は引用者、以下同）のであり、実際の行為はそれらの組み合わせからなるとする。「或る一つの方向だけを持つ行為、特に、そういう社会的行為というのは非常に稀で」「現実の行為は、これら純粋類型との間に大小の距離があり、また、さらに多くの場合、それらの混合物である」(Weber 1921–22=1972: 41–42)。

ウェーバーによれば、もっとも明確に理解されるものは合理性にもとづく行為であり、他方で伝統的行為や感情的行為、そして価値合理的行為は理解の明証性の点で劣るという。

合理的に理解できるもの、すなわち、その知的意味が直接明白に把握できるものの筆頭は、やはり、数学的或いは論理的な諸命題の関係に含まれる意味連関である。……右のような合理的方向を持つ目的的行為の解釈は……いつも最高度の明確性を有している。……人間の行為は、いろいろの究極的な目的や価値へ向けられることがあるが、こういう目的や価値は、わたしたちが完全に明確に理解し得ない場合が非常に多く……（Weber 1921–22=1972: 10–11）

また行為における指向性が互いに向けられて双方向的になり、その行為が安定してなされるようになることが「社会関係」と呼ばれる。そして「闘争」「秩序」「支配」「権力」「経営」「国家」なども社会的行為概念から演繹的に位置づけられるという。

社会的「関係」とは、意味内容が相互に相手を目指し、それによって方向を与えられた多数者の行動のことを指す。……国家、教会、組合、夫婦などのようないわゆる社会集団が問題になる場合でも、社会的関係というのは、明らかに意味内容が相互に相手を目指しているような行為がかつておこなわれたことがあり、現におこなわれつつあり、やがておこなわれるであろう、その可能性にほかならない。（Weber 1921–22=1972: 42–43）

つぎに初期のT・パーソンズは、行為を合理性と結びつける功利主義・合理主義に対して、意図や目的と関係づける主意主義を打ち出し、単位行為が行為者・手段・目的から構成され、それぞれに規範と状況が影響を与えるとした。そして価値・規範が「役割期待」を通して個人を制約し、パーソナリティの中に内面化され、行為の動機を形成し、実際にその内面化された価値規範にそって行為がなされ、集合化されることで、秩序・構造が形成されるとする。行為が規範への指向（この状況でこうするのが適切と社会的に考えられているもの）を有し、行為者がそのような指向をもつがゆえに、秩序も形成されるとしたわけである（松本 1997）。そしてその規範への指向性は、二項対立（①感情性／感情中立性、②自己志向／集合体志向、③個別主義／普遍主義、④属性主義／業績主義、⑤限定性／無限定性）的に整理することが可能で、それらの組み合わせによって多様な秩序・社会構造が決まるとした（中野 1997; 松本 1997）。

パーソンズによれば、規範・価値は文化の構成要素であり、文化とは「人間の行動を形づくる要因としての、価値、観念、さらにその他のシンボル的に有意味なシステム」である。社会とは「個人や集合体間の相互行為の関係システム」であるから、彼は「演劇における台本（脚本）が文化であり、台本をもとに演技する俳優からなるところの、上演中の演劇が社会ということになろう」（Parsons 1961=1991: 143-144）と述べている。

トゥレーヌも、パーソンズと同じく、規範と行為の関係を重視し、「行為者の指向性を他の行為者に関してではなく、価値自体に関して考察する分析」（Touraine 1965=1974: 51）を目指そうとする。[*3] その上で価値・規範をめぐるさまざまな行為の中で、価値・規範それ自体を形成する行為（歴史的行為）に注目することで独自の行為論を展開していくのである。[*4] トゥレーヌによれば、（歴史的）行為者は「ルールと規範への順応」によって定義されるのではなく、「自分をアクターに作り上げ、環境を変え、自律性を強化する能力」（Touraine 2000: 902）、「ルールや規範の単なる適用には還元できない行動を構築し、正当化する能力」（Touraine 2000: 906）によって「定義される」という。

トゥレーヌによれば、個人であれ集団であれ、歴史的行為者とみなされるためには、既存の社会関係をふまえて、意図的・主体的な行為をおこなえているかが問われることになる。反対に、非意図的、反射的な行動をしたり、恐怖や慣習の中でなされたり、一人の頭の中でばらばらになっていたりするのでは、歴史的行為者とはいえない。集団レベルでいえば、何ら統一性がなくばらばらの状態、意図が共有されず、自分たちのアイデンティティもライバル認識も争点認識も統一されていない状態、たんなる個人の特性の集まりに過ぎない状態は、やはり一つの歴史的行為者とはみなしえない。また、個人であれ、集団であれ、何らかの行動を意図とは別に強いられる状態、支配・操作され、ただ言いなりになるしかない状況も——仮に字義通りの状態が存在したとして——歴史的行為者とはいえないことになる。このような規範的な定義を設定することで、さまざまなものが混ざり合った具体的状況の中に、歴史的行為者に向かう傾向・要素・側面・萌芽を探り出し、その形成・発展にも関わっていくことが可能になる。

　歴史的行為は、価値・規範を創り出す行為であり、「歴史的行為の分析は《文化》、すなわち人間とその作品との関係を対象としている」（Touraine 1965=1974: 92）。その際、社会的行為・社会関係・社会システムは、歴史的行為の前提・場として位置づけなおされることになる。人や集団の客観的な地位や階層に関する研究もまた歴史的行為にとって前提となる場についての研究として位置づけられることになる。

> 社会階層の経済社会的基盤と態度・振る舞いの社会的分類との関係性……についての実証研究……は個人や集団の行為の前提となる社会的準拠カテゴリー、つまり行為の前提となる場の研究である。／それは具体的には、服を着るとき、投票するとき、友達を選ぶとき、結婚するとき、子どもの教育や死刑についての自分の意見を表現するときに、個人がそこにおいてそれに応じて振る舞うところの社会的カテゴリーを検討することが重要だということを意味している。（Touraine 1953: 355［傍点は原文、以下同］）

社会関係・システム＝「行為の場」は複数存在する。「個人や集団のさまざまなタイプの行為や振る舞いがすべて唯一つの場に位置づけられるとア・プリオリに断言することはできない。反対に、さまざまな社会的カテゴリーの間で持続する制度的障壁のない現代社会においては少なくとも、場は、検討中の行為や態度のタイプに応じて変化すると考えるほうがもっともである」（Touraine 1953: 355-356）。それゆえ、歴史的行為とその「場」に関する研究は、「（a）ある個人の行為の前提となる場に関する直接的研究」「（b）場の内部領域と外部領域の「制度的」諸関係に関する研究」「（c）慣習的な場の外に出る行為としての社会移動の研究」「（d）最後に、全体的な（globale）アプローチ」にまでおよぶという（Touraine 1953: 356）。その上でトゥレーヌ自身は、（d）の全体社会の水準へと理論形成を進めていく。翌年の論文（Touraine 1954）でトゥレーヌは、「現代アメリカ社会学における全体社会の扱い方」を批判し、それが「形式主義的社会関係論の立場をとっており、全体社会を個々人の相互作用を基底とする地位・役割期待のセットから成立つ「社会体系」に切下げることによって、現実社会が内含する具体性・歴史性を捨象することになり、思弁的・静態的分析へと落ち込む」と批判している（林 1975: 51）[*5]。代わって歴史的行為における規範的「指向性の体系」（Touraine 1965=1974: 181）は、（社会システムに対して）「歴史的主体」あるいは「歴史的行為システム」と呼ばれ、およそすべての実践（闘争・運動・葛藤など）の指向性がその中に位置づけられる。つまり、あらゆる階級、あらゆる社会集団が「歴史主体の担い手」として捉えられるようになる（Touraine 1965=1974: 187）。

> 主体というアイデアがまず第一である。自らの考察のはじまりにおいて、私は社会システムや役割上の権限、分業といった観点から語ることを拒否する。……私が明らかにしたかったのは、社会生活を統治しているのは、社会と呼ばれるものの統合・効率性についてのさまざまな欲求ではなく、集合的な創

造に参加していると意識し、かつ産業化を自分たちの福祉と自由に貢献させるべく闘う労働者のように、自分たちの創造物を創り出すと同時に統制しようとする、パーソナル・集合的主体のさまざまな要請・主張・権利要求だということである。（Touraine 2000［1965］: 9）

ギデンズもいうように、「この鍵概念［歴史的主体］は、集団思考や集合意識といった時代遅れの考え方への回帰を表すものではない、とトゥレーヌは強調する。歴史的主体は、確固とした経験的な参照先を有するものではなく、意味の創造者としての、社会的行為［歴史的行為］の統合的なまとまりを理解するための方法的原理、とみなすのがもっとも適切である」（Giddens ed. 1974: 16）。「歴史的主体」は、価値・規範を創り出す行為の全体を捉えるための方法原理であり、歴史的主体というものを仮定することではじめて、機能主義とは違う角度から、規範的行為の全体を総合的に捉えられるようになる。[*6] トゥレーヌらは紛争・運動、社会問題や制度、メディア……といったものをすべて歴史的行為の観点から捉え、それらの中にも多かれ少なかれ含まれている歴史的行為の要素を見出し、同時期に立ち上がってくるつぎの社会の指向性を見定めようとするのである。

歴史的行為システムからの体系化

歴史的行為は、社会的行為――双方向化して社会関係、社会システムへとつながっていく――とは違い、価値・規範そのものを形成する行為であり、既存の価値・規範の下で安定化した諸社会システムを超えていく行為だといえる。それゆえ歴史的行為は、安定した社会関係・社会システムを行為の場として利用して体系化されていく。

全体社会の歴史的行為システムは、組織の水準、つまり「規則と規範に従って機能する社会システムの水準」

(Touraine 1978=2011: 90)、つぎに政治・制度の水準、すなわち「社会による社会の生産の観点に立脚することによって……社会組織を設けている集合体によって正統と見なされた意思決定を下すところの社会関係のシステム」(Touraine 1978=2011: 109) の水準、そして歴史性の水準が区分けされる。「歴史性」とは、歴史的主体のもつ能力、(近代・産業) 社会が有するようになった〈既存の社会に自ら介入して／働きかけて――経済的介入、政治的介入、(文化的モデルを介した) 文化的介入によって――自らを作り出し作り変える能力、新たな社会を生み出す能力〉(歴史形成能力 historicité) を指す。各水準は基本的に自律的な関係にあるが、上層は下層に対して一定の枠付けをおこなう (Touraine 1973, 1978)[*7]。

社会の自らへの介入は、社会分化が進む中で、社会の自己生産の能力をめぐる支配的な集団と被支配的な集団というクラス・階級の間の一対の権力関係というかたちをとるようになるという。「各社会類型は一つの文化的モデル (知識形態、倫理形態、投資形態) と一つの権力的不平等性――社会的創造性の占有において定義される支配的アクターと、同じ創造性の名の下でその占有に対して闘う対決的アクター――によって特徴づけられる」(McDonald 1994: 47)。そして、当該社会の一つの文化的モデルをめぐって闘う中核的な「社会関係」におけるアクターの理念型が「社会運動」(全体社会の運動という意味) と呼ばれ (Touraine 1978=2011: 136-138; Touraine et al. 1980; Touraine 1997a=2000: 90)、〈各々の社会は一つの「文化的モデル」を有し、それを賭金として一つの「社会運動」とその敵手が対抗的な「社会関係」(不平等な権力関係、ライバルとして認め競い合うアクター同士の紛争関係) を構成する〉(Touraine 1978=2011: 41-50, 149) というテーゼが生まれてくることになる[*8]。

歴史性の水準に位置する「社会運動」を頂点として、その下にさまざまな「闘争」(lutte) が位置づけられる。「闘争」とは、歴史的行為がシステムを場として集合化 (安定化) する (とみなせる) ときの一つの類型であり、「集合的行為者により、敵手に反対し、社会的場の統御をめざすべく組織され、指導されたあらゆる形態の紛争

表１　闘争と闘争以外の類型に含まれる要素

	当事者	組織化	敵手	社会全体
闘争	○	○	○	○
理念の運動	×	○	○	○
世論の運動	○	×	○	○
文化運動	○	○	×	○
圧力団体	○	○	○	×

注：○×は要素の有無を示す。

的［な歴史的］行為」（Touraine 1978=2011: 124）と定義される。すなわち、まず、①関係している人々（労働者、農民、消費者、地区の住民など）の名において遂行されるものであること――理念の運動、宗教的運動、宗教的・政治的寛容を求める運動ではないこと。②一定程度、組織化されたものであること――世論の水準ではないこと。③社会集団としての敵手（資本主義、国家などでもよい）を有すること――もし不在の場合は近代化、反近代化を求める抗議（文化運動）に化す。④社会の全体と関連するような問題を争点とすること――特殊なものであれば、目標が限定されている圧力団体の行為に化す（表１）。

「闘争」は、社会を生み出していこうとする積極的闘争と危機や脅威に対応しようとする防衛的闘争に区別され、集合化（安定化）の土台・前提となる社会関係・システムの水準に応じて、組織の枠内で権利を要求していく「権利要求」／政治制度の枠内で意思決定過程への影響力増大を目指す「制度的あるいは政治的圧力」／全体社会の文化的モデルの統制を目指す「社会運動」に区分される（Touraine 1978=2011: 90-91）。後者の防衛的闘争は、「(組織的）危機の行動」／「閉塞の行動」／「革命的行為」に区分される。これらはさまざまな社会問題や保守的運動の分析に用いられる。

では、どのようにしてそれらの歴史的行為を捉えるのだろうか。さまざまな歴史的行為の指向性は、当事者の考え、思い、意図に現れる。客観的に観察可能な既存の社会関係に制限されつつも、価値・規範の形成に至ろうとする主観的な意思（投企）と結びついている。たとえば闘争に焦点を合わせる場合は、その定義にあったように、歴史的行為における自らへの指向性への意識（同一性原理：Ｉ）／歴史的行為の規範的指向性への意識（全体性原理：Ｔ）／同じ規範的指向性を共有する他者（ライバル）への意識（対立性原理：Ｏ）がまず存在することが重要になる。そして歴史性の水準に至るほど同一性・対立性・全体性が結びつく傾向にあるという（第２章参照）。[*9]

後継者らもそれぞれに歴史的行為の類型を発展させてきた。

ヴィヴィオルカは、トゥレーヌが「危機の行動」と呼んだ防衛的な活動を、「反運動」概念へと練り上げている（Wieviorka 1988=1993: 5-7）。「反運動」とは、「社会運動」の三原理（Ｉ／Ｏ／Ｔ）がすべて逆転してしまった行為形態であり、たとえば人種差別運動・外国人排斥運動・宗教セクトなどがそうであるという。「反運動」において、同一性原理（Ｉ）は、「社会的な存在（entity）」から「架空の・抽象的な存在・本質・象徴」「超社会的・社会以下的なもの」へ変化する。たとえば、武装蜂起の場合は、「正義」「道徳性」「自由」などであり、コミュニティに対する自分自身の忠誠である。民族運動の場合は、ある種の本質・純粋な構成、純粋性・同種性であり、その障害となる他者の他者性への恐怖であるという。それが人種差別や反ユダヤ、外国人排斥につながる。対立性原理（Ｏ）は、「物質的・文化的資源の独占に対して挑戦するライバル」から「戦争のイメージ」「威嚇する敵」へ変化するとされる。それがさらに悪化すると、社会・法・秩序の全体が「敵対的環境」へと変化する。さらに進むと、敵は外にいるだけでなく、人々の中心にも、そしてしばしば、それ自身の組織活動そのものにも潜入しているとみなされる。そして、スケープゴート・裏切り者・スパイを除去する追及がおこなわれる。それゆえ周囲には、際限のないパラノイアの印象をあたえることになるという。

最後に全体性原理（Ｔ）、すなわち「特定の目的を共有する関係性」は消滅し、「現在のシステムの廃棄要求」

表2　社会運動・反運動・テロリズムと三原理

	同一性原理（I）	対立性原理（O）	全体性原理（T）
社会運動	社会的存在	ライバル	共有
反運動（危機の運動）	本質主義	戦争、敵	廃棄
テロリズム	主観主義	客体	社会の破壊

だけしか残らない。このように反転したI・O・Tから構成されるのが「反運動」である。「テロリズム」は、このような「反運動」のさらに悪化した形態として位置づけられている（Wieviorka 1988=1993: 7-12）。テロリズムの場合、同一性原理（I）は、極度の「主観主義」となる。テロリストは、「自分自身の社会的アイデンティティを前面に押し出す能力をもたず、目的に対する自分の全体的なコミットメントを通して、自分自身を定義する」。そして対立性原理（O）は敵に対する強力な「客体化」によって特徴づけられるようになる。敵手はさらに、「具体的な攻撃対象、破壊されるべき特性、物理的に排除されるべき人格、絶滅すべきシステム」とみなされるようになる。最後に全体性原理（T）は、生きるか死ぬかの闘いの中で完全に失われてしまう。目的は手段と混同され、将来のビジョンは破壊の計画に還元される。最も重要であった新しい社会の創造は、既存の秩序の破壊となる。「革命の闘士とは違って、テロリストは、国家権力を引き継ぐことをまず考えない。それゆえテロリスト＝純粋な狂気という印象をあたえるのである。テロ運動が停止するのは完全な敗北と壊滅、あるいは目的の実現がなされたときだけである」。つまり、「テロリズム運動は、歴史への主観的同一化、客体化された敵手との闘争、ラディカルな解放への要求をおこなうことで、「社会運動」の原理を逆転させ、さらにその「反運動」の原理から、分裂し、人々が語り、おこなうもの全てを、イデオロギー的に決着した全体性へ還元するようになる」（Wieviorka 1988=1993）という（表2）。

2 個々人の主体性・経験から

個人的主体から文化運動へ

トゥレーヌは、歴史的主体とは別に「パーソナルな主体（sujets）」という概念をもともと提示していた（Touraine 1965）――ただしその当時の概念は二〇〇〇年版（Touraine 2000［1965］）では消去され「個人」という概念に置き換えられている。パーソナルな主体概念は後期トゥレーヌによって新たに脱近代化の文脈に位置づけられる。

まずパーソナル主体の像が「女性」や「他者」と深い関係にある点を、後期トゥレーヌはルカーチやレヴィナス、フッサール、リクールらに依拠しつつ論じ、また、「行為者」・「個人」・「主体」をミードやバーマン、ラカン、タギエフの議論にもとづいて区別していく（Touraine 1992=1995: 254-299）。モダニティ論で有名なワグナーによれば、「古典的社会学における「社会」がもはや統合化・同質化の力」をもたず、「社会的不平等を生み出す道具的行為も、文化的紛争を生み出す文化的所属も、平等と差異を結びつけられない」中にあって、トゥレーヌは「自己の理想像や超自我の機能ではなく、個性化への欲求」を新たな原理として提示しているという（Wagner 1998: 164）。[*10]

この主体像は、より具体的には、病者や女性、マイノリティなど苦しむ人々、差別を受ける人々――とその中の個性化への欲求――をモチーフとしている。[*11]〈社会の解体の中にあって苦しみつつ自分自身を維持しようとする個々人〉という（歴史的）行為者のイメージは、組織に参加しつつ変えていくような労働者・労働運動をモチーフとしていては理解が難しい。そこでトゥレーヌは、もう一つの主体イメージを創り出す（McDonald 1994: 56-57）。そのきっかけは、中期の社会運動調査における女性運動との関係性の失敗にあるという（第2章参照）。

「トゥレーヌの理論的カテゴリーは女性運動への介入の前では、自己産出、（歴史的）行為者の自己構成、合理性の占有をめぐる闘争というサルトルモデルに根本的に依拠したままであった。ド・ボーボワールが、女性は自分たちの女性的条件から自分たち自身を解き放たなくてはいけないし、自然から抜け出す中で文化の世界に入らなくてはいけないと主張したように、トゥレーヌもまたこのサルトル的前提……から根本的な影響を受けていた。その意味で彼の仕事の第一期［前期］・第二期［中期］における中心的な準拠先は、サルトル哲学の核にある自己創造のマスキュリン（男性的）な概念によって根源的に影響を受けている。……女性運動との出会いは、自己創造の熱気に鍛えられた主体よりも複雑なもう一つの主体像を提起した」のである（McDonald 1994: 55-56）。

現在では、「一人のアクターになろうとする個人の欲望」（Touraine 1997a=2000: 57）、すなわち「個性化（individuation）への欲求」とその実現のための葛藤のプロセスが、新たに「パーソナルな主体」として位置づけられる。タッカーによれば、トゥレーヌのいう「主体」は実体ではなく、「道具的合理性と文化的意味を結びつけ」つつ「選択と変化の社会状況の中で一貫したパーソナルな物語を作り維持する試み」とそのための「プロセス」を指している（Tucker 2005: 55）。

トゥレーヌによれば、パーソナル主体は、現実には、闇市で買い物をしつつイスラム主義運動にも参加する中に、病院の世話になりつつその中に組み込まれる状況への患者の違和感・抵抗の中に、あるいはＴＶを見つつコマーシャル映像に感じる違和感の中に、労働市場参入に必要な資格を得ることと若者文化との間で引き裂かれる子供や生徒、学生の経験の中に、「個人を大衆や消費者に還元し」「文化をコミュニティへ、労働を商品へと変容させるすべての権力に対する集合的かつパーソナルな闘争」（Touraine 1997a=2000: 88）として、個性化への要求として存在しているのである（Touraine 1997a=2000: 57）――これらの事例は、彼の弟子たち（イスラム社会・アラブの春研究のホスロハヴァール、癌患者の主体性研究のバタイユ、社会的排除を受ける若者や生徒を研究するデュベ、差別経験を分析するヴィヴィオルカなど）の近年の経験的調査から採られている。[*12]

このようにして後期トゥレーヌは、歴史的行為論の射程を個人の主体性にまで拡張し、それにあわせて文化運動概念をより精緻な概念へと発展させていく。もともと文化運動とは闘争に至らない歴史的行為の一類型であり、個々人の主体化に貢献するものとして位置づけられていた。

> 文化的な運動は、新しい社会運動の出現を告示する。それらは、敵階級との戦闘には直接入らず、他の社会運動にとっての単なる試みの場とならないように自らを防衛する。しかしながら、こうした文化的運動は、集合的意識の中に結晶化した旧い形態の社会的支配と闘いながら、指導階級――これは支配ブロックからは決して独立した存在ではない――を弱体化させるのである。（Touraine 1978=2011: 140）

> ［文化運動］概念は、社会闘争から、それがもつ決定的な重要性を奪いとってしまう。闘争は、伝統に対する進歩、個別主義に対する普遍主義の名において実行される。そして、この闘争が、指導階級に由来するにせよ人民階級に由来するにせよ、社会的な形では決定されないものとなってしまうのである。……行為者と賭金の関係と、行為者と敵手の関係が切り離されるならば、この賭金はもはや社会的にではなく、近代化の用語で定義されることとなる。（Touraine 1978=2011: 121）

しかし、この文化運動概念は、後期にはさまざまなマイノリティの主体性、その小さな自助・支援の運動を捉える上で重要な概念となっていく。

> 文化運動……私はこの用語をある形の主体を守るあるいは変容させるようにする集合行為を意味する

ものとして理解している。……歴史的に言えば、最も重要な文化運動は、宗教運動であった——産業社会の産物である我々の世界では、最も重要な文化運動は女性の運動と政治的エコロジーであり、(エスニック、ナショナル、倫理的、あるいは宗教的な)「マイノリティの擁護」と呼ばれるものもしばしば文化運動に発展していく。(Touraine 1997a=2000: 101)

排除された人々——ブール、差別被害者、ホームレス、失業者、労働証明書を持たない人々、エイズ陽性者、障害者、その他多くの人々——の最大の関心は、まずもって自分たちのパーソナルな権利を主張し、同時に、情報社会と競争性(それゆえ成長)の条件として提示されるフレキシビリティ(別の言葉で言えば雇用不安定化)を、自分たち自身に有利なように、統治し使用するそれらの諸装置と闘うことにある。(Touraine 1999=2001: 69)

ちなみにこの文化運動がしばしば保守的で共同体主義的・排外主義的な「危機の行動」に陥りやすいことをトゥレーヌは一九七〇年代からすでに指摘している。*13

個人的主体・文化運動概念を用いることで、深刻な問題状況にあって不平等の「犠牲者」や自律性を奪われ周縁化され無力だと捉えられがちな人々の思い、意図や葛藤の中に、かすかなアクター(歴史的行為者)の萌芽・傾向を顕現させ、分析していくことができる。たとえば、トゥレーヌによれば、「移民」に関する既存の研究は、「移民を不平等・不正義・偏見の犠牲者として捉えるか、統合と同化の多様な局面を分析するか」にとどまり、「行為者から自律性を奪う周縁化」ばかり語っていたが——それは「郊外」「インナーシティ」を語るときも同じだという——「一つの状況に対する反応は多様で、その視野と行為可能性、そして直面する障壁の性質を、絶えず再定義することで、被害者をアクター[歴史的行為者]へと導くようなイニシアティヴは頻繁に現れて」おり、そこに目を向けるべきだという（Touraine 2000: 902）。[*14]

このような捉え方は、現在のＣＡＤＩＳの以下の方針にも明確に現れている。

ＣＡＤＩＳは、社会的行為に対して、それを実践する人々の社会的経験を通してアプローチしていく。ＣＡＤＩＳは方法論的には主体から出発するが、それは、主体がそこで変化し、決定し、裁定し、選択するような、あるいはその支配を意識するような状況を見出すためである。その意図は、主体に、アイデンティティへの閉じ込めというリスクをともなう被害者的アイデンティティを強制することでは決してない。ＣＡＤＩＳは、社会的行為者の行動する（agir）能力を粘り強く再発見していくが、そのために寄り添うのは最も脆弱な人々、たとえば最も病に苦しむ人々、あるいは移民とその子どもがそうであるように最も搾取され最も抑圧された人々であり、自分たちの権利を最も守るためにあるいは新たな権利を打ち立てるための主体として生きようと、生存しようと、努力する行為者である。（ＣＡＤＩＳのＨＰ内「Présentation」ページより。[http://cadis.ehess.fr/index.php?57 二〇一五年四月二六日閲覧]）

このようにしてトゥレーヌは、全体社会と関わるような闘争・社会運動だけでなく、マイノリティの運動において重要になるような、個人とその主体化を守るさまざまな集団や運動にも分析の射程を広げてきたのである。

個人的経験から経験運動へ

トゥレーヌの枠組みでは、いわゆる社会問題（貧困やプレカリティ、差別、犯罪など）の中の個人も捉えることができる。ただしその捉え方は、あくまでも歴史的行為への指向性やそのプロセスの観点からに限定される。

しかし、歴史的行為システムの中にさまざまな行為類型を位置づけたように、個人的主体の中にも多元的に、社会的行為、戦略的行為にみられるようなさまざまな行為論理を位置づけることはできる。

その方向に理論を展開するのが、F・デュベである。[*15] 彼は、排除される若年失業者・移民二世たちの調査をフランスおよびベルギー、チリで実施し(Dubet 1987; Dubet 1989; Dubet 2007: 27–45; McDonald 1994: 48)、闘争の解体の中に歴史的行為の要素を捉えようとした。「都市のマージナルな若者の行為形態が、前世紀の危険な階級の出現によって労働者階級の誕生が予示されたのと同じく、新しい「危険な階級」の出現を指し示すかを理解すべく探求をおこなった」(McDonald 1994: 48) のである。一九八〇年代のデュベは、いまだ歴史的行為を中心に置いていたが、その後、小学生・中高生・大学生への社会学的介入調査 (Dubet 1991; Dubet & Martuccelli 1996) を経て、個人的主体を多様な行為論理と、より水平的に結びつける「経験の社会学」を打ち出すのである (Dubet 1994)。

まずデュベは、社会的行為・関係の土台にある統合の論理、合理的・戦略的行為を組織する戦略の論理、そして歴史的行為につながる主体化の論理の三つを区別する。行為論理はそれぞれ、自己が何であるか(自分自身の定義)、他者との関係がどのようなものであるか、そしてその関係性の賭金・争点が何であるか、について独自の観点＝論理をもっており、そこで問題とされるものもそれぞれ異なる。

まず「統合の論理」と呼ばれる、古典的社会学によくみられるような(心理学の影響をある程度うけた)記述の仕方があるという。自分自身の定義、すなわち「行為者のアイデンティティ」は、ここでは「システムの統合の主観的な側面」として定義される。幼少期や子供時代、より深い社会化などを通じて、「個人は他者の期待を自分のもの」としていく。「このアイデンティティが言語、国家、性、宗教、社会階級に関わる場合」には、それらが自然なものとみなされる。ここではアイデンティティとは「一つの属性」、それによって行為者が社会的存在として構成されるところの「社会的属性」として記述される。つぎに他者との関係性は、ここでは「彼らと私たちの対立」として定義される。「他者は差異と異質性によって定義される」。近い間柄であっても「良い趣味と悪い趣味の階梯」を作り出し、ヒエラルキーを確立していきつつ、個人をつなぎ合わせる。そして、それぞれが追求する関係性の賭金は、「価値」という言葉で定義される。「統合の論理において行為者は、秩序とアイデンティティをいっしょに保証する一連の価値として文化を解釈する」。統合の論理においては、アクターはその帰属によって定義され、統合システムとみなされる社会の只中で自分たちを維持・強化しようとする。この統合論理において問題となるのは、統合システムの解体としての「危機の行動」であり、「病理的」なものとして語られる。実際、古典的社会学全体が、アノミーや社会の組織崩壊といったテーマでこの観点を幅広く展開してきた。「「病理的な」社会的行動は社会化の欠落によるものと解釈され、これ自体がシステム統合の欠落へとさらに送り返される」(Dubet 1994: 55)。

第二の「戦略の論理」は、合理的選択論などに代表される記述の仕方で、経済学やネオリベラリズムの影響で一般的にも強くなっているとする。ここではアイデンティティとは、「一つの資源」としても構築され、利用される。つぎに他者との関係は「競争」という言葉で定義され、「個人的あるいは集合的な利害」をめぐる「ライバル関係」と捉えられる。行為者たちが用いる言葉は、「戦略、スポーツ、ゲーム、パンチ、敵や盟友、とくにライバル仲間」などであり、「社会は競争的交換のシステムと捉えられ、お金、権力、威信、影響力、認知などの希少な財を得るための競争の中」に置かれる。そして関係性の賭金、つまり「追求すべき諸目標や目指す財」は、「ウェーバーの言葉を借りるなら、「勢力」、他者に影響を与える能力」だとされる。この戦略の論理において問題となるのは、市場「として」理解される「社会」で、自分たちの利益を追求し、一定の権力を利用することが阻害されることであり、相互依存システムの解体である。

第三の「主体化の論理」は、統合の論理や戦略の論理に対して抵抗しようとする側面を記述するものである。

ここではアイデンティティは、主体の表象を構築するさまざまな文化的モデルへのコミットメントとして現れ、「欠損、あるいは主体の文化的表象を満たすことの困難」として間接的・否定的に定義される。つぎに他者との社会関係はこの「主体化の認知および表現」にとっての「障害」という言葉で把握される。社会的紛争はアイデンティティの擁護や「さまざまな勢力」の競争には要約されない。運動は、「宗教的社会に設立される教会に信仰の名の下で対抗し、ブルジョワ世界における伝統に理性の名の下に対立し、産業社会における搾取に創造的労働の名の下に対抗する」。「コミュニティや道徳的秩序に関する言説もまた、主体の定義および、その形成を邪魔する障害を定義することを可能にするや否や、解放の言説となる」。この主体化の論理において問題とされるのは、歴史的行為システムの解体としての「疎外」であり、たとえば、「意味を奪われた人生を送っているという感情、自分自身であったことが一度もないという感情、「無力」感、自分の人生の観客でしかないという感情、お決まりの名称に還元されているから「見えない」存在ではないのかという恐れ」として現れるという（Dubet 1994: 58）。

そして、これら三つの行為論理は、「それぞれが他の二つに対して批判的なポジションを取り」、互いに自分たちを「中心的な点」として「社会全体を再構成できると主張する」関係にあるという（Dubet 1994: 36）。三つの論理は互いに排斥しあう関係にあり、いったん序列化して整理できたとしてもそれはしばしば部分的なものでしかなく、また非常にもろい安定性しかもたない。いずれかを優越化させてもすぐに他を優越化させなくてはならず、その結果、一カ所にとどまれず、論理の間をぐるぐるとまわることになる。どれも優越化できず、それゆえまわりに合わせて論理を変えていくことになるという。

若者たちはすべての行動に参加するのだが、どれ一つとして若者たちを全面的に定義するものはない。

……内にこもった若者、逸脱する若者、暴力的な若者ではなく、同時にそれらすべてであるような、他人にも自分にもまったく予見できないような行為者なのである。若者たちの経験は中心をもたない。若者たちはある行動から他の行動へと状況やチャンスのままに揺れ動く。まるで自律した指向性に導かれているのではなくその状況に振りまわされているかのように。(Dubet 1994: 135)

トゥレーヌの個人的主体は、歴史的行為者になろうとする欲望やそのための葛藤・プロセスを指しており、その枠組みでは複雑な苦悩・排除を捉えることができない。それに対してデュベは、歴史的行為を相対化し、社会的行為、戦略的行為との関係に置きなおす。それによって、各論理の間を揺れ動く困難さから、深刻な不安定さや排除を捉えることができる。

同時にそれらを結びつけようとする営為の中に、個人の主体性の萌芽をみることもできる。当事者としては等価な論理をなんとか接合し、いずれかの論理を優越化させ、その下に全体を整理していこうと努力する。戦略の論理（共通の利害による形成）が優先されることもあれば、統合の論理（社会解体の危機による形成）、主体化の論理（文化的価値と社会関係の矛盾による社会生成・変革のための形成）が優先されることもあり、組み合わされることもあれば、接合しようとして失敗していくこともある。そのプロセスや結果が、「社会学者にとって、真に社会的なものとして、「アレンジメント」として、社会的経験の産物として現れる」(Dubet 1994: 169)。複数の行為原理を結びつけようとする個々人の作業に歴史的行為者の萌芽をみようとするのである。

多様な行為論理と個人的主体をこのように位置づけることで、各論理と個人の関係だけでなく、それらの間を揺れ動く個人の苦悩や、それらを何とか結びつけていこうとする主体性にも射程を広げることができるようになる。

つぎにデュベの理論を土台に、（トゥレーヌが「闘争」を定義する際に低く評価した）「組織化」されない運動（第1節参照）に関する理論的展開は、K・マクドナルドによってなされている。彼は『主体性をめぐる闘争』（McDonald 1999）の中で、まずメルボルン郊外のマージナルな若者の経験を経験の社会学から分析し[*16]、その上で、デュベの射程を超えて、新しい社会・文化を先取りするフロー（モノ・カネ・人の移動）を生きる若者の経験にも目を向けた。すなわち、ショッピングモールを縄張りとするホームレス・生活保護の女性ギャング集団が消費社会との緊張関係をやりくりする経験、電車で移動しつつサインを残していくグラフィティライターの経験、摂食障害を通した自己とのコミュニケーショの経験、移民二世やアボリジニの若者の民族的キャンペーンの経験である。そこからデュベ理論にはなかった「消費」や「身体」「場所」「差異」といったトピックを見出したのである。その上でマクドナルドは、反グローバリズム運動や国際NGO、中国・法輪功、サパティスタ、イスラム原理主義運動などの非西欧圏・グローバルな運動の事例研究を通して、組織や集合的アイデンティティを欠き、「我々」という感覚よりも異質さ、他者、奇妙さの経験、場所喪失の経験をともなうような運動が現代においては主流になりつつあると指摘した。そして、これらのグローバルな運動を理解する上では、意図的な（集合的）行為という西欧的な運動イメージよりも、むしろ、触れ、聞き、動き、感じ、味わい、息をするといった行為のイメージ、リズムや経験の場といったイメージのほうがふさわしいとして、新たな運動のありようを「経験運動」と呼んだわけである（McDonald 2004b: 589）。彼によれば、この概念は、「トゥレーヌによって提起された文化運動のアイデア」を、「デュベによって展開された「経験」という概念」を通して「拡張」したものである（McDonald 2004b: 2）。

マクドナルドが「経験運動」の例として取り上げるのは、メルボルン世界経済フォーラムやケベックFTAA会議への抗議行動にみられた三つの特徴である。

まず（a）「アフィニティ・グループ」と呼ばれる水平的な活動形態である。[*17] それは七〇年代にクエーカー教活動家によって米国の反原子力運動に導入されたものであり、アクションに関わる一定期間だけ存在し、一緒に生活を共にしつつ、道路封鎖やメディア活動、救援活動や法的支援、そしてパペット作り、移動から料理までおこなう。メンバーは互いを個人として理解しあう互酬的関係性の中で、集団の歴史や哲学の学習よりも、技術の共有や集団への貢献によって結びつく。メンバーシップ（参加儀式、会員カード他）に関連する実践と文化は存在しなくなり、代表性の仕組みや組織様式は解体される。そのぶん、合意形成・意思決定に多くの時間と労力が注入されることになるが、決定された事柄が道徳的束縛になることはなく、集団への忠誠を負うような連帯を生み出すこともない。一人一人の運動へのコミットメントはそれぞれ異なってよい。各人は、集団が「自分を代表している」とはみなさないのである。「代弁者」がいないので、その活動の主張は言語的なレベルではまわりから「見えにくい」ものになるが、その多様な実力行使のアクションの存在自体がその活動の求めるものを明らかにするという。その経験は、集団が個人を動員し活動する、という従来の経験とは非常に異なったものとなる（McDonald 2004b: 584-585）。[*18]

二つ目は（b）音楽やダンスなどを通した身体的・空間的なコミュニケーションの経験である。具体的に挙げられている事例は、道路封鎖や広場占拠、そして公共空間での巨大パペット作りやパーティ、音楽イベント等の実践である。たとえばストリートの機能的役割や車と道路による都市文化を破壊すべく、道路を集団で占拠してパーティをおこなう「リクレイム・ザ・ストリート」（街路を取り戻せ）の活動は、場所の一時的な象徴的占有をおこない、ストリートをダンスフロアに変えることで、身体的なコミュニケーションや時間、空間の新しい感覚を生み出していく。[*19] マクドナルドによれば、かつて音楽と歌は集合的アイデンティティ形成に主要な役割を果たした。六〇年代のアメリカの社会運動では、活動家が自分たちの行為とこれまでの行為とを連結させるのに音楽が重要な役割を演じ、我々が何者で、何をするのかを理解するのにきわめて重要であったという。現代のグローバル運動も音楽の役割を強調しているが、それは現在の行為と以前の行為とを連結させるためではなく、(普遍性と合理性の観点から理解される言語的コミュニケーションや議論ではなく)、ダンスや音楽を通して身体化されたコミュニケーション的空間を生み出すためであるという。音楽は、感覚的で身体化され即興化されたコミュニケーションによって、同時に複数の人がそれぞれのリズムに合わせて一つの空間を創り上げる役割を果たすのである。

最後に(c)巨大人形(パペット)などを協働で作る実践における他者との協働関係である。マクドナルドは、抗議行動の一環として、サミットなどの開催前から三カ月にわたって広場などで巨大な人形を、誰でも都合のよい時間に参加できるかたちで制作していく実践、生活に密着した実践に注目する。互いのことを知らないままに、みんなで引き継ぎながら作業は進められていく。この活動は、「不幸せ」「空虚さ」「本質や実質を欠いている」感覚を日頃もっている人々にとって、「力づけられる」経験となると参加者は述べている。[*20] このような文法は、マクドナルドによれば、世界中から抗議活動のために活動家が集まる際に、各都市に寄りながら仲間を集めていく旅(キャラバン)の形態にもみられるし、また整然としたデモ行進とは異なるサウンドデモのような空間的実践の形態にも現れるという。

現代の運動は、「公/私、ヴァーチャルなもの/身体化されたもの、居場所/旅」というように(a)活動形態、(b)身体・空間的経験、(c)他者との関係、いずれにおいても融合や一体化ではなく、「さまざまの狭間を構成する緊張関係」を維持する(McDonald 2004b: 589)。従来の運動は、旗と横断幕を通して自分たちが何者かを宣言し、集団としての集合的アイデンティティを公的に主張していた。だが、現代のストリートの占拠やパペット作り、キャラバン、リズムの経験は流動的で、コミュニティを準拠枠とせず、そこに「我々意識」が形成されることもない。マクドナルドによれば、参加者たちの語りは「集合的アイデンティティを構築しようと葛藤するストーリー」ではない。それは、闘う個人がプロテストの現場において「「自分の場所を探す」ストーリー」である（McDonald 2002: 121）。そこで形成されるのは、みんなが一つに融合してしまう経験ではなく、各々の違いを身体的に感じつつも、同じ空間を共有し、他者と出会う（出会い続ける）という経験である。そのような集まり方の特徴を、マクドナルドは、「連帯」ではなく「流帯」（fluidarity）と呼び[*21]、「より古い連帯の形態から新しい流帯の文法へ」の転換を主張する。彼によれば、「我々が探求してきたさまざまな運動はすべて、一九、二〇世紀を通じてヨーロッパと北米で生まれ強固なものにされた「社会運動」と呼ばれる支配的な運動類型からの根源的なパラダイムシフトを表している」という（McDonald 2006: 211）。

マクドナルドは、オルタ・グローバル化運動にみられたアフィニティグループや直接行動派の運動スタイル、パペット作りや音楽やダンスを介した抗議イベントのなかに、人々が一緒に行動するという一点で結びついたり、人々が日常生活と結びつけながら、自由に互いに尊重しあいながら参加をしたりする状況（経験運動）が生まれてきていることを示したわけであるが、彼はもともと「リズムとしての運動」という概念を提示していた。それは親子や恋人が一緒にいたり、舞台で一緒に演技をしたり、音楽を一緒に聞いて踊ったり、テレビを一緒に見たりするような集まりのイメージである――それは「運動」の伝統的イメージとはかけはなれている。

> 親子の関係性や恋人同士の経験を、集合的アイデンティティの観点から理解しようとする社会学者はほとんどいないだろう。親子や恋人間の関係を生み出すのは同一性よりも差異なのだ。その他にも、映画を一緒に見たり、美術館に一緒に行ったり、一緒に演技をしたりと、我々が誰かと一緒におこなうような社会的実践にはさまざまな領域があるが、それらを集合的アイデンティティの観点から理解しようとする人はいないだろう。（McDonald 2004a: 3）

映画館やライブハウスに大勢の観衆・聴衆が集まり、一緒に見て聞いて体験するとき、そこには一つの集まりが形成されるが、同じ感想、同じ意見をもつよう強いられることはなく、そこに組織も連帯も確固とした集合的アイデンティティも我々意識も存在しない。だが、音楽を聴いてみんなでリズムをとるような身体的なコミュニケーションと、限られた空間に集まって場と経験を共有することとで、人々は互いの存在を認識し、身体の動きや空間の移動、その他もろもろの感覚を介して、ゆるやかな集まりが形成されうる。このようなイメージが彼の経験運動概念の土台にはあるのである。

3　さまざまな対象への介入と多元的解釈

射程と介入

以上、歴史的行為に関連して、社会運動、闘争、文化運動、反運動、個人的主体、個人的経験、経験運動などの類型を示してきた。これらの類型は、紛争・運動だけでなく、テクノクラートや経営者、国家、諸制度、社会問題などを分析する際にも用いることができる。[*22]

これらの多様な対象の分析がばらばらになされることもあるが、研究者ネットワークの中で分担して調査がなされることも少なくない。たとえば一九七〇—八〇年代には、すでに社会運動調査と並行して、反ユダヤ主義や元テロリスト、差別・排除をうける若者、フランス原子力公社への社会学的介入がなされた。近年も文化運動論の観点から非正規雇用・失業者、女性、先住民族、移民、性的マイノリティ、病院患者、排外主義活動、オルタ・グローバル化運動に対して調査がなされている。そうしておよそすべての社会現象を、行為主義の観点から捉え、それらの中にも多かれ少なかれ含まれている歴史的行為の萌芽を見出し、同時期に立ち上がってくるつぎの社会のありようを見定めようとするわけである。ある社会にとって決定的に重要な何らかの争点をめぐって、当該社会の同時期の「行為」群に何らかの共通の指向性が形成されうる、と仮定することで、さまざまな具体的な社会的実践の質・様態・消失を幅広く捉えることが可能になり、それが現在の全体社会状況とその変容の把握につながるというわけである。トゥレーヌ理論が、社会運動理論をその一部に含みつつも、全体として一つの社会学理論になっているのはそのためである。

行為主義において用いられる調査手法は多岐にわたる。歴史調査や参与観察法、聞き取り調査、アンケート調査、グループディスカッション法も数多く実践されてきた。トゥレーヌによれば、行為主義にもとづく調査研究が進むと、「それ以前、社会状況と呼ばれたもの」は壊され、「非人格的なものは意図的なものになり、「客観的」なリアリティはたんに多くの可能な帰結の一つでしかなくなる」という。たとえば「都市組織の背後には、都市政策、社会不安・思惑・政治的妥協の影響」が見出され、また「企業の組織規則の背後には、戦略・紛争・イノベーション」が発見されるようになる（Touraine 2000: 907）。

ただし歴史性の水準の紛争、「社会運動」の「摘出」は、個人の調査や紛争の観察ではなしえない（Touraine 1974=1978: 53–55）。歴史性の水準の紛争を顕現させるためには、状況の観察や意識調査を超えて特殊な手法が必要になるとトゥレーヌはいう。「社会的規範の権威と権力者や制度の抑圧とにより隠蔽されてきた、さまざまな要求・紛争・論争を顕現させ」「行動や実践の覆いをとる、あるいは強化する」（Touraine 2000: 904）ことが必要であり、そのために考案されたのが社会学的介入である。[*23]

社会学的介入はまずグループを形成することから始まる。グループの抽出は、「可能なかぎり完全な、そして多様化された理論的代表性」を作り上げることを目的とする（Wieviorka 1986: 160）。それゆえ理論的サンプリング

（Glaser & Strauss 1967: 45-60）と同様に、研究者は仮説と事前調査にもとづいて自分なりの「イメージ」（母集団に近い概念）を設定しその範囲内でできるだけ多様なインフォーマントを抽出する（一グループにつき八〜一二人）。反原子力運動の場合、研究者の視点（の一つ）は科学に対する非常に異なったアクターの態度に向けられた（生活と自然に科学を対抗させる／科学の民主主義的管理の統合と形態の必要性）。この緊張関係の「イメージ」が表現されるように、グループ（の一つ）は科学者や労働組合が多いパリにおいて技師・経済学者・物理学者などの科学者・反科学活動家を中心に、他に環境団体「地球の友」のメンバー、伝統地域の防衛者（農民）、科学的技術的労働の組合員（印刷工や技師）、科学者、オルタナティヴな生活スタイルの実践家（教師や農民、画家）、平和運動家から構成された（Touraine et al. 1980=1984: 26-29）。その上で〈グループ内セッション〉では行為者グループだけで自分たちの過去の歴史や現在の考え、そして自分たちが関係をもつ他の組織や集まりについての意見が述べられ、その後、ディスカッションがおこなわれる。ふだん別々の生活を送っているメンバーは、グループに参加してはじめて顔をあわせるような場合も多い。それゆえこのディスカッションを通じて集合的アイデンティティや共通の物語のようなものが構築されることも少なくない。

つぎに〈対話セッション〉では、グループと対話者のディスカッションがおこなわれる。対話者とはアクターが何らかの関係を取り結ぶ集団・個人であり、たとえば反原子力運動の場合は、軍隊の将軍や労働組合の代表、市民的科学者、原子力政策に関わる官僚や電力公社社長、共産党員、社会党議員および「緑の党」党員、そしてフェミニストやディープエコロジストなど多様な人々が招かれた。対話者との相互作用はグループの結びつきやイデオロギーを強化することもあれば、動揺させることもある。それはグループに新しい問題を提示し、自分たちの行為・アイデンティティ・経験の危機的な局面を再考するよう促すのである（Touraine 1978=2011: 237-243）。このような対話プロセスを通して交渉・紛争・妥協といった社会関係が顕現・再構築される。

最後に〈週末セッション〉では、グループと研究者のディスカッションがおこなわれる。研究者は今までのセッションの様子や重要な発言を記録したものを場に貼り出し、グループとともに書き込みを加えていく。メンバーは自身の発言に向き合わされ、それらの発言を秩序だったかたちで整理するようになる。そして研究者は活動の将来的な方向性について問いかけ、ディスカッションをおこなう。その過程で内部の分裂や意見の多様性が、重要なトピックごとにはっきりと輪郭を現しはじめるという（Touraine 1978=2011: 244-250）。たとえば反原子力運動の場合は、（a）非共産党系のフランス民主労働同盟（CFDT）との関係を発展させる、（b）原子力反対の一大戦線を作り上げる、という二つの提案が研究者からなされた。だがこれら二つの戦略は議論の中で否定され、その後に浮かび上がったのは、（c）民主主義的要求を中心とするプログラムであるが、その原動力をどこに定めるかが明確にならず宙に浮いた（Touraine et al. 1980=1984: 260-264）。また地域言語運動への社会学的介入の場合は、（a）政治的諸勢力と結びつく、（b）自主管理の諸勢力と結ぶ、（c）奇襲によって左翼に直接に圧力をかける、という三つの構想が示された。だがいずれもその運動に内在するナショナリズムと発展主義の分裂、あるいは政治的闘争・経済的闘争・文化的闘争という分裂を再結合できるものではなく、弱小な勢力しか動員しえないだろうと解釈されたのである（Touraine et al. 1981=1984: 286-296）。このような議論を十分におこなった後で研究者は、その活動がどういうポテンシャルをもっているかについて、社会学的な解釈をグループに提示する。議論の場の壁面等に貼り出されたこれまでの議論の文字起こしなどのマテリアルはグループも利用できるため、グループは研究者の社会学的解釈に抵抗することができる。「実際、グループメンバーはたいてい研究者が最初に提示した解釈を拒絶するのである。彼らは、より「受け容れ可能な」分析になるよう再分析を要求する」（Dubet & Wieviorka 1996: 64）し、グループが別の対抗的な解釈を提示することもできる（Touraine 1978=2011: 261-262）。研究者とグループは解釈の可否について議論しながら、共同で解釈を作り上げていくのである。

このような特殊な手法によって、はじめて歴史性の水準が浮かび上がるとトゥレーヌは考えており、実際、数多くの実践がなされてきている。

多元的解釈

トゥレーヌらの枠組みは、さまざまな現象を想定した体系的なものであるが、同時に複雑なものにもなっている。機能主義、合理的選択、相互行為、戦略性などの原理や側面のいずれかだけを採用すれば、さまざまな行為連関の理論は一貫したシンプルでわかりやすいものになるだろう。だがトゥレーヌらは、そのような一元論を避けて、機能主義や構造主義、合理主義も枠組みの中に取り入れた複雑な理論を構成してきた。その背景には、トゥレーヌらが、対象を多元的な行為論理から理解することこそ社会学なのだと考えていることがある。

たしかにトゥレーヌが影響をうけるウェーバーやパーソンズも複数の行為原理を用意し、それぞれの同時代に力をもっていた一元論的な見方に対して、社会学を位置づけていた。宮島（2012）もいうようにウェーバーやパーソンズなどの古典的社会学は、対象にアプローチする際に「単純な合理主義的モデル」は採ってこなかった。「経験的事実から離れて頭の中でつくられたモデル」や「ア・プリオリにつくられたなんらかの合理的な説明モデル」、たとえばアダム・スミスや功利主義にみられた「人間は本来的に「自己愛」とか「自己利益」にうながされて合理的に行動する」という「経済人」モデルに依存して行為の生成・過程・結果を説明することはできるかもしれない。だが、「さまざまな社会的場面」において、「人はつねに利害を計算し手段的に振る舞う」わけではなく、「なじんだ前例に従うほうがよい」場合も、「望ましい」「善だ」「自分の信念にかなう」という「ノーマティヴ（規範的）な態度」も、「短期的な欲望充足を望んで、ぱっと一時に自分の財を蕩尽してしまう」場合もそれぞれありえる（宮島 2012: 11-12）。それゆえ対象を正面から理解しようとすれば、複数の行為原理を想定しておく必要があるという。

対象（の仕組みや状況、立場や気持ち・考え、その内的な意味や本質）を、解釈的に理解する（行為論理にもとづいて分析する）ことが、古典的な社会学の対象へのアプローチの仕方であり、それは、「社会現象」を、「フォーマルな規則（典型的には制定法）や、生産され交換される財貨」を通してではなく、その「現象を成り立たせている人々の生きた行為と相互行為、それらに込められている意味、その意味の背後にある規範と価値（文化）」を通して分析するものである（宮島 2012: 10）。たとえば、二〇一一年三月の震災・原発事故に由来する離郷者の発生について、客観的アプローチは「家屋の破壊、事業所の消失、雇用の喪失、破壊された原発からの放射線被害と広がり、漁業への被害」等の「客観的原因」を明らかにし、また「コミュニティを離れた住民の数、その世代別、職業別、被災度別の内訳などのデータ」を分析しようとするが、行為論的アプローチは、「ほとんど同じ条件にあっても離郷しなかった住民たち」もいる中で、「わが市、わが町を離れるという決定をした住民たちは、被災をどう主観的に体験したのか」、あるいは「どのような体験、動機の下にとどまるにいたったのか」、それらの「行為の主観的動機づけ（動機、感情、意図）」や「その動機づけに影響を与えた人と人の相互作用」（宮島 2012: 10-11）を明らかにする。「行為者の観点」に立つとき、「経済的条件やその他のさしあたり没意味的に現れる事実もまた、行為の「条件」として、また「資源」（ただし正、負の）として位置づけられる」という（宮島 2012: 13）。[*24] つまり宮島によれば、社会学は「客観的事実の連関」だけでなく、「諸事実がどのように経験され、意味づけられたか」も明らかにしなくてはいけないのである（宮島 2012: 10）。

一元的で他の次元を無視するのであれば、その対象全体を理解する際の解釈の説得力は薄れてしまう。複数の行為論理が存在することを前提にすることではじめて対象を多角的に理解することができるようになる。それゆえトゥレーヌらもまた、複数の行為論理を想定した上で、対象（に含まれる内的な意味や本質）を解釈的に理解しようとする。その結果、前期理論では、規範を内面化し安定的な社会関係を形成するような主体像に対して歴史的な主体（歴史的行為者）が位置づけられ、社会も社会組織と歴史的主体の複雑な関係から理論化されることになった。中期理論では、社会は政治・制度水準を動く戦略的な主体像を加えた三元的な層として理論化されることになる。後期理論でもまた合理化と主体化という二元論、あるいはそれを結びつける個人的主体や社会の次元を置く三元論から、モダニティ・近代化それ自体が理論化されている。それゆえそれらの行為論理の関係性・位階性を組み込んだ複雑な解釈枠組みになるのである。研究者は、その枠組みの中で自分が関心のある論理・類型・水準に焦点を合わせ、データを解釈していくことになる。

4　第1章のまとめ

以上、第1章では、トゥレーヌ理論の核となる行為主義について検討をおこなってきた。それにより、トゥレーヌ理論が、ウェーバー、パーソンズの伝統的な行為論の系譜を引き継ぎつつ、独自の歴史的行為・歴史的行為システム論として体系化されてきたこと、つぎにその観点から「闘争」とそれ以外という区別が歴史的行為について定められたことを示した。さらにその闘争が、全体社会の行方を左右する「社会運動」の水準、政治・制度の水準、社会組織の水準に区別され、闘争以外のものについても文化運動、危機の行動、反運動、経験運動の区別が、また個々人の指向性のレベルで合理化・主体化、個人の行為論理のレベルでの統合・戦略・主体化の区別がそれぞれなされてきたことを示し、諸概念が歴史的行為を中心とする理論体系のなかに位置づけられることを明らかにした――このような全体的位置づけはトゥレーヌら自身もじつは明確にはおこなえていない。

　また行為類型が、運動や紛争だけでなく、社会問題から制度、国家、個人、近代にまで適用できるものであること、トゥレーヌらの調査手法が社会学的介入法だけでなく、多岐にわたることも示した――そのことは日本ではほとんど知られていないといってよい。

さらに一元的ではなく複数の行為論理を想定することで――理論体系の複雑さはもたらすが――対象を多角的に理解しようとしていること、それが伝統的な社会学（行為論的アプローチ）の発想にもとづいているということを示した。伝統的行為論の系譜の中にトゥレーヌを位置づけなおすことは、彼の理論を理解する上で、ひいては後継者の理論や、トゥレーヌ理論を参照するさまざまな社会理論を理解する上で欠かすことができない。

改めてトゥレーヌの理論・方法論は、「今日のポスト工業社会」において「さまざまな分野での、さまざまに異なる要求を掲げる運動が多数出現している」中で、「一見ばらばらにみえる運動の根底に……共通する性格」（杉山 2007: 20-21）を見出し、個別事例を越えて同時代の運動群を総合的に捉え、さらに行為、紛争や運動を中心に諸問題・制度なども包括的に捉えることを可能にする非常に独自なものだといえよう。

その上で、二点だけ課題を述べておきたい。

第一に後期トゥレーヌは、文化運動論を本格的に展開してきているが、それによって本来、歴史的行為論の中心にあるべき「闘争」からは離れつつある。トゥレーヌ自身が、産業社会の社会組織（企業など）を、また脱産業社会のテクノクラシーを綿密に分析することで、新しい社会運動が含む複雑な対立関係を浮かび上がらせたように、またトゥレーヌらが反原子力運動の調査をおこない、ヴィヴィオルカが敵手である原子力公社（ＥＤＦ）の調査をおこなったように、さまざまな「敵手」も歴史的行為者（の萌芽）として捉えるのが行為主義である。意識しなければ敵手は、いっそうアクターとしては見えなくなる。闘争・対立を意図的に見出すことの重要性にもう一度注意を払うべきであろう。

第二に、ウェーバーが合理的行為を中心として対象を理解しようとしたのと同じく、トゥレーヌもまた歴史的行為を中心として、とくに社会運動を頂点にして諸概念を位置づけ続けている。後期トゥレーヌもまた「社会の中心にある紛争」(Touraine 1997a=2000: 88)としての「社会運動」という定義・考え方は変えておらず、「新しい理論段階においても「一つの社会、一つの紛争」、すなわち「一つの社会には一つの社会運動」のテーゼはやはり中心に位置している」(杉山 2007: 26)といってよい。分析の焦点は文化運動に移行しているが、その位階的な枠組みは維持されているわけである。この点は、もしトゥレーヌ理論が多元的な解釈を重視するのであれば、デュベーマクドナルドのように、より水平的な行為論理の位置づけと非組織的な運動のありように注目する必要もあるだろう。

第2章 理論にもとづく同時代の解釈と相対化

第2章では、歴史的仮説の検討をおこなう。歴史的仮説とは、同時代状況を行為主義にもとづいて解釈したものであり、トゥレーヌらのさまざまな実証研究、そしてCADISの研究プログラムの土台をなしている。

振り返って、トゥレーヌは、一九五〇年に歴史学教授資格を取得すると同時に、フランス国立科学研究センター（CNRS）の社会学研究センター（G・フリードマンが創設）の研究員となった（Touraine 1977）。それ以後、半世紀以上におよぶ彼の知的歩みは、すでにみてきたように前期・中期・後期の三つの時期に区分できる（McDonald 1994; Touraine 2000 [1965]）。本章では、まず前期から中期までの歴史的仮説の変化を描いていく（第1節）。つぎに中期になされた社会運動調査の解釈、後期における西欧の脱近代化仮説、そして後継者らのグローバル運動仮説について確認する（第2節）。その上で福祉レジーム論などを参照しつつ、仮説を相対化するかたちで複合レジームモデルを構成していく（第3節）。

1　前・中期の歴史的仮説

前期の産業社会仮説

まず前期（一九五〇―六八年）は、労働社会学・産業社会学者として、戦後復興を経て急速に経済成長を遂げていく同時代のフランス産業社会を構成する企業・工場・労働組合・労働者を、歴史的・体系的に分析しようとした時代である。

戦後、西ヨーロッパ諸国は、アメリカなどの支援をうけつつ廃墟の中から復興を果たし、一九五〇―六〇年代には「黄金の時代」と呼ばれる経済成長を遂げた。福祉国家の発展にともない労働者の生活は改善され、また社会保障制度を通して個人（労働者、困窮者、高齢者）はより安定的に社会に組み込まれていくようになった。戦前から続く（賃金・雇用）労働者と資本家（投資／経営者）の間の（しばしば革命にまで至った）激しい階級対立は、福祉国家の発展の中で、資本主義経済の安定、中間層の増大、福祉政策や失業対策の充実などにより次第に緩和・制度化されていくことになる。[*1] このような同時代状況が、前期トゥレーヌの仮説を生み出した。

彼はすでに一九四〇年代末からフリードマンの下で（「一九一四年以降のフランス産業における技術進歩」調査の一環として）、国営ルノー自動車工場（一九一四年設立）の歴史（社会史）的調査を実施し（Touraine & Verley 1950）、近代産業における労働組織システムの発展と労務作業の変化（A段階：産業革命の初発期→B段階：作業の科学的組織化と大量生産→C段階：自動化と結びついた作業の再構築）を明らかにした。その成果が『ルノー工場における労務の進化』（Touraine 1955）であり、フリードマンの序文とともに出版されている。[*3] フリードマンは、労働者意識・組織・運動の変遷のもつ歴史的な意味を解釈し、組織化・オートメイション化が進む産業社会における労働者の苦悩をすくい取ろうとしたが、トゥレーヌは、戦後の産業社会において労働の組織形態がオートメイション化を通して生産機構中心からシステム管理・組織運営中心へと変容しつつあることに積極的な意味を見出していった。その主張は、マルクスやフリードマンの図式を超えるものとして大きな注目を集め、S・マレの『新しい労働階級』論（Mallet 1963）などにも影響をあたえていったといわれる（林 1975）。

このような労働組織の変化（歴史）に関する研究は、その後、産業主義社会における組織システム全体に関する研究へとつながっていく。トゥレーヌは企業と労働組合の関係の変化、労働者集団間の差異や労働組合・労働運動のありよう、経営参加、企業の官僚制化に関する調査研究を進め、そして次第に産業社会の組織システムと、そこで働く労働者・労働組織・労働組合・労働運動とを対置するようになっていった。

また、一九五五―五六年には、国際社会学会の社会階層・移動研究プログラム主催で実施された国際的な階層調査[*4]の一環として、フランスで全産業・全地域の一八歳以上の男性労働者二〇二九人を対象に質問紙調査を実施する。そして一九五〇年代末の労働組合に関するマレ、B・モテーズ、M・クロジエ、J・ドフィニーなどとの議論では、トゥレーヌは階層調査の成果にもとづく形で、①「権力に接近しないで敵対する」「敵対的組合主義」（革命志向・労働者権力）、②「権力をすでに保持する」「統合的組合主義」（東欧の自主管理労組など）よりも、③「二類型の中間」で「権力を決して保持しようとしないが権力に接近する立場」、すなわち企業の官僚制化を批判して民主的決定がなされるようにコントロールし、「政治的勢力の助けを借りて勤労者の労働条件改善と同時に権利主張の達成に敵対する経済制度の変革を求める」（林 1977: 49）ような「統制的組合主義」（Le syndicalisme de contrôle）を評価した（Touraine 1960）。林によれば「トゥレーヌの本意は、技術革新・労働組織の再編成・組織資本主義の確立・新しい労働者階級の出現等々、六〇年前後のフランス産業労働界の状況を熟知した上で労働運動の類型化を試み、その作業を通じて運動の意味方向を把握しようとする」（林 1977: 50）ところにあり、「労働する側が企業に強度に参加すればするほど、手段体系に入り込めばそれだけ一層、彼は参加を根拠として企業体に対して権利主張を行なう」のであって、「企業体に参加することは社会体系に統合されることではなくして生産の意思を実現すること」(林 1977: 56)だという認識があったという。一九六〇年にトゥレーヌは、国立社会科学高等研究院(EHESS)の研究主任(教授相当)に就任し、同時にCNRSに「産業社会学センター」(後に「社会運動研究センター」に名称変更)を設立している。

大規模階層調査の成果を、第1章で紹介した歴史的行為理論から改めて分析したものが、労働組織の歴史的変化と労働者意識の変化の関係を明らかにした『労働者意識』(Touraine 1966)である——その前年に同書の理論篇にあたる『行為の社会学』(Touraine 1965)が出版され、トゥレーヌは博士号を取得している。同書によれば、まず「労働者(のもつ)意識」とは「階級意識」とイコールではない。「労働者意識」とは、「労働者の彼の労働に対する関係から生ずる要求の体系」であり、「仕事の成果を通じて自己を認識し、また人に認められようと努める」「創造の要求と支配の要求の体系」である。そしてその「労働者意識が技術発展のいろいろの段階においてうける変化を叙述し、それを説明していくこと」が同書の「主要な目標」であった(小関 1968: 71-72)。

トゥレーヌは、三つの産業分野を区別し、技術と組織の変化を描いていく。まず「職能的体系においては生産物の製造に重点」が置かれる建築・鉱山・鋳物分野、つぎに「中間段階」にある「金属工業」分野、最後に職能的体系における「オートメイション」にみられるような「組織」に重点を置く石油・ガス・電気分野である。そして各産業部門において、労働者意識と労働組合の要求は異なり、職能的体系の発展に応じて、階級意識が弱まること、意思決定への参加要求が高まること、技術体系化の進んだ分野においてほど、(a)自己意識(同一性原理)、(b)目指す文化的モデルについての意識(全体性原理)、(c)同じモデルを目指す関係にあるライバルに対する意識(対立性原理)の三つがより強く結びつく傾向があることなどを、データにもとづいて示した(表

表3　産業部門と労働者・組合意識

職能体系（産業）	生産物の製造に重点（建築部門）	（鉱山、鉱業）	中間段階（金属製造・機械部門）	組織に重点（石油・ガス・電気部門）
意識	仕事上の強い独立性にもとづく職業への強い誇り、自負心。生産の中心的役割遂行者意識。労働力提供という寄与者の意識。雇用主への敵対的意識弱い ・同一性の原理（I）	熟練技能を要しない分野で、作業条件への不満の高まり	労働組織システムの従属者・歯車意識。階級的意識・対立的意識 ・同一性原理と対立性原理の統一。個々の利益擁護と階級対立にもとづく全体社会への敵対が統一された階級意識（I-O）	階級意識の除外（経済的分野でより利益追求、新分野開拓の働きゆえに） ・全体性原理（社会を諸勢力の体系と捉える意識を基本）に支配（I-O-T）
要求・運動	技能労働者として職能権利擁護の要求（技能の次元）	能率的要求の強い雇用主への闘争的関係増大（とくに技能水準の低い労働者は保障要求）	労働組織民主化の要求、資本家・雇用者に支配される社会関係に抵抗（経済的勢力の次元）	要求が全体社会的次元へ。企業の意思決定への参加要求。「労組の目的は労働条件改善」「労組の社会正義は階級間不平等の排除・軽減」の回答増加

3)。

これらの成果にもとづいてトゥレーヌは統制的労働組合主義を同時代フランス産業社会における「社会運動」（全体社会の方向性をめぐる運動）として位置づけていくことになる。〈産業社会は生産・進歩といった文化的モデルを中心とし、その占有をめぐる紛争的「社会関係」が統制的労働組合と産業主義的企業家の間に形成される〉という仮説が前期には確立されていったのである（McDonald 1994: 47）。

小関によれば、同書は「労働者として現実に行為する者」にとっての「現実のもつ意義」を捉えるという「独創的な立場」に立ちつつ、「実証的調査を試みた」ものであり[*5]、「著者の努力は高く評価されてよい」（小関 1968: 75）[*6]。このようにして前期トゥレーヌは、

「戦後、フランス社会学におけるすぐれて発展を示した領域のひとつ、労働－産業社会学の分野で、P・ナヴィル、G・フリードマンなどの活動に協力しながら、雑誌『労働社会学』その他の編集活動を通じてアメリカ産業社会学批判とこの分野でのヨーロッパ的規模での国際的研究協力の推進者となるに至った」（寿里 1970: 270）のである。

こうして「社会運動が、社会的創造性の共有された諸形態によって占有され、他の社会的アクターによって対決を挑まれるところの一つの関係性によって定義される」という一般的な仮説的「理論的モデル」が「労働運動への調査を通して」つくりあげられたのである（McDonald 1994: 50）。

中期の脱産業社会仮説

中期（一九六八―八六年）は、五月運動論や脱産業社会論、「新しい社会運動」論、社会学的介入調査などで世界的に知られるようになった時代である。産業の高度化は、管理職やホワイトカラーの事務職、知識・専門職労働者の増加をもたらすことになった。他方で、一九六〇年代には[*7]世界的に労働者というカテゴリーに依拠しないような運動が盛り上がりをみせるようになる。すなわち学生運動や、原子力施設建設、公害問題、エコロジー、自然保護をめぐる環境運動、地域言語、地域文化の保護・自治を目指す運動、女性や障害者、性的マイノリティの運動などである。これらは、福祉国家体制とその土台にある産業主義や中央集権主義、男性健常労働者中心のシステム、生活・家族モデルを批判・改良していく運動としての側面を多かれ少なかれ有していた。[*8]とりわけドイツ、フランスでは反テクノクラシーの機運[*9]も高まった。

パリ大学ナンテール校での一九六七年の学生ストを皮切りに、（後に「五月運動」「五月革命」と呼ばれる）学生運動が、フランス全土へと広がりをみせるようになった際、ＥＨＥＳＳの研究指導教授職に加えて、そのナンテール校教授も併任（一九六六－六九年）していたトゥレーヌは、状況を『五月運動あるいはユートピア的コミュニズム』（Touraine 1968）において詳細に分析し、運動の中に、古いものへの抵抗、対応力のない組織機構への批判、社会全体の行く末に関わる社会的闘争という、三つの闘いが混ざっていることを指摘した。

その翌年には、トゥレーヌは「脱産業社会」化を主張するようになる（Touraine 1969）。彼はすでに五〇年代からさまざまな工場・企業・官庁・労働組合の統計的・歴史的調査をおこない、それらの組織機構が生産体系から管理の体系へと重心を移してきていることを明らかにしていた。その上で、さらに五月運動にみられた学生と労働組合の協働関係に、管理と参加が社会全体へと拡大する傾向を見出し、またそれ以降、組織・ニーズ・技術の合理化を推進する新しい形の独占的な管理の支配に抵抗するように、多様な社会的・文化的アイデンティティを要求する学生や女性、エコロジスト、地域主義者、ナショナリストの運動が上述のように活発化してきていた。これらの点をふまえてトゥレーヌは、生産機構から組織管理への経済的投資の移行、伝統・再生産から生産・変化の社会への文化的イメージの移行を指摘し、また国家の機能分化が進む中で、現代の脱産業社会における中心的な文化的モデルも情報や知識、管理をめぐるものへと移行しているとした（Touraine 1969, 1973）。そのように捉えた場合、その文化的モデルを占有しているのはテクノクラシー（の運動）である。トゥレーヌによれば、テクノクラシーは、資本家階級に代わる新たな支配階層となっている。

テクノクラシーとは一つの身分である。なぜならそれは成長に方向を与える経済的政治的大機構の指導部そのものだからだ。テクノクラシーは、社会をこの成長のために動かされる社会的手段の総体としか考えない。この身分は一つの支配的階級である。なぜならばテクノクラシーは成長と社会進歩を同一のものであると宣言しながらも、同時に巨大機構の利益を社会の利益とみなすからだ。この巨大機構はしかしいかに厖大かつ非人格的なものであろうとも、やはり特定の利害関係の中心であることに変わりはないのである。（Touraine 1969=1970: 68）

それは行政や企業を超えて存在し、その権力の土台は知識であるという。

［テクノクラートは］国家の行政機関に所属しようと、あるいは政治的決定をおこなう集団と規模の大きさ自体によって密接に結びつく大企業に所属しようと、指導者たちなのである。……もしかつて支配階級への所属の表徴が私有財産であったとすれば、新しい支配階級はまず知識すなわち教育水準によって特徴づけられる。（Touraine 1969=1970: 64-66）

それに対して反テクノクラシーの運動もまた登場し、紛争が知識や権力の集中をめぐって発生する。トゥレーヌは、このテクノクラシーと反テクノクラシー運動の間の知識や情報のコントロールをめぐる闘いが脱産業社会の中心的な紛争になるという。

テクノクラシー諸機構は秘密に包まれ、情報と公開討論を警戒する。これらの機構は自分自身の権能を増大させることに努め、その成員にいっそう大きな社会的統合を課し、生産・消費行動を操作し、きわめて攻勢的である。これらは新しい型の不平等と特権とを生み出す権力中枢にほかならない。……紛争は実在する。これらの紛争は決定・知識・権力の累積と集中という事態に根ざしているのだ。……社会闘争はもはや労働と企業の領域にのみ限られて存在し続けるものではない。それは、経済権力の社会生活に対する圧力がしだいに一般的となり、個人の生活と集団的活動とのあらゆる側面に影響をおよぼすようになったこと自体を原因としている。（Touraine 1969=1970: 69-71）

テクノクラシーに対する反抗・抵抗の核も具体的に示されている（表4）。具体的にその核となりうるのは、「大組織の運行と結び」つく「サービスの責任者」であり、たえず「消費者との接触」にさらされる人々、具体的には大学教員、学生、研究者、エンジニアたちだという。

プログラム化された社会においては、その指導者は成長を統御する諸機構であり、被支配階級はもはや所有関係によって定まるのではなく、指導された変化のメカニズムへの従属、したがって社会的文化的統合用具への従属によって定まるのだ。直接に生産的労働あるいは職業が資本に対立しているのではない。いまや、個人的・手段的自己表出こそが操作に対抗しているのだ。……人間は勤労者として関連しているのだが、同時に消費者あるいは住民として、一言でいえば集団の名の下に行使される決定体系に従属している異邦人として関連しているのだ。（Touraine 1969=1970: 71）

テクノクラート、ビュロークラートおよび技術中心主義者たちの支配に対してとくに活発な反抗を示す諸集団は、大組織の運行と結びついてそのサービスの責任者となっており、また責任者となっていると感じている人々であり、そしてかれらの活動自体によってたえず消費者との接触をよぎなくされている人々である。一方では教授、研究者、学生あるいは都市工学者たち、他方ではエンジニアあるいはエンジニアリング会社の技術者たちは、かれらの専門職業人あるいは専門家としての性質と、組織の中の人間あるいは潜在的なテクノクラートとしての性質との二重の性質から生まれる矛盾の前に気を失いそ

表4　支配と被支配・抵抗の諸集団

支配階級	合理化担当者	ビュロークラート	テクノクラシー
被支配階級	運転・操作労働者	事務労働者	被支配者
疎外の極端な場合	高年労働者	（現場）技術者	衰退過程にある諸共同体成員
独立的階層	サービス部門の職能労働者	専門技術者	専門職業人（教授・研究者・医師等）
支配階級に対する抵抗の核	保全労働者	エンジニアリング研究部門の技術者	専門職業人、給料稼得者、学生

出典：Touraine 1969=1970: 84より転載。

うなのだ。しかしかれらはこの矛盾を、時には要求的態度をとることによって克服する。産業社会で支配的な合理性・技術性の諸価値に参画しながら、かれらは同時に自分たちの労働条件と職業上歩む道を自主的に決定しようとする。つまりかれらは、組織・決定を司る諸制度のおよぼす圧力に対して、自分たちの職業集団としての内的諸要求をもちだすのだ。（Touraine 1969=1970: 81）

このようにして中期トゥレーヌは、前期に構築した「社会運動が、社会的創造性の共有された諸形態によって占有され、他の社会的アクターによって対決を挑まれるところの一つの関係性によって定義される」という「理論的モデル」にもとづいて、「労働と産業家が取り結んだ産業社会の核となる関係性を、脱産業社会において同定しようとする新しい社会運動の研究に適用」するのである（McDonald 1994: 50）。

当時設立された社会学的介入・分析センター（ＣＡＤＩＳ）はまさに中期の歴史的仮説を土台としていたといえる。

脱産業社会への突入と新しい社会運動の出現という歴史的仮説は、センター創設にかなり先立つ一九六八年五月の出来事の後に形作られた。新しいタイプの社会関係を明るみに出し、脱産業社会の核となる賭金をあらわにできるような社会運動分析を土台に、全体社会の激変を研究するというのがCADISのプロジェクトであった。一方の労働運動の制度化と衰退、他方の新しい社会運動の出現が、それらを経験的対象とする研究プログラムを形成したのである。（CADIS初期のHP内「Présentation」ページより［二〇〇五年八月閲覧］）

2 歴史的仮説の変化

社会運動調査と産業社会の解体仮説

中期トゥレーヌは、新しい「社会運動」仮説を経験的に検証すべく一九七六年から一〇年かけて、M・ヴィヴィオルカやF・デュベら研究者チームを率いて、社会学的介入を含む大規模なフィールドワーク調査を実施していった（Touraine 1978; Touraine et al. 1978, 1980, 1981, 1984; McDonald 1994: 48–50; Dubet 2007: 12–14）。*10

社会学的介入はまず学生運動（Touraine et al. 1978）*11と原子力発電所関連施設建設反対運動（Touraine et al. 1980）*12に対して実施された。それらの運動がまず選ばれたのは、すでに一九六九年の段階で学生、学者、技術者などの知識生産に関わる専門家的性質をもつ人々が「支配階級に対する抵抗の核」（表4）として理論的に位置づけられていたからである。

しかし、もっとも有力な候補であった二つの運動においても、わずかな部分（反原子力運動の一部グループの一時的状況）を除いて、統一的なアイデンティティ［同一性］の下で全体社会の知識・情報の管理の方向性［全体性］をめぐってテクノクラートと争う［対立性］ということが合意されることはなかったのである（Touraine et al. 1978, 1980; Dubet 2007: 16–19）。「反原子力闘争の研究では、この闘争が反テクノクラートを指向する（敵対性［対立性〕）だけでなく、自然とのより調和的な関係を指向する人間としてのアイデンティティ（主体性〔同一性〕）……、さらにはエコロジー的社会建設に向けての知識・科学に民主的な統制と代替的技術の開発の争点認識（全体性）を備え、社会運動として潜在的可能性を秘めていることが示された。しかし同時に、現実には、生産至上主義に対する文化的な拒否、国家（ならびにフランス電力公社）による情報と知識の非民主的管理への批判、共同体への退避などへと闘争が遠心的に分解し、組織化の点で数多くの困難を抱えていることも明らかにされた」（伊藤るり 1993b: 129）。この「第一段の介入は、知識生産の管理が、脱産業社会においては中心的なリソースであるという仮説にもとづいていた。学生運動とエコロジー運動に焦点をあて、それらの運動がどの程度まで知識管理にもとづく新たな社会的権力のかたちを見定めて対決できるのかを探求するものであった。［だが］それらの介入は、概して新しい中心的紛争を指し示すことに失敗した」（McDonald 1994: 48）。

その後、社会学的介入調査は、地域主義運動、女性運動へと進んでいく――それらは「衰退過程にある諸共同体」（表4）の事例として位置づけられる。しかし予想通りにはいかず、「パリ」から来た研究者、「男性」の研究者による介入調査が部分的にあるいは完全に拒否されるという事態も起こった（Touraine et al. 1981; McDonald 1994: 48; Dubet 2007: 20-21; Touraine ed. 1982）。そして地域主義運動は「共同体に引きこもることによるアイデンティティの防衛」を、女性運動は「平等性と差異の緊張関係の問題化」をそれぞれ表すにとどまり、「社会運動」というよりは、「文化運動」であったと結論づけられた（McDonald 1994: 48; Dubet 2007: 19-20）。さらに労働運動、ポーランドの「連帯」労組へと社会学的介入調査は進んでいく――さまざまな「労働者」もまた「抵抗の核」の候補として位置づけられていたことを想起しよう（表4）。その結果、労働組合運動が、「政治レベルのアクター」であり、全体社会に関わる「社会運動」ではないという点は仮説通りだった（Touraine et al. 1984; McDonald 1994: 48; Dubet 2007: 21-22）[*13]。またポーランド「連帯」労組の調査からはその運動が「国家の独立、労働者、民主主義というモデルの間で衝突している」ことも示された（Touraine et al. 1982; McDonald 1994: 48; Dubet 2007: 22-23）。

これらの調査に加えて、ヴィヴィオルカによる元テロリストグループへの介入調査（Wieviorka 1988; McDonald 1994: 48）、またデュベによる移民二世などマージナルな若者への介入調査（Dubet 1987, 2007: 27-45; McDonald 1994: 48）もなされていった。

そして以上の諸調査――すべてCADISの研究プログラムに沿って分担されていたものである――を総合的に検討するかたちでトゥレーヌらは、結果が仮説通りにいかなかったのは、現状が新しい社会にあるという中期の歴史的仮説自体が誤りであったためだと認める。労働運動に代わる新しい「社会運動」が現れることはなく、その労働運動は確実に弱体化していく。つまり現状は、まだ産業社会が解体していく過程にあるのだと解釈したのである。[*14]「新しい社会運動研究は、一九六八年五月とその直後に遠まわしに現れていた新しい社会生活様式が急速に発展するという考え方を前提としていた。しかし一九七五年から一九八五年の社会学的介入は、社会生活が新しい創造性・権力・紛争の諸形態の出現によってよりも産業社会文化の解体によって表されるような、はるかにゆっくりとした移行期に現在があるというようにトゥレーヌに納得させた」（McDonald 1994: 48）。このようにして脱産業社会の行く末をめぐって新しい社会運動とテクノクラシーが紛争に入るという仮説は、産業社会の解体という解釈へと転換していったわけである。

後期の脱近代化仮説／後継者のグローバル運動仮説

後期（一九八六年―現在）は、全体社会と運動の関係から、個人とモダニティの関係にまで視野を大幅に拡大した時期である。新しい近代論、民主主義論、個人的主体論や文化運動論、新自由主義批判を展開し、サパティスタや、ムスリム・LGBTを含む女性集団の調査をおこない、再び世界的な注目を集めているといってよい。

冷戦体制の終結とともに、経済中心のグローバル化が進んだのがこの時代である。(福祉)国家の中に連帯の場としての「社会」が滞留した時代はもはや過去のものとなり、いまや国家の枠組みが弱体化し、グローバルな競争と閉鎖の中で、さまざまな制度は衰退し、社会化の機能も失われていく。サッチャーが望んだ以上にもはや「社会」なるものは実態としても消失しつつある。[*15] この状況こそ、後期トゥレーヌが欧州の脱近代化として捉えてきたものである。[*16]

中期の社会運動調査を経て後期トゥレーヌは、「その探求が時期尚早だと判断された社会的場の構成から、危機にあるとはいえ、脱産業的モダニティのアクターとその諸関係は指し示すような、モダニティの文化的指向性を探求することへ」と「焦点」を移動させた(McDonald 1994: 55)。すなわち脱産業社会の支配的な文化的モデルがすでに存在するという見方や、それが情報・知識の管理だとする(彼自身が一九七〇年代に抱いていたような)仮説は否定したのである。現代の「中心となる闘い」は、もはや全体社会の文化的モデル(進歩や合理化、情報や知識)をめぐる労働運動と産業資本家、反テクノクラシー運動とテクノクラシーの紛争関係ではない――共有される文化的モデルが不明になっている。それゆえ、ひとつの文化的モデルを仮定してそれをめぐる「社会運動」を探るのではなく、むしろ脱産業社会の文化的モデル候補を体現するさまざまな「文化運動」の探求や比較へと焦点を移したわけである。

後期の脱近代化仮説はその結果、生まれてきたわけであるが、日本ではほとんど知られていないので、ここでくわしくみておきたい。後期トゥレーヌは、まず西欧における合理主義的なモダニティの「勝利」とその背景を根本的に検討し直し、ロック、マキャベリ、ルソー、ホッブズなどの啓蒙思想にまでさかのぼった上で、近代化を合理化として捉える見方が支配的になってきた歴史を、コント、トクヴィル、ウェーバー、マルクスなどにふれつつ振り返っていく(Touraine 1992=1995: 9-87)。トゥレーヌによれば、神・宗教によって人間と宇宙の一体性が統合されていた時代は、やがて「超主観的理性」（カント）や「調和した合理的社会」（ルソー）によって担保される「近代」に取って代わられた。ただし合理性は人間の創造的活動のポテンシャルを「公平に」評価できるものではなく、「個人の葛藤や個人間の本来的な違いが一つの包括的な社会に容易には摩擦なしには統合されることがないように、さまざまな努力、願望、欲求もまた、最も包括的な合理性概念によってさえ捉えきることはできない」のであり、それゆえ「トゥレーヌは、モダニティがその始まりから、理性とそれに抵抗する主体という二つの軸、つまり合理性と創造性、合理化と主体化によって特徴づけられている」（Knöbl 1999: 413）と主張する。この合理化と主体化——理性と主体、ルネッサンスと宗教改革——から成り立つモダニティは、キリスト教に由来する西欧近代に固有のものである（Touraine 1992=1995: 205–206）。そしてその「キリスト教的世界——神聖な主体により創造され、また合理的知識の領域と主体の領域の分離に至る合理的な法と調和するように組織されたキリスト教的世界の特異性——の解体」に応じて、「世界の合理的構築というアイデア」は次第に「近代科学に転換」（Ballantyne 2008: 220）されていった。このようにして合理化を中心とするモダニティが「勝利」するに至ったとされる。

つぎにトゥレーヌは、その合理的モダニティに対する批判の系譜——ニーチェ、フロイト、批判理論、フーコーなど——を検討していく（Touraine 1992=1995: 89–198）。トゥレーヌによれば、一九世紀におけるナショナリズムや巨大な営利企業の勃興は、ルソーが述べたような集合的・社会的合理性の概念とは対立する現象であった。また「ブルジョワ的個人の世俗的合理性は、セクシュアリティをめぐる不安定で偏向した反合理的な言説にさらされるようになり、落ち着いて合理的に計算して商品を購入してきた人々は、素早く反応する消費者に入れ替わる」（Knöbl 1999: 413）ようになった。このようにして解体しはじめた合理性中心のモダニティを、一九世紀末にフロイトとニーチェがさらに徹底的に批判する。キリスト教的な「主体」概念を批判するニーチェが論難したのは、

「功利主義と同一視され、また個々人の存在と生活の社会・経済組織の利害への従属と同一視されたモダニティ」であった（Touraine 1992=1995: 113）。またフロイトのモダニティ批判は、「モダニティというイデオロギーに対してそれまでなかったほど体系的に攻撃をおこなう」ものであり、そこでは「アクターとシステムの結びつき、技術的世界の合理性とパーソナルな倫理の結びつきが、個人と社会の分離、快楽と法の分離に取って代わられた」（Touraine 1992=1995: 116）という。そして、「かつてイメージされたような個人的合理性と社会的合理性の一体性は廃棄され、それゆえ社会的進歩と個人の解放との結びつきという考え方もまた廃棄された」（Knöbl 1999: 413）のである。

　そして、マルクーゼやフロム、ホルクハイマー、フーコー、ポストモダン論による合理的モダニティ批判についても検討していく。トゥレーヌによれば、合理性中心の「古典的モダニティの終焉」後も、非合理性の時代が幕開けしたわけではない。たしかに合理性にはもはや社会と個人を結びつける力はないが、集合的・個人的アクターは道具的合理性を引き続き使用しなければならないからである。他方で、合理性はもはやモダニティの要素全体を統合するものではなく、それゆえアドルノ、ホルクハイマー、フーコーのように「モダニティにおける理性の遍在を語るペシミスティックな見方」に対してトゥレーヌは「懐疑的」である。モダニティを合理化と主体化の緊張関係として捉える以上、問題は「理性の鉄の殻」ではなく、ばらばらになっていく世界における主体の位置であり、さまざまなモダニティ批判は合理化というモダニティの一側面に対するものでしかない。もう一方には抵抗やアクターを生み出す「主体化」の側面があるのであり、モダニティはつねに「合理化の絶えざるプロセス」と「抵抗する主体の絶えざる生成」の両方によって特徴づけられなくてはいけないとする（Knöbl 1999: 413-414）。産業社会期に作り出された「社会」という観念は、ひいては社会的行為、社会関係、社会システムといった概念は、トゥレーヌによれば、合理化と主体化という二つの側面を緊張関係をともないつつも結びつけるものであった。そこから古典的な社会学が、パーソンズの社会システム論も含め、可能になったわけであり、前期・中期トゥレーヌはそのシステム論を仮想敵として批判的に検討していたということである。

しかし、二〇世紀後半になって、経済の自律化と権威主義的共同体主義の活性化の中で、モダニティは、純粋に計算的行為（株式投資家、企業家、消費社会の快楽を生きる個人の論理）と純粋に共同体主義的な行為（宗教家、全体主義、ナショナリスト、人種差別、排外主義の論理）の間で引き裂かれるようになる。その結果、「社会」は解体し、さまざまな制度は衰退し（脱制度化：désinstitutionnalisation）、社会化の機能も失われていく（脱社会化：désocialisation）。それは「ポスト社会－状況」（Touraine 2013）であり、歴史的行為システムも解体することを意味している。

「社会」が解体すれば、合理化と主体化という二つの側面は緊張関係さえ失い、完全に分裂するようになる。このように合理化と主体化が分裂・自律するような状況は、トゥレーヌの定義ではモダニティの解体に他ならない。そして西欧近代においてモダニティが解体していくこのプロセスを、トゥレーヌは「脱近代化」（démodernisation）と呼ぶのである（Touraine 1997a）。[*17]

トゥレーヌによれば、従来は歴史的行為システム（パーソンズであれば社会システム）によって合理化と主体化という二つの指向性をトップダウンで結びつけてきたが、脱近代化の状況にあって、もはや「社会」という概念・原理では、分裂・自律する二つの指向性を結びつけることはできない。歴史的行為システムを構成する歴史性、政治・制度、組織という水準も、産業社会の仕組みでしかなく、意味をなさなくなる。社会的行為による社会組織システムは、近代化過程では歴史的行為システムを形成する歴史的行為と政治・制度システムを構成する戦略的行為の土台となっていた。だがグローバル化にともなって計算的・戦略的行為は、政治・制度システムを越えて独立したシステムを形成するようになる。そうなれば全体社会システムは解体し、歴史的行為システムも解体する。歴史的行為そのものは残るが、それは歴史的主体との関係性を失い、個人の中の主体性と結びつくようになる。そこでパーソナルな主体（第1章参照）概念が重要になってくるのである。

トゥレーヌによれば、「脱近代化」の状況においては、社会の解体の中で苦しみつつ何とか自分自身を維持しようと闘う個々人の主体性こそ新たな社会の原理になりうるのであり、さまざまな個々人の文化的な権利を保護・促進しようとする自助・支援の場・活動（文化運動）のありようが重要になってくる。多様な文化運動（たとえば、合理化・ネオリベラル化への文化運動やコミュニティやアイデンティティに回帰する排外的な文化運動も含め）の間の勢力争いが、脱近代化と社会の解体が進む現代における「中心となる闘い」になるのだという（Touraine 1997a=2000: 101; McDonald 1994: 56-57）。実際、このような仮説にもとづいてトゥレーヌらは、九〇年代以降、マージナルな若者や人種・宗教・性的マイノリティや障害者、病者などに関する調査を実施している。[*18]

最後に、後継者らによるグローバルなレベルでの歴史的仮説構築も進められている。一九九〇年代以後、新自由主義政策は中南米諸国にも広がり、また世界貿易機関（ＷＴＯ）や世界銀行・国際通貨基金（ＩＭＦ）の途上国・新興国支援のあり方も変えていった。経済原理はますますグローバル化し、もはや国家は、国境を越えるモノ、人、サービス、資本、情報などの動きをほとんどコントロールできなくなりつつある。他方でその反動として、宗教、国籍、民族などを核に、異なる人々を排除する排外的な運動も誕生するようになったし、[*19]また世界社会フォーラムも[*20]アフリカやラテンアメリカを中心に大きな影響力をもつようになっていた。このような世界情勢（とりわけ欧州とラテンアメリカの状況）が後継者らの歴史的仮説につながるのである。

たとえば、ヴィヴィオルカ[*21]は一九九〇年代後半から現在にかけての状況を、「国民国家の枠組みの衰退とグローバル化」の新たな段階として捉える仮説を提示する（Wieviorka 2005）。すなわち、①産業社会の「労働階級運動」、②一九六〇年代末から一九七〇年代の「新しい社会運動」、さらに③一九八〇年代の運動の制度化・商業

表5　運動における枠組み・敵手・行為・政治の変化

	①労働階級運動（1960年代）	②新しい社会運動（1960年代末～70年代）	③運動の制度化・商業化・暴力化（1980～90年代）	④グローバル運動（1990年代末～）
枠組み	国民国家の枠内	国民国家の文脈	国民国家の文脈／近代化	枠組みの衰退、グローバル化
敵　手	支配者	明確に定まらない社会的敵手	曖昧な社会的敵手／異なる文化的志向性の文化運動	社会的敵手はさらに曖昧に（国際機関）／異なる文化的志向性の文化運動
行　為	行為は明確に社会的	文化的に満たされた運動（差異、承認）	文化の中心的役割（新しい文化、文化的承認）	文化の中心的役割（新しい文化、文化的承認）
政治との関係	社会運動から政治的行為へ（組合の変化）	権力奪取以外の、政治との新たな関係性（すべて政治的）	権力奪取以外の、政治との新たな関係性（すべては政治的）	政治との新しい関係性（権力関心なく反新自由主義、国際的レベルで政治再構築）

出典：Wieviorka 2005より作成*22。

化・暴力化、そして④ベルリンの壁崩落と経済のグローバル化の中で、世界的な環境・人権問題、新自由主義に対抗する「もう一つの世界」、承認を要求する文化的アイデンティティなどを争点とする「オルタ・グローバル化・アクティビストといった新名称にふさわしい」「グローバル運動」（global movements）が登場していると彼は主張する（表5）。

また、マクドナルドは、グローバル化を西欧の拡張としてではなく非中心的なものとして理解し、個人と集合体の関係性、自分や他者の主体性を経験する仕方の転換として、また行為やアイデンティティ、実践やコミュニケーション、そして個人的経験と集合的経験の関係性の転換として捉える仮説を立て（McDonald 2006: vi-20）*23、「西欧近代」という「一つの文明的基盤・時代にあまりに依拠している」「「社会運動」の時代は終わり、現在の紛争を「経験運動」の観点から再概念化する必要がある」(McDonald 2003: 1)と主張した(第1章参照)。

このようなグローバル運動への関心を背景として、現在ではCADISの研究プログラム自体も、以下のようにグローバル化と主体性を中心としたものに変化している。

CADISは再組織され、以下の二つの研究軸に関する研究チームを強化している。／(1)主体、主体性、主体化の過程、脱主体化／(2)世界、グローバル化、オルタグローバリズム／二軸へのアプローチの基礎となる作業仮説は、社会生活とその組織化、社会的諸表象が、だがとりわけ生活の社会的で人間的な諸経験が、社会的アクターに固有の実存を与える主体性への強い願望と、グローバル化への幅広い運動との間の緊張関係の中にあるということを提起している。(CADISのHP内「Axes de recherche」ページより。[http://cadis.ehess.fr/index.php?1099 二〇一五年四月二六日閲覧])

3　歴史的仮説の相対化と複合レジームモデル

福祉レジーム論／受益圏・受苦圏論

以上、歴史的仮説の変化を同時代状況とも対応させつつ現在までたどってきた。トゥレーヌらの歴史的仮説と欧州を中心とした歴史・経験は対応していると言えるが、欧州以外の社会にまで仮説を応用しようとするときにはその点が問題になってくる。これまでも、トゥレーヌ理論は強い国家システムとそれを管理する行政エリートの連携という同時代フランスに特徴的な性質を一般化するなど(杉山 1983)、「フランスの現実と深く結びついて」おり、「一般理論とうけとりローカルな側面を見落としそれぞれの研究者の属す社会の分析に適用すると、違和感をもつことになる」（杉山 2007: 29）と指摘されてきた。

もちろんトゥレーヌは「社会」の類型を自由主義、契約主義の国というように分類し、それらの代表としてフランスを取り上げているのであって、ラテンアメリカや東欧などへのその枠組みの適用も慎重になされている（Touraine 1969）。ただし先進資本主義諸国内での差異というものをトゥレーヌはあまり論じておらず、先進資本主義諸国の制度的多様性が明らかになりつつある現在にあって、仮説を安易に他の先進資本主義諸国にあてはめるわけにはいかない。後継者らのグローバル運動仮説も、仔細にみればやはりフランスを中心に欧州（およびラテンアメリカ）のオルタ・グローバル化運動の経験を重視しており、世界各地の事象にまで単純に適用可能なものではない。他の社会、あるいは他の社会も含めたグローバルな世界に応用しようとするのであれば、歴史的仮説の土台にある欧州的経験を相対化する必要性がでてくるのである。

欧州的経験を相対化する上で期待されるのは、福祉レジーム論や多元的近代論[*24]であろう。社会進化論、機能分化論、近代化論、古典的福祉国家論は運動や紛争を周辺的にしか組み込んでおらず、ある社会と他の社会の関係を、遅い・早い、圧縮されている・されていないといった一元的な尺度でしか評価することができない。だが、福祉レジーム論や多元的近代論は理論の中に運動や紛争、行為者の戦略性や主体性の水準を組み込むことで現実に起こる多様性・偶有性を、多元性としてうまく理論化することができているからである。

本書では、その中でもより精緻な理論である福祉レジーム論を取り上げ検討することにしたい。[*25]福祉レジーム論——正確にはその権力資源動員論（Esping-Andersen 1990=2001, 1999=2000; Esping-Andersen et al. 2002; 新川 2005）——は、〈経済発展や人口構造が福祉国家発展の一般的な条件となるとした福祉国家論〉に対して、複数の福祉レジーム類型、すなわち保守主義レジーム、自由主義レジーム、社会民主主義レジームなどを計量分析をもとに区別し、その分化（クラスター化）に穏健派労働組合運動の権力資源の動員量や戦略（保守政党や農民連合、新中間階級との連合など）が（過去の歴史的遺制とともに）一定の影響をあたえていることを実証的に明らかにしてきた（Esping-Andersen 1990=2001: 32-36）。

その理論の土台に資本側－労働側の階級的関係が位置づけられている点など、トゥレーヌの歴史的仮説（とりわけ前期）との共通点も少なくない。同時にそれは歴史的仮説を相対化できる理論でもある。というのも福祉レジーム論では、トゥレーヌらが主に念頭に置いてきたと考えられるフランスの国家体制もレジーム類型の一つ、「保守主義レジーム」に属するものに過ぎないからである。実際、中期トゥレーヌが述べたようなテクノクラートによる文化的モデルの支配という仮説は、テクノクラートの優越性、階級統制や旧来型コーポラティズムといった保守主義レジームの特性（Esping-Andersen 1990=2001: 67-68）と合致しているが、市場に重きを置く「自由主義レジーム」や、大規模な労働組合ナショナルセンターと経営者団体に政府が関わるようなネオコーポラティズム中心の「社会民主主義レジーム」の国々・社会にはあてはまらない。ゆえに歴史的仮説を保守主義レジーム以外の国々に適用する場合には、別途、自由主義レジームにおける仮説や社会民主主義レジームにおける仮説というものを考える必要性がでてくるのである。

また福祉レジーム論は、運動・紛争に主要な焦点を置いているわけではないが、各レジームがどのような新しい社会運動・紛争を形成するのかについては、類型ごとに「質的に異なったコンフリクト構造」がありえることを指摘している（Esping-Andersen 1990=2001: 238; Pierson 1991=1996: 17）。これは、いわゆる新しい社会運動の多様性を示唆しているものととることもできるだろう。

それゆえここではまずトゥレーヌの前・中期の歴史的仮説を福祉レジーム論と対応させてみたい。すなわち産業社会に付随するカテゴリカルな古い社会的リスク（賃金「労働者」に共通の傷病・失業・扶養等のリスク）に対処すべく、「労働者」カテゴリーを中心とする運動（労働組合・労働者協同組合・共済組合・労働者政党など）が組織され、福祉国家化が進められていく。そしてそのような社会の形成をリードした穏健派の労働組合運動がトゥレーヌにおいて産業社会の「社会運動」として位置づけられたというわけである。[*26]

また福祉レジーム論によれば、穏健派労働組合の勢力や戦略、過去の制度的遺制などに応じて多様な福祉レジームの分化・形成が進んでいく。ドイツやフランスのような大陸欧州とアングロサクソン諸国、北欧諸国、南欧ではレジームが異なるのであり、それゆえ、前期トゥレーヌが分析した企業・労働組織の状況は欧州においてさえ普遍的なものではない。福祉国家化が進む中で、「労働者」カテゴリーに属さない人々（女性、障害者、失業者、学生……）の排除が問題化してくることは共通しているが、その度合いや特徴は異なり、問題も異なる。大陸欧州では、保守的な福祉レジーム体制により伝統的な家族体制が残り、業界団体のヒエラルキー、エリート主義なども強い影響力をもちつづける。それゆえ、中期トゥレーヌが指摘したようなテクノクラシー体制批判が生まれてくるわけであるが、同時にテクノクラシーが普遍的な現象ではないということも指摘できるわけである。

福祉国家から排除された人々は、「労働者」以外のカテゴリカルな（集合的）アイデンティティ（「女性」「障害者」「学生」など）を形成し、体制への抗議運動（女性運動、学生運動、マイノリティの運動）を組織していくようになる。トゥレーヌは、これらの運動が反テクノクラシー運動にまとまり、つぎの社会を創造していくと予想する新しい「社会運動」仮説を定めた。だがその仮説はそもそも保守主義レジームにしかあてはまらないのであり、大陸欧州以外の国家・社会にはうまく適用できないのである。

リスク論・ガヴァナンス論

つぎに福祉レジーム論をさらに拡張するのが「新しい社会的リスク」論である。テイラー＝グッビー（Taylor-Gooby 2004）によれば、脱産業社会において、女性の労働市場参加、高齢化、労働市場の変化、民営化が進行することで「新しい社会的リスク」（New Social Risk：ＮＳＲ）――「脱産業社会への移行にともなう経済的社会的変化の結果として、人々がそのライフコースにおいて直面するリスク」（Taylor-Gooby 2004: 2-4）――が現れている。福祉国家が保障しようとした古い社会的リスクは、「労働者」というカテゴリーに付随するさまざまなリスク（失業・障害・家族の扶養など）であったが、現代の脱産業社会における「新しい社会的リスク」はカテゴリー横断的・個人的なもの、つまり同じ「女性」であっても、同じ「男性」であっても、同じ「労働者」であっても、個々人で異なるようなリスクであるという。具体的には、新しい社会的リスクのために、より脆弱な人々が、以下の三つの領域で新しいニーズをもちはじめている。すなわち、第一は家族とジェンダー役割における変化に関する領域であり、「賃労働と、とりわけ育児に対する家族責任のバランス」をとろうとする人々、および「虚弱で」「家族の支援を欠く」「高齢者配偶者へのケアを求められる」人々からのニーズである。第二は労働市場の変化の領域であり、「適切な賃金と安全な仕事にアクセスするのに必要な技術を欠いている」人々、「時代遅れの技能と訓練しか有さず、学習を通して更新することができない」人々のニーズである。第三は福祉国家の変化に関わる領域であり、「不安定・不適切な年金、不満足なサービスを供給する民間サービス」しかもてない人々のニーズである（Taylor-Gooby 2004: 5）。そして、この「新しいリスクは、古い社会的リスクよりも人々の人生の早い段階にある人々に影響を与える傾向があるが、それというのも労働市場に参入しその中で地位を確立することと、そして健康のケアのニーズや退職年金よりも第一に家族を構築する段階でのケア責任とに関係しているからである。……新しいリスクは、複雑な形での古い社会的リスク構成を横断する新しい利害配置を生み出す。それらは、とりわけ女性、若い労働者、そして適切な技能を持たない人々に、のしかかる」（Esping-Andersen 1999=2000: 73）。エスピン＝アンデルセンも述べているように、新しい社会的リスクは若年層にまで入り込んでくるのである。

それゆえつぎに、家族がこれまで代替してきたケアや、家族や雇用によって保障されてきた若い時期のリスクを保障・支援していくものとして非営利セクター・サードセクターが世界的に注目されるようになっている（Evers & Laville 2004）。なぜなら新しい社会的リスクは、個別的かつ多様で、行政の従来的な問題発見能力や（公平性の観点から画一的にならざるをえない）その対応力を超えており（宮本 2005: 11）、むしろ当事者からの発信があった上で専門家や自助グループ、NPOがこれを支えていき、そこから行政やケアワーカーにつなげていくしかないとされているからである（宮本 2008: 182-184）。そしてこのような多様なアクターの活動によって維持される福祉保障・生活保障のあり方は、従来の福祉国家とは区別されて、しばしば「ソーシャル・ガヴァナンス」と呼ばれる（宮本 2005: 5）。

ソーシャル・ガヴァナンスもまた土台にある福祉レジームの遺制と、サードセクターのアクターの戦略や連携のありようによって多様なものになる。第3章でくわしくみていくが、たとえば市場と競争を中心とした自由主義的なソーシャル・ガヴァナンス、協同組合[*27]などを中心としたソーシャル・ガヴァナンス、社会的包摂や労働統合を重視するギデンズの「第三の道」やトゥレーヌの「二・五の道」（Touraine 1999）、北欧のような公的セクター中心のソーシャル・ガヴァナンスなど、多様なソーシャル・ガヴァナンスがありえる。それゆえ、仮に歴史的仮説が、保守的福祉レジームの遺制の上にソーシャル・ガヴァナンスを展開する大陸欧州の経験（若者・女性へのリスクの集中やさまざまなマイノリティの排除）と対応しているとすれば、やはりその仮説は単純に他のレジームに適用できるものではないはずである。

さらにソーシャル・ガヴァナンスが生み出す受苦というものがある。すなわちこの体制は、社会的リスクに耐えうる個人を創り出す一方で、それにもなじめない人々をやはり排除せざるをえない。とりわけ現在、主流となっている自由主義的なソーシャル・ガヴァナンスは、個人の間の競争をいっそう促進し、勝ち組と負け組を生み出していく。そしてその体制が労働組合やNPO、企業、協同組合、行政組織など、さまざまな組織・団体によって組み立てられている以上、そのネットワークから逃れることがこれまで以上に困難になっているのである。それゆえ、そのソーシャル・ガヴァナンスの組織ネットワーク全体に対して異議申し立てが起こることも考えられる。また自由主義ソーシャル・ガヴァナンスは、各国の新自由主義政権およびＷＴＯ、ＩＭＦ、Ｇ８、国際企業、投資・投機家などのアクターと連携して世界中に広がるようになっており、それゆえ自由主義ソーシャル・ガヴァナンスに対する抗議運動もグローバルな広がりをもつ可能性がある。このようなグローバルなソーシャル・ガヴァナンスへの抗議運動と対応するのはおそらく後継者らのいう「グローバル運動」だということになるだろう。

その上で、グローバル運動もまた物理的な発生場所を有する以上、発生国・社会により多様なものになりえる。実際、グローバル・ジャスティス運動（主に各地の欧州社会フォーラム）におけるアクターの「結びつき」や、「争点」は、各社会で異なっていると指摘されている（della Porta 2007）。たとえばドイツでは、南北の分裂（人権と開発）から国家レベルの争点（失業手当給付金や社会的ヨーロッパ）へ展開し、スイス・英国においてもまず「南」との連帯（ジュビリー２０００で宗教集団、組合、女性集団、開発ＮＧＯ）から国家レベルの社会的争点へと移行している。他方、フランスでは、まず一九九〇年代後半の反福祉削減と持たざる者の社会正義が争点となり、その後、ジュビリー２０００のような「南」との連帯へ移行した。スペインとイタリアでは、ジュビリー２０００の中心を労組が握ったように、自国での社会正義が中心的争点であったという（della Porta 2007: 16–17）。それゆえ仮に後継者らのグローバル運動仮説が、フランスや欧州のオルタ・グローバル化運動に対応しているとすれば、やはりその仮説も単純に他のレジームに適用できるものではないはずなのである。

以上、トゥレーヌらの歴史的仮説を、福祉レジーム論や新しい社会的リスク論等を参照しつつ、相対化してき

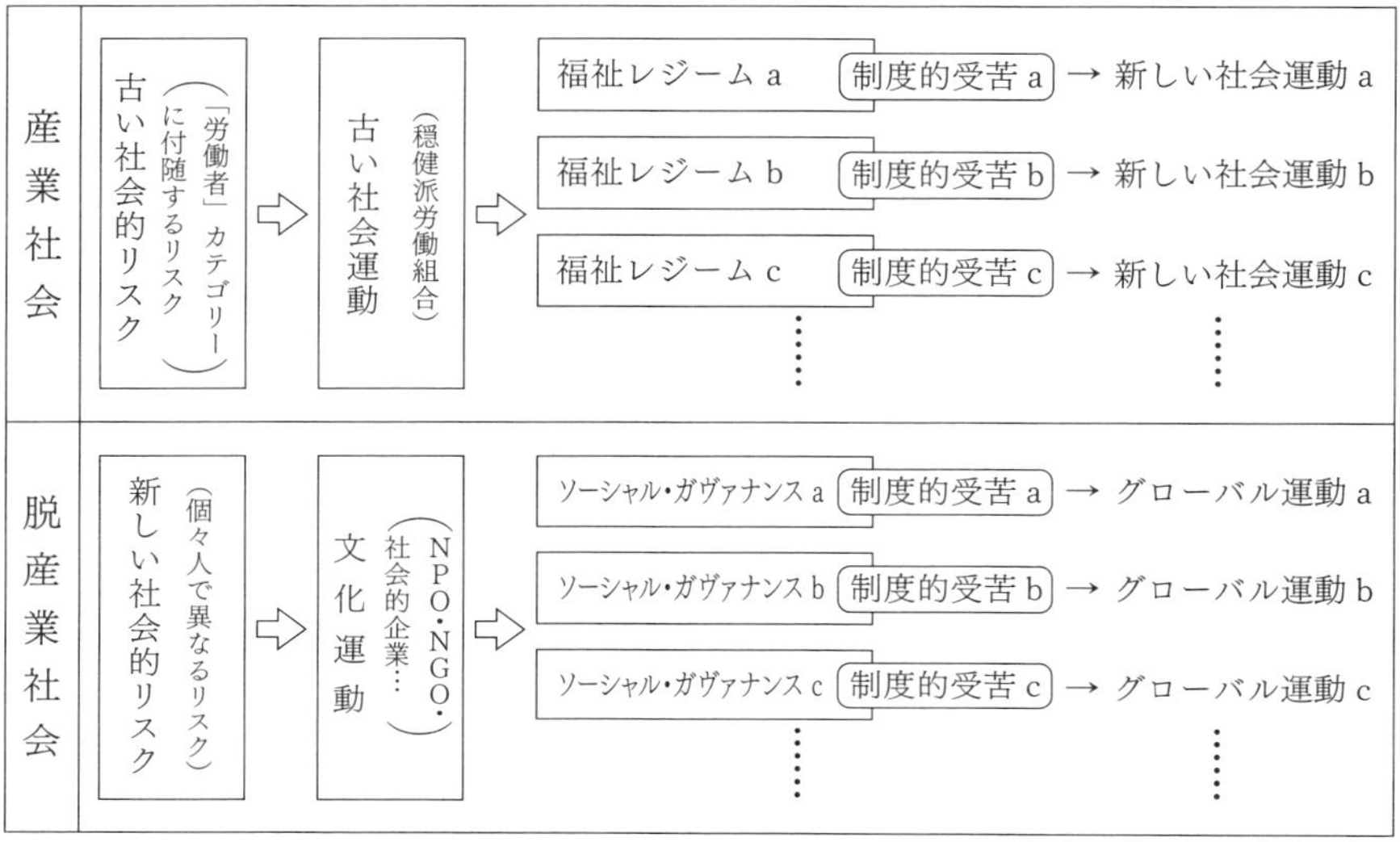

図1　複合レジームモデル

た。あらためてこれまでの運動と体制の関係性を図式化すると、図1のように表すことができる。

　また図1をもとに歴史的仮説と実証的知見の関係を、便宜的に、産業社会・脱産業社会ごとに整理したのが表6である。

　これらの図表では、古い社会運動、新しい社会運動は、日本で知られている位置づけとは異なる位置づけを与えられている。たとえば、「新しい社会運動」は労働運動に取って代わるものではなく、労働運動が福祉レジームを形成し、新しい社会運動がその解体を導くというように、むしろ対立するものと位置づけられている。代わって文化運動が、労働運動と同じくつぎの主体を生み出す積極的な運動として位置づけられている。またグローバル運動は、ヴィヴィオルカの位置づけとは違い、つぎの社会・主体を形成するものではなく、新しい社会運動と同じく現状を批判し解体する位置に置かれる。

　この解釈枠組みを以下では複合レジームモデルと呼ぶことにしたい。この枠組みを用いて、次章では事例分析をおこなうことになる。

表6　歴史的仮説と実証的知見との対応

	産業社会	脱産業社会
(1) リスク	(？) 古い社会的リスク	(脱近代化の苦しみ) 新しい社会的リスク
(2) 創る運動	(社会を創る／統御する社会運動) 「労働者」カテゴリーベースの運動	(主体を創る／守る文化運動) 個人ベースの運動
(3) 国家／ガヴァナンス	(国家・社会のありよう) 多様な福祉レジーム	(グローバル化のありよう) 多様なソーシャル・ガヴァナンス
(4) 制度的受苦	(テクノクラシーによる統制) 福祉レジーム的な管理・排除による受苦	(新自由主義と共同体主義) ソーシャル・ガヴァナンス的な統治・競争による受苦
(5) 批判する運動	(新しい社会運動) 受苦を批判する非「労働者」カテゴリーベースの運動	(グローバル運動) 受苦を批判する個人ベースの運動

注：(　) 内はトゥレーヌ理論における概念。

4　第2章のまとめ

以上、第2章では、行為主義の立場から同時代の社会状況を捉えた歴史的仮説とその変化について検討をおこなった。それによって、まず前期には、歴史調査や階層調査をもとに、産業社会（とくに経済成長期）において統制的労働組合運動と産業主義企業経営者の運動が社会の進歩・発展・生産などの目標を共有しつつ、対立的な関係を形成し、全体社会の行方がそれに左右されるとする仮説が形成されたこと、中期には一九六八年五月闘争の分析や脱産業社会の分析をもとにして、テクノクラシーの運動と反テクノクラシーの運動が対立的な関係を形成し、全体社会の行方がそれに左右されるという仮説が形成されたことを示した。

また後期には、グローバル化にともなって、合理化・主体化というモダニティの二つの文化的指向性をつなぐものが失われるなかで（脱近代化・脱社会化・脱制度化）、パーソナル主体とその主体化を守る場としての文化運動同士の対立が新たな社会の文化的モデルのありようを左右していく——社会自体のありようはその文化的モデルを共有した一対の新たな社会運動の対立によって左右される――という仮説が形成されたこと、その分裂のなかで苦しむ個々人に新たな主体化の萌芽をトゥレーヌが見出していることを示した。文化運動は、規模としては小さな活動、マイノリティの運動、第3章で検討する社会的企業や協同組合、社会センターの活動などにも見出され、時には、排外主義的な行為者へと人々を主体化していく極右運動の中にさえ含まれる。このような後期理論は日本ではほぼ知られていないし、世界的にも中期の有名な「新しい社会運動」論の影に隠れてしまっているようである――動員論の系譜においてこの後期理論が参照されている例もほぼない。*28

さらに後継者らによってグローバル運動仮説が提示されていることも指摘した。

その上で、最後にトゥレーヌらの歴史的仮説の土台に欧州の歴史的経験が存在することを指摘し、福祉レジーム論や新しい社会的リスク論、ソーシャル・ガヴァナンス論などに依拠しつつ、その経験を相対化した新たな解釈枠組み――複合レジームモデル――を構築できることを示した。ある時代のある社会状況を念頭に構築されたさまざまな理論・概念を他の時代・社会に直接適用することの問題性は、これまでもよく指摘されてきた。理論・概念を相対化した上で当該社会にあわせて組み替える、という手法は、おそらくさまざまな理論・概念を他の社会に適用する際にも用いることができるだろう。

第3章　日本の社会組織・運動への応用：試論

第3章では、複合レジームモデルを、日本の社会組織・運動事例の分析に応用する。

トゥレーヌ理論の日本社会への応用はこれまでもなされてきた。序章でも述べたように、前期については工場・労働者調査、行為理論に関する検討が中心で、「統制的労働組合」論や前期の「社会運動」概念が日本社会の分析に応用されることはほぼなかったが、中期については、梶田（1988）が理論（「新しい社会運動」「テクノクラシー」概念）を、日本の大規模開発問題（テクノクラート、生活者・住民運動）、国際空港問題、自動車排出ガス規制問題、大蔵官僚の分析に応用している。近年も中期理論を参照する研究は少なくないし（大畑・木下 2006; 道場 2006; 牛山 2006; 牟田 2006; 荻野 2006）、3・11以後の日本の脱原発運動の分析（中澤 2012）にも応用されている。後期理論についてはは日本ではあまり知られておらず、応用もなされていないが、後継者であるヴィヴィオルカの反運動論のフラッシュモブ分析（伊藤昌亮 2011）への応用やマクドナルドの経験運動論の地域通貨運動（濱西 2005a）、非正規雇用・若者の労働運動の分析（橋口 2011）への応用はなされている。

これらはいずれも重要な試みであるが、第2章で指摘したように、理論的枠組み・概念から諸現象の意味を区分けして解釈していくアプローチである以上、つぎの段階として欧州社会と日本社会の歴史・経験の違いをふまえた理論の組み換えも試みられる必要があるだろう。そこですでに福祉レジーム論等とふまえた複合レジームモデルを構築し、相対化する道筋も示したわけである。

本章では、その道筋に沿って、トゥレーヌ理論を、非欧州の社会に、あるいは欧州においても保守主義レジームとは異なる社会に、応用する際の手続きの一例を示していきたい。ただ複合レジームモデル自体がまだ暫定的なものであり、本書での事例分析もまた試論的なものにとどまる。[*1]

以下では、まず歴史的行為の諸類型を、複合レジームモデルを介して日本社会に対応したものに組み換える（第1節）。その上で、日本型文化運動として組織ネットワークの分析をおこない（第2節）、つぎにアクティビスト・キャンプの実践を日本型グローバル運動の観点から検討していく（第3節）。

1　複合レジームモデルを介した概念の転換

社会運動概念の転換

複合レジームモデルにおいて「古い社会運動」とは、（「労働者」というカテゴリーにあてはまる人々が被る）「古い」社会的リスクに対処しようとする中で福祉国家の形成（と分化）をリードしていくような運動を指していた。古い社会的リスクが産業社会共通のものである以上、基本的に、古い社会運動の争点に日本・フランスでそれほど違いがあるとは考えにくい。その上でレジームの特徴を意識すれば、戦後復興の中で経済発展が重視された日本においては、国家レベルでの社会保障の発展が一九六〇年代まで遅れたため、「企業社会」的で（宮本 2001: 14）、また自由主義的福祉レジームと保守主義的福祉レジームの特徴を両方備えた日本型福祉レジームが形成されたとされる（新川 2005）。そのことをふまえれば、おそらく高度経済成長期に労使協調主義の姿勢をとりさまざまな保障を要求していった企業別労働組合は、日本型「古い社会運動」の一例だったといえるかもしれない。

つぎに、「新しい社会運動」概念は、複合レジームモデルにおいては、福祉国家のもたらす受苦を批判し、その解体をリードしていく運動として位置づけられていた。中期トゥレーヌは同時代フランスのテクノクラシーと反テクノクラシー運動の関係を、新しい中心的闘争として捉えたが、日本では、オイルショックの中で引き続き福祉国家が未成熟のままにおかれ、企業による社会保障の部分的肩代わりが常態となっていた。それゆえ同時代のフランスと比肩しうるようなテクノクラシーが形成されていたとは考えにくい。むしろ、福祉国家による保障も薄いままに、しかし福祉国家から排除される受苦が確実に生み出されていた。

そのことをふまえれば、同時代の日本においては福祉国家の方向性以前に、大企業中心の社会保障・福祉体制のさらなる拡充、「労働」概念の拡張こそが全体社会の中心的な争点であり、また企業福祉に守られた大企業労働者とそれ以外の周辺化・差別された人々（日雇い労働者、野宿者、失業者、障害者、女性労働者、主婦、学生、被差別部落、高齢者など）との間の紛争こそ中心的な闘争関係であったといえるかもしれない。つまり後者による行政への要求闘争や差別撤廃運動、社会保障運動、そして自主的な事業運動（障害者事業所や生活協同組合、ワーカーズ・コレクティブ運動など）が、同時代の日本型「新しい社会運動」――それは部分的に「労働」に依拠した運動としての性格をもつ――に対応すると考えうるのである。

文化運動・グローバル運動概念の転換

さらに複合レジームモデルでは、「文化運動」とは、新しい社会的リスクに対処しようとする中でソーシャル・ガヴァナンスの形成（と分化）をリードしていくような運動を指していた。新しい社会的リスクが脱産業社会共通のものである以上、基本的に、文化運動の争点についても、日本とフランスでそれほど違いがあるとは考えにくい。ただし、すでに述べたように日本社会では、社会保障の不十分さがもたらす古い社会的リスクと、日本型福祉レジームから排除される制度的受苦が残存したままで、さらに新しい社会的リスクが重層化している（少なくともその程度が大きい）ということを意識する必要があるだろう。[*2]

また、日本では新しい社会的リスク自体も女性と若者に極大化する（少なくともその程度が大きくなる）傾向があるだろう。[*3] 日本の女性は、家父長制の下、福祉・ケア領域を長く担わされ、また欧州にくらべて若者の公的保障も自助・支援運動も極端に少ない状況にあったからである。新しい社会的リスクは日本の女性・若者により急速・直接的に降りかかると考えられる。

とりわけ若者の状況については日本ではまだそれほど理解されていない。[*4] 後で取り上げる事例との関係上、少し古いデータであるが、OECDの報告書 Jobs for Youth: Japan（OECD 2008）によれば、日本の若年失業率（一五〜二四歳失業率）は、九・九％（二〇〇二年）から七・七％（二〇〇七年一月）に低下し、OECD加盟国の平均一三・四％を大幅に下まわるが、二〇〇七年の若年者の雇用率四一・五％は一〇年前から依然として低いままで、OECD加盟国の平均四三・六％を下まわっている。日本の労働市場の二重化の伸展により、若年者は深刻な影響をうけており、長期失業率も一五〜二四歳年齢層で、一八％（一九九七年）から二一％（二〇〇七年）に上昇している。OECD（2008）も日本政府に対して、「教育と労働市場との連携を強化すること」「若年者の公共職業訓練を拡充すること」「正規労働者と非正規労働者の実効的な保護における格差を縮小し、賃金・手当における差別的な慣行に対処すること」「対象者をもっと明確にするとともに、より詳細な政策評価を実施し、若年者の積極的労働市場政策を強化すること」を提案しているほどである。

失業率の低さの背景には非正規雇用化の進展がある。二〇〇七年には、一五〜二四歳の若年労働者（学生を除く）のほぼ三人に一人が、派遣またはパートタイム労働のような、いわゆる非正規労働に就いている。収入は低く、社会保険の適用レベルが低く、自らの技能とキャリアを開発させる可能性もほとんどない。

非正規雇用が一九九〇年代後半から急速に増えた結果、一九八五年現在三八九六万人の雇用者総数に占める非正規雇用の割合は五九一万人、一五・二％であったが、二〇〇五年には四八三五万人の雇用者総数に対して非正規雇用者数は一五一〇万人、三一％を占めるに至っている。とりわけ注目されるのは、従来実数としては正規雇用、非正規雇用ともに増加していたのが、一九九七年を境に正規雇用者数は減少に転じ、他方非正規雇用者数はその後も増加しているという事実である。この背景には、非正規雇用者が、以前のように補助的周辺的な業務に限定されず、基幹的中心的業務でも活用されるようになってきているという事情がある。……非正規雇用の中で若年者が増えていることも大きな特徴である。一九八五年には三五歳未満（在学中の者は除く）の非正規雇用は一三四万人にすぎなかったが、二〇〇五年には四六五万人に達している。これは、非正規雇用の中心である中高年女性（大半はパートタイマー）の数字、五二三万人に迫る数であり、両者を合計すると非正規雇用全体（一五一〇万人）のほぼ三分の二を占める……。一五～二四歳層の労働力人口の中で正社員の比率は二〇〇一年の六四％から二〇〇六年には五七％にまで低下している。（新川 2007: 226）

総務省の労働力調査年報で見る、役員を除く雇用者のうち、「パート・アルバイト」「派遣社員」「契約社員・嘱託」を含めた非正規従業員の割合は、二〇〇二年ですでに男性で一五・〇パーセント、女性で四九・三パーセントとなっていたが、二〇〇七年には男性で一八・三パーセント、女性で五三・五パーセントに達した。正規従業員と非正規従業員の比率を全体として見ると、一九九九年八月期に七四・四パーセント対二五・六パーセントであったものが、二〇〇七年には六六・五パーセント対三三・五パーセントとなっている。（宮本 2008: 138-139）

女性への歴史的差別や若者の急速な不安定化の状況は、どちらもソーシャル・ガヴァナンスが前提とする「当事者からの発信」（第2章参照）をいっそう困難にしてきただろう。歴史的な差別状況はそれを「当たり前」のものと認識させてしまい、また急速な不安定化は当事者自身を混乱させ、自己責任と勘違いさせてしまう。それゆえ、日本のソーシャル・ガヴァナンスはそのような「発信」を保障するための特別なエンパワメントなどを含むものでなくてはならないだろう。より日本の事情に合致した「日本型ソーシャル・ガヴァナンス」はリスクや受苦の歴史的重層化と、女性／若者への新しい社会的リスクの極大化とに対応可能なソーシャル・ガヴァナンスであり、それゆえその形成をリードするような運動が日本型文化運動だということになるのである。

この場合、敵手はソーシャル・ガヴァナンスを別の方向に形成していこうとする勢力（別の文化運動）ということになる。たとえば、日本においても家族福祉・企業福祉から、福祉の民営化と市場化、ソーシャル・ガヴァナンス化へという流れの中で、事業ＮＰＯ、社会的企業、コミュニティビジネス、ソーシャルベンチャーなどが非常に注目を浴びている。二〇〇八年からは経済産業省がソーシャルビジネス研究会を立ち上げ、法制化の準備を進め、たとえば関西では二〇〇九年からソーシャルビジネス関西も立ち上がった。また大企業や銀行のＣＳＲ部門なども、若手社会的起業家向けコンペを軸に、五〇団体以上のネットワーキングを進めてきた。これらの家族支援や若者支援に関わる活動やそのネットワーク化は、新しい社会的リスクに対応した動きとしては評価できる。

ただしそれらの連携の背景にあるのは、「非」営利（Non-profit）組織以外を、協同組合も共済組合も社会的企業、コミュニティビジネスも基本的に営利企業と同一視するような市場と競争を中心とした自由主義ソーシャル・ガヴァナンスのイメージである。このようなソーシャル・ガヴァナンスは現在、日本において主流になりつつあるが、限界もある。まずそこでは、NPOや社会的企業は、株式会社や営利企業と同じように業績や組織・起業の観点から評価され、数字に表せない価値やもともとの構造的制約などは考慮に入れられない——たとえば日本には数多くの生活協同組合や共済組合、ワーカーズコレクティブ（労働者協同組合）、事業運動が存在し、それぞれ長い歴史や地域・被支援者とのつながり、さまざまなノウハウを有してきたが、それらは自由主義ソーシャル・ガヴァナンス論においては営利企業と一緒にされてしまう。また採算性・マネジメント性が強調され、社会問題の解決といったミッションのほうはなおざりにされやすい。しばしばサービスの単価は高く維持され、そのサービスを受けられるのはある程度、裕福な層に偏り、また社会的弱者の雇用などはほとんど想定されていない。それは格差や排除・分断を逆に強化する恐れもある。そして団体同士の関係性は基本的に「競争」関係になり、セクター内、あるいはセクターを超えた連携は非常に困難となる。このような自由主義ソーシャル・ガヴァナンスは、仮に新しい社会的リスク単体にはある程度、効果があっても、歴史的構造的な文脈を考えれば、それだけでは非常に表面的な解決策にしかならない。とりわけ日本型ソーシャル・ガヴァナンスの形成には不十分であり、日本型文化運動にとってはむしろライバルであり競争相手という位置づけになってしまう。

最後に複合レジームモデルでは、「グローバル運動」は、ソーシャル・ガヴァナンスがもたらす受苦を批判し、ガヴァナンスのありようを争い、その解体を導くものとして位置づけられていた。それは、労働組合やNPO、企業、行政が協働関係を結ぶ現代のソーシャル・ガヴァナンスのありよう（国家主導、市場主導、協同組合の主導等がありえる）からさまざまな形で排除され、不安定な生活を押し付けられる人々による個人ベースで制度・組織的なものに抗議するような運動と対応するものである。

それに対して、日本のソーシャル・ガヴァナンス状況はいまだ組織間の連携も不十分で、ネットワーク化されているわけではないし、どちらかといえば社会における営利企業の存在感が伝統的に大きく、ガヴァナンスなき自由主義の展開が進んでいる現状にある。それは権威主義的なソーシャル・ガヴァナンスとはいいがたく、反権威のグローバル運動から批判を受けるようなものにはなっていない。むしろ日本型グローバル運動は、自由主義ソーシャル・ガヴァナンスのほうを批判し、その解体をリードするような運動として位置づけられることになるだろう。それは同時に、福祉国家の拡充を求める運動の側面、「古い社会運動」としての側面ももつ可能性がある。

以上、日本社会に対応するように行為類型を転換させてきた。次節ではそれらにもとづいて、実際に日本の社会組織ネットワークと自主管理社会センター、サミット・プロテスト時のアクティビスト・キャンプの活動について事例分析をおこなっていきたい。

2　社会組織ネットワークの解釈

フォーラムAとネットワークBの連携

まず日本型ソーシャル・ガヴァナンス／文化運動論の観点から、社会組織ネットワークの分析をおこなう。日本型ソーシャル・ガヴァナンスは、古いリスクに対処する労働組合関連団体や、福祉国家からの排除に対処するさまざまな支援運動をまず含む必要があった。ここでは、その代表格としてフォーラムA「以下、A、B……は仮名」を取り上げたい。

「フォーラムA」は小泉政権期の二〇〇五—〇六年に結成された関西圏のNPO、協同組合、労組、事業団体によるセクターや法人格を超えたネットワークである。そこには企業労働から排除されてきた人々への支援や自助の運動として長い歴史をもち、かつ全国的にも名前が知られている西日本の大規模事業運動団体も含まれている。[*5]これまで数多くのイベントを主催・共催し、企業や行政中心のネットワークに対抗するような大規模なネットワークを構成してきた。具体的な政策提言や、労協法、NPO法、社会的企業法などの政策分析もおこない、結成四年目には、任意団体からNPOへと移行している。そして欧州のサード・セクター状況や韓国の社会的企業育成法などの動きをふまえ、[*6]二〇〇七年より日本版「社会的企業法」の制定を目指す政策提言活動の準備を始め、二〇〇八年後半、政権交代が現実味を帯びた時期や金融危機の時期に、自主調査にもとづいて本格的な提言活動を開始していった。

筆者は、フォーラムAの自主調査に協力するかたちで、二〇〇八—〇九年にフォーラムAの方針、構成団体、政策提言活動について調査をおこなった。[*7]具体的には、フォーラムAの四構成団体、後述するネットワークBの四構成団体、代表的中間支援／シンクタンク四団体への聞き取り調査を協力しておこない、その後、団体の代表者等を招いた調査報告会兼シンポジウムを開催した。

ここではフォーラムAの組織・活動・連携に関する分析を軸として、その活動が含んでいる多様な意味・意義を、主に日本型文化運動論の観点から解釈していくことにしたい。調査によれば、フォーラムAの活動は、「共生・包摂・連帯」「社会的経済・事業」「地域」「実践者」[*8]を重視するシンポジウムなどのイベントを中心とし、そのイベントの内容は運営委員中心で決定される。[*9]またウェブサイト分析によれば、運営委員会団体の活動内容に共通するキーワードは「労働」「障害者」「ホームレス」「事業」の四つである。[*10]そのうち、最多三つのキーワードを含むのが当時のフォーラムAを牽引していた団体Cと団体Dであった。では、団体CとDにおいては、どのようにして「運動」と「事業」が同居できていたのだろうか。その点は、それらの団体の歴史や代表者の語りを通して明らかにできる（二〇〇八年一〇月一八日：団体C事務局長、二〇〇八年一二月一六日：団体D理事長への聞き取りより）。

重要なのはつぎの二点である。①まず両団体は、日本型福祉レジームの形成期に企業労働から排除された受苦にもとづき、六〇年代末・七〇年代から「労働」の拡張を実践的・概念的に試みてきた長い歴史を有しているという点である。これらの運動は、障害者労働・福祉労働、日雇労働……など当時、「まともな労働」とは認められなかったものを、行政、市民、さらにいえば労働組合、左派政党に「労働」として認めさせる要求・交渉をおこないつつも、同時に、食べていくための事業を自主的に始めるしかなかった。その過程で、企業労働というものの自体を相対化していき、「労働」の概念的・実践的拡張を試みてきた。日本型「新しい社会運動」が、周辺化された人々による行政への要求闘争や差別撤廃運動、社会保障運動、そして自主的な事業運動だったとすれば、大企業中心の社会保障・福祉体制のさらなる拡充、「労働」概念の拡張を求めた両団体はまさにその特性を強く有していたと解釈できる。

②つぎに現在、両団体は、福祉レジームの市場化傾向の中で先駆的事例として評価されつつも、国家とも企業・市場とも距離をとりつつ逆に利用する対抗的姿勢を維持しているという点である。どちらも行政や企業からも「社会的企業」の先駆的事例として高く評価され、行政から相談を受ける側になっているが、行政・企業主導で育成される「社会的企業」「社会的起業家」とは違い、行政に対して要求するところは要求し、提言もする。これらの団体の強さは、行政や企業が目を付けるはるか以前から事業運動に取り組み、苦労しながら「労働」の概念的・実践的拡張を試みてきた結果、「企業労働」の縮小と派遣労働や社会的労働のありようが問われている現在の議論を先取りしてきたことに由来する。

このような両団体に代表される運営委員会が牽引するフォーラムAは、重層化する受苦やリスクに対応可能な日本型ソーシャル・ガヴァナンスの一部を構成しうるネットワークといえる。ただし、日本型ソーシャル・ガヴァナンスには、福祉国家から排除され、かつ歴史的に差別されてきた女性による事業・支援運動との連携も重要である。その点で注目に値するのが、女性を中心的担い手として介護や保育の領域に率先して取り組んできた、関東、とくに東京・神奈川で大きな勢力をもつワーカーズ・コレクティブ他（関連NPOや生活クラブ、企業組合）のネットワークBである。それらは四〇―五〇歳代の主婦層を基盤とし、保育、介護や地域の助け合い、第三世界の貧困や女性の支援に取り組むとともに、近年は障害者や若者の雇用問題にも関わりつつあった。

ネットワークB構成団体への聞き取り調査結果の中で、重要なのはまず、①これらの団体もまた、六〇年代末・七〇年代から「労働」の拡張を実践的・概念的に試みてきた長い歴史を有しているという点である。行政や市民、労働組合、左派政党に、シャドウワーク、パートタイムなどを「労働」として認めさせる要求・交渉をおこないつつ同時に助け合いを自主的に始める中で企業労働を相対化し、やはり「労働」の概念的・実践的拡張を試みてきたわけである。その点ではこの運動も日本型「新しい社会運動」の側面を有している。

つぎに②これらの団体も、現在ではフォーラムAと同じく、行政から相談を受け、視察を受ける側になり、高く「評価」されつつも、これまでの右派政権や、企業・市場とも距離をとってきたという点である。

それゆえ、労働の拡張と国家・市場からの自律性という二点を、フォーラムAとネットワークBは共有しているといえる。実際、フォーラムAは政策提言活動の中でネットワークBと連携をとるようにもなっていた。この連携は日本型ソーシャル・ガヴァナンスの形成にとって重要な意味があるが、もちろんズレもある。たとえば、ネットワークBは、協同組合等を通して女性［主婦］を「自律」した「市民」へとエンパワメントすることを根本的な目的の一つとしているが、フォーラムA内の野宿者や障害者の支援団体（団体Cや団体D）は、被支援者を自律した「市民」へとエンパワメントするということは考えていない。むしろ構造的な差別・排除を受けてきた存在として、自らを認識してもらえるようエンパワメントしている場合もある。「自律」した「市民」を目指してきたネットワークB[*11]と、構造的な差別・排除を受けてきた存在を自覚しようとする団体C・団体Dという違いもみえる。だが、基本方針で連携がとれていれば、このような違いも生産的なものへと変えていくことはできる。たとえば、男性中心性・労働者中心性を問題視・批判する意見や、「労働」ではなく生活や生きがいといったところに焦点を置いた文化的なエンパワメントをおこなう試み（紙芝居、地域通貨……）が、障害者・野宿者支援団体の中で再評価されることにもつながりうる。逆に生活クラブ・ワーカーズコレクティブ側が、「女性」野宿者や「女性」障害者に注目する中で、そのエンパワメントが果たして自立した「市民」へ向かうのかどうか問い直すことにもつながるだろう。このようにしてエンパワメントを相互に保障し合い、違いから学び合える関係性（一元的ではなく多元的なエンパワメント[*12]）を作り出せるならば、日本型ソーシャル・ガヴァナンス形成にもつながるはずである。

自主管理社会センター

つぎに、日本型ソーシャル・ガヴァナンスは、受苦・リスクの重層化と女性への極大化に加えて、若者へのリスク極大化についても対応可能なものでなければならない。すでに述べたように現在、国際的にみても日本の若者は困難な状況に陥りつつある（OECD 2008 等）。だが問題は失業増加や非正規雇用化といった経済的側面だけでなく、若者への公的保障のなさ、そして若者の自助運動や若者支援運動の極端な少なさにもある。

欧州では、若者の公的保障、支援運動、自助運動などが生み出された六〇―八〇年代（とくに一九七三年オイルショック以後）、各国の若年失業率は一〇―二〇％近くあった。それゆえ若者・学生は、自身を「失業者」と位置づけることで、労働者・労働運動や議会に対して自分たち若者の自助運動・支援運動を正当化することができた。それに対して日本の当時の若年失業率は五％以下と低く、国際的にみて日本の若者は恵まれた状態にあった。高校や大学を出るまでは、企業福祉の恩恵をうける家庭が若者を支えることができ、高校や大学を出れば通常は高い確率で就職することができた――ただし男女で雇用形態（正規・非正規）や雇用条件（給料や職位、定年年齢）は大きく異なったが。

しかし、恵まれていたからこそ、逆に自分たち若者の公的保障を求める運動は展開せず、若者が自主管理するような社会センターも作られてこなかった。若者支援や若者への公的保障、具体的には学費支援、若年失業者の支援、若年家族の支援などは、議会においても運動においても議論にもならなかった。むしろ日本では、一九六〇年代以後、若者は恵まれた境遇にある自らの「自己批判」「否定」にさえ至る。そして一部は自分たち以外の障害者やホームレス、マイノリティの運動に参加していったのである。また一部はやがて急進的・イデオロギー的に加速していき、テロリズムや「内ゲバ」にも至る中で、運動は急速に衰退していった（図2）。

だが一九九〇年代以降、日本社会の脱産業化によって労働力の余剰化が進む中で、大企業連合は正社員の非正規社員化を進め、政府もそれを後押しする方向へと政策を変更した。その結果、若者を支えてきた雇用の仕組みが崩壊し、若者の失業率は上昇する。さらに失業者にカウントされない雇用者の中でも、正規労働者がパートタイムの非正規労働者にますます置き換えられるようになった。唯一若者を支えていた企業雇用が大幅に削減・不安定化されてくると、欧州と違って、若者は公的保障も支援も居場所もないままに放り出されることになったのである。

たとえばフランスで排除が問題になるのは、若者失業率の高さの文脈においてだけでなく、長年、若者を支えてきた公的保障・助成の削減、あるいは公的保障を受けられない人々の増加の文脈においてでもある。背景には

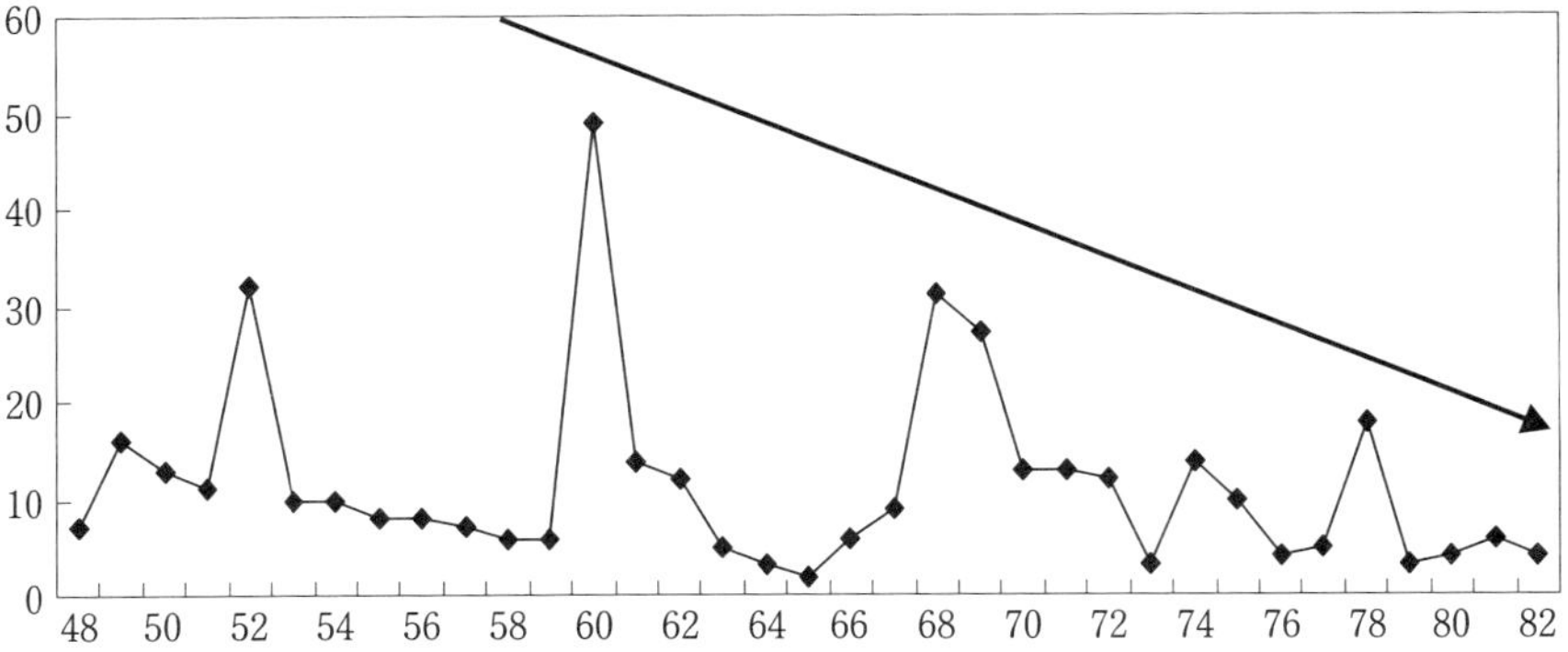

図2　抗議イベントの変化

（Taylor & Jodice 1986[*13]より作成）

表7　若者の雇用・保障・運動状況の差異と変容

	日本		フランス	
	1950-80年代	1990年代～	1950-80年代	1990年代～
若者の雇用	◎	×	×	×
若者の公的社会保障	×	×	○	△
若者支援の社会運動	×	×	○	○
若者の自助運動	×	×	○	○

もともと高かった若者の失業率を、国家が是正すべきであるという考えがあった。

しかし、日本で若者の排除が問題化されるようになったのは二〇〇〇年代に入ってからである。雇用のシステム、企業福祉が崩壊し、家庭にはもはや高校や大学を出たあとも若者を支える力はなく、そしてまた若者はもともと従来の労働運動や社会運動からは孤立していた。若者自身も日々の生活で精一杯で、運動をする経済的・時間的余裕はない。このような状況が一九九〇年代から少なくとも二〇〇〇年代まで続いてきたわけである。その急速な変化は、当事者自身を混乱させ、若者が「当事者からの発信」をおこなうことを困難にする。それゆえそのような「発信」を保障するための特別なエンパワメントが必要とされるようになる。たとえば日本においても、若者にとっての「生きる場」の重要性が指摘されてきた。

貧困はもちろん問題ですが、職場でも家族でも地域でも「生きる場」があれば当面なんとかなる。ところが、ここが解体してしまうとどうしようもない。……政治が取り組むべき課題としてもう一つあげたいのは「生きる場」の確保という問題です。（雨宮他 2009: 26-47）

若者の生き方や労働を承認することを促進する場は、欧米であれば「自主管理社会センター」といった試みとして現れている（イタリア、オランダ、英国、フランス、北欧諸国などが有名）[14]。自主管理社会「センター」というとハコモノをイメージするかもしれないが、重要なのは、「自主管理」のほうである。その多くは一九六〇—七〇年代の運動（アウトノミアなど）の流れを組むかたちで始まった空き屋や放置施設の不法占拠を継ぐものであり[15]、それらを活用し直し、その意味を変えていくこと、「市場」や「国家」の論理（加えてアジアでは権威主義的な「家族」の論理[16]）の空間を書き換えていくことが重要とされている——警察が強制排除したセンターを再び占拠し直すという事態もよく起こっている。自主管理社会センター〔以下、社会センターと略記〕の中心は二〇—三〇代の若者で、失業者、不安定雇用者、アーティストが多い（若年家族やシングルマザーなども少なくない）。社会センターは、一方でしばしば政治的な運動、国際的な反グローバリズム運動（まれに右翼・ネオファシズムの場合もある）の拠点として機能しており、実際、何万人もの動員を可能にしてきた反グローバリズム運動の背景には、その大規模なネットワークがある。徹底した民主的運営・合意形成（年齢や性別で差別されない）を通して、その活動はいわばソーシャル・ガヴァナンスからも排除されるような若者の包摂の場となっており、また若者自身による若者のための運動、強力な女性運動の拠点ともなっている。他方で、料理や栽培・ガーデニング、音楽や服飾、デザイン、ダンス、オルタメディアなど広義のアート、ライフスタイルとも密接に関わっている。そこで展開されるさまざまなアート作品や実験的なイベント、そしてさまざまな制作作業は、創造力を拡張させ、新しい生き方の可能性（たとえば、なるべくお金のかからない生活）、新しい自己・友人・家族・制度・組織との関係性のありよう（依存から自律へ）を、意識的というよりも、身体感覚のレベルで感得させる――そこには「正義」や「論理」といった原理とは異なる「美しさ」や「楽しさ」といった原理も存在している。そして、そのような見方・生き方をしている人が世界中の社会センターにいるという事実を知ることは、その人のライフスタイルを実際に変えるきっかけともなる。このように社会センターは、不安定さや自らの脆弱性にさいなまれる若者にとっては貴重な場になってきた。[*17]

イタリアなどの社会センターの多くは、占拠後一〇―二〇年経つものであり、上の世代から引き継がれたものである。だが日本では、上の世代から引き継げるような「場」は、少なくとも都市にはなく、[*18]それを作り出す資源も時間もなかった。不法占拠も難しい。そのような中で、かろうじて二〇〇〇年代後半から次第に日本的な社会センターの試み――若者自身の手によって不法占拠ではなく合法的に――が大阪や東京などの大都市でみられるようになっている。そして、二〇〇八年洞爺湖サミット前後の海外のアクティビストや社会センターとの交流等を契機として、日本の社会センターもグローバルなネットワークを作り出しつつあった。

フォーラムAやネットワークBにみられた、労働の拡張や国家・市場からの自律という二点から社会センターの活動を捉えてみたい。

①まず「労働」の拡張という点であるが、イタリアなどで社会センターの活動が七〇年代に始まった背景には、〈資本主義体制下では生きること自体が「労働」だ〉として賃金を要求する議論があった。社会センターはそれ

を実践を通して展開し、今や国家や市場を含めさまざまな制度や組織、専門家から自律し自活してＤＩＹ的に生きることを、「労働」として位置づけ直しているともいえる——逆に「労働」という概念を、ＤＩＹ、生きること、身体性、美しさや楽しさを軸に逆転させているともいえる。

②また国家や市場からの自律性についても、社会センターに共通するのは、制度や専門家に依存しない自律、自主管理という精神である。具体的には、国家と市場からの自律（中国では国家と市場と家父長制からの自律）であり、お金に依存しないでさまざまなものを自分で作り、修理し、自律的に生きる。そのようなＤＩＹの精神と実践は、反資本主義的活動としても位置づけられており、市場原理主義に対しても対抗的姿勢をとっている。[*19] このように「労働」の拡張や国家・市場との自律性という点でフォーラムＡやネットワークＢとは共通点があるといえるかもしれない。

それゆえ、社会センターのような実践は、現代を生きる若者をエンパワメントして、「当事者からの発信」を促す場でありつつ、フォーラムＡやネットワークＢとも重なる部分をもっている。もしもそれらの間で連携がとれるならば、日本型ソーシャル・ガヴァナンスの形成の一つのモデルとして重要な意味をもつだろう。

ただし、やはり両ネットワークと社会センターとの間にはズレもあるだろう。社会センターは、個々人が制度や組織に依存せず、自律・自活して生きるあり方、代表や幹事などの「代表者」がいない水平的な人間関係などを意識的・身体的にエンパワメントするものである。しかし、フォーラムＡやネットワークＢは、組織性や代表性、役割といったもの自体を否定するわけではない。事業や活動のために役割分担や組織運営の仕方、集団での行動の仕方などを自然にエンパワメントしているともいえる。

このようなズレはじつはかなり根源的なものであるが、それでも基本方針で連携をとることができるならば、互いに学び合う関係性へと変化する可能性はある。たとえば現在、我々全員が不安定な立場に置かれているとすれば、社会センターの文化的政治的エンパワメントが若者を越えて、我々全員にとって貴重な経験になることもあるだろう。社会センターと連携するということは、そうした可能性により敏感になれるということでもある。ソーシャル・ガヴァナンスという発想や制度的枠組み、組織単位のネットワークが本当に良いものなのか、といった点を問い直すきっかけも与えてくれるかもしれない。

逆に、生活クラブやワーカーズコレクティブにとって重要な、家父長制下の女性のエンパワメントやジェンダーの観点を学ぶ中で、社会センターは「自律」や身体性の内実をあらためて問うことができるだろう。フォーラムA関係団体が培ってきた国家との関係性に関わるノウハウ（交渉・要求しつつ、同時に自主事業も併行させる）を、社会センターにフィードバックすることも可能かもしれない。

また基本方針で連携がとれなくても、世代でのすみわけという形もありえるだろう。若者が社会センターを、年配世代がフォーラムAやネットワークBを形成し、論理や思想ではズレがあったとしても、寛容な立場で連携し合うというものである。イタリアやデンマークにおいてみられるのは社会センター、社会的企業（事業）、公的保障（手厚い教育保障／若者支援）の複合的なネットワークである。若いときは運動の現場や社会センターで活動し、三〇代半ばになれば協同組合や事業運動、あるいは自治体の議員などに「就職」していくというライフコースが少なからず確立されており（トスカーノ［ローマ大学］への聞き取りより）、「若者は普通にデモをするし、逮捕されても就職には何の問題にもならない。「不運だったね」で済む」（ローズガード教授［コペンハーゲン大学］への聞き取りより）のである。それに対して日本では、年配世代が発展させてきたアソシエーションや協同組合、事業型運動の積み重ねと若者との関係性が基本的に切れてしまっている。それをもう一度「世代」という概念でもって作り直すことはできるかもしれない。[*20]

このように、互いのズレを認めつつ、連携がとれるのであれば、日本型ソーシャル・ガヴァナンスの実現に向けて重要な意義をもつ。そしてそれに向けたこれらのネットワークの動きは、日本型文化運動といいうる部分を明らかに含んでいるのである。他にもソーシャル・ガヴァナンスを構成する政府や企業といったアクターの位置づけ・連携についても考えることができるだろう。*21

3　アクティビスト・キャンプの解釈

反組織、あるいは反権威の経験

つぎに日本型グローバル運動論の観点から事例の分析を試みることにしたい。

複合レジームモデルにもとづけば、「グローバル運動」はソーシャル・ガヴァナンスがもたらす受苦を批判しつつそのありようを争い、解体へと導くものと位置づけられる。ヴィヴィオルカはその典型としてオルタ・グローバル化運動を挙げているだけだが、マクドナルドは、その中でもとくに反権威・反組織の直接行動派に注目し、「経験運動」概念を導き出したわけである。

他方、日本型グローバル運動は、上述のように、自由主義ソーシャル・ガヴァナンスを批判し、その解体をリードする運動と位置づけられる。自由主義ソーシャル・ガヴァナンスは、営利中心で商業主義的であったとしても、必ずしも権威主義的なネットワークであるとは限らない。それゆえこの場合、グローバル運動も、必ずしも反権威主義なものになるとは限らないはずである。むしろ、商業主義・営利主義的なソーシャル・ガヴァナンスを批判するものとして、福祉国家の拡充をもとめる運動がグローバル運動に含まれることさえありうるだろう。

このようなズレは、世界中から人々が集まるような運動事例の場合には、現実の意見の相違となって現れることがある。その観点から事例分析をおこなうことにしたい。取り上げるのは二〇〇八年洞爺湖G8サミット時に遠方からの参加者が滞在できるように準備されたアクティビスト・キャンプ（オルタナティヴ・スペース）の実践である。ただ前節で取り上げた社会センターの実践、および第5・6章で分析するサミット・プロテストと部分的に重なるところがあるので、ここではごく簡単にそれらを企画・組織した実行委員会の経験に分析を限定することにしたい。依拠するのは主に『オルタナティヴ・ヴィレッジ――私たちの小さな村のこころみ（洞爺湖サミット国際交流インフォセンター／キャンプ（札幌・当別）報告集）』（国際交流インフォセンター／キャンプ札幌実行委員会編 2008）である。

洞爺湖G8サミットは隔離された洞爺湖畔のホテルで開催されたため、アクターはまず開催地近隣の札幌に集まった。それにともない日本人を中心にさまざまなインフラが用意された。たとえば札幌およびその近郊には、キャンプ実行委員会により、インフォセンターと宿泊所が用意された（図3）。報告書によれば、キャンプ実行委員会は二〇〇八年五月一九日に結成され、「G8サミット開催時期の前後に、G8サミットへの提言活動をするために国内外から札幌市を訪れる訪問者を対象として、札幌市と協働して情報提供施設と宿泊施設を設置すること」を目指した。その「目標」は果たせなかったが、「多くの市民からご協力をいただいて施設を設置・運営できたという。「国際交流インフォセンター」は二〇〇八年七月一一〇日に開設された。センターの責任者は、「六／二八から七／一四まで泊まり込みでほぼ常駐」し、「事務局や他団体との連絡調整、スタッフや来訪者に利用ルールの周知、施設内外の見回り・定期点検、電話や相談や取材対応など」をおこなった。延べ訪問者数は約三〇〇人、延べスタッフ数は四〇人であったという。センターの「主な機能」はまず「インフォメーション」の機能であり、「約一〇〇種類のチラシ」を置き、「二四時間スタッフが常駐し、訪問者や取材、電話に対応」した。つぎに「インターネット・スペース」の機能であり、「インターネットに接続するパソコンを二台配置して、特に海外からの来訪者にとっては貴重な情報拠点の場」とした。最後に「休憩所、交流スペース」の機能であり、

「さまざまな国や地域からの来訪者が、インフォセンターに滞在し、行動拠点として利用する中で、交流が生まれ」「来訪者と共に施設の管理運営や炊事を担う中でも交流」ができた。また、「ワーク・ショップ会場やミーティングルームとしても無料で場所を提供し、オープンな利用」を促したという。スペースにおいて開催された主な「ワーク・ショップ」は、「社会運動の映像上映」「G8対抗フォーラム札幌&札幌キャンプ合同オープニング・パーティー」「韓国風刺漫画展（社会風刺漫画を展示。ピース・ウォーク用バナー制作パフォーマンス）」「バルーンペイントワーク・ショップ（七・五ピース・ウォーク用の巨大風船等にお絵かき）」「着物ブロックワーク・ショップ（大阪の詩人が七・五ピース・ウォークに参加する人に浴衣の着付け）」である。

また「国際交流キャンプ」は、北海道当別町において、二〇〇八年七月三―六日（スタッフは一日から九日まで）まで開かれ、「延べ訪問者数は約四〇〇人、延べスタッフ数は約五〇人」であったという――洞爺湖近辺にも諸団体によって三カ所のキャンプが設営され、「オルタナティブ・ビレッジをめざす共同炊事」が試みられたという。

図3　オルタナティブ・ヴィレッジのビラ

　札幌実行委員会のメンバーには、〈友達の友達、知り合いの知り合いが困っている〉ということを理由に、看護や介護、調理、大工、法律、映像技術などの「自分の専門を生かして」、キャンプやデモの運営に関わった人が多かった。実行委員会メンバーの多くが初めてのアクティビスト・キャンプの経験であり、それゆえ最初は戸惑いを感じたということも語られている。

電話は、あまりにも唐突だった。とりあえず、できる範囲で協力することと、明日の設立総会には参加する旨をお伝えし、電話を切った。（Iさん、報告書：6-7）

自分がこの実行委員会にかかわりはじめたのは、友人から炊き出しをおこなうフードコレクティブを手伝ってほしいと言われたからだ。そのとき渡されたプリントを読むと、鍋釜、材料、人手が足りなくて募集しているようだった。（Uさん、報告書：9）

私がキャンプを知るきっかけになったのは、『セイファー・スペース（〝より〟安全な場所）って何？』の公開講演会へ行ったことです。キャンプの中がより安全な場所になる事、前年のドイツ・ハイリゲンダムのキャンプのスライドと説明を聞き、フードコレクティブの案内を目にしたことです。その一枚で私にも何かできるかなと思いました。自分の現在いる狭い場所とは違う場所であることに興味を持ちました。（Eさん、報告書：10）

このキャンプの実行委員をしている友人から情報をもらい、今回参加してみました。習い事で英会話をやっていることもあって興味を持ち、国際交流が目的で参加してみましたが、キャンプの趣旨に関しては何も知りませんでした。（Tさん、報告書：8-9）

だが一緒に作業や会議、議論をしていく中で、さらにはキャンプで生活をともにする中で、有意義な場・空間が創り上げられたことも語られている。とくに一緒に調理をしたり、議論をしたり、準備をしたりする経験はとくに良く語られており、そこからアクティビストやデモ、運動に対する「偏見」がなくなる経験も語られている。

「貴重な体験」だったと語る点も共通している。

> 短い時間だったが、キャンプの意義について、メンバーが自分の言葉で想いを語った。その思いは、ゆっくりと練り上げられ、札幌市との訣別という合意を導き出した。素晴らしい合意形成過程であった。／この会議でメンバーの意識も飛躍的に高まった。その結果、インフォセンターもキャンプもスムーズに場所が決まり、一気にキャンプへ向けて突っ込んでいったのである。／サミットは、私たちに新たなネットワークと行動力を与えてくれた。心からの感謝を示さねばなるまい。（Iさん、報告書：6-7）
>
> 少ない時間の中で北海道と全国からきた仲間、世界の仲間がつながれる場がつくれたのは自分にとっても大きな収穫だったと思っている。（Uさん、報告書：9）
>
> 初めて顔をみる人がたくさんで名前もわかりませんが、野菜を洗う時に手をかしてもらえ嬉しかったこともありました。キャンプに参加してみてよかったと私は改めて思いました。……私はいろいろな人に助けてもらい、たくさん学ぶ場になったキャンプでした。ありがとうございました。（Eさん、報告書：10）
>
> デモ活動に対して私自身も偏見があったようで、顔をしかめて声を張り上げて抗議を続けるといったイメージがありました。でも実際は、ユーモアをたっぷりと取り入れて踊ったり警官をからかったりと、とても楽しそうにやっているのが印象的でした。初めて参加した人たちも、皆「楽しかった。」と言っていました。逮捕者が出てしまったのは残念でしたが、打ち上げでは大いに盛り上がり皆と飲んだお酒はとても美味しく、貴重な体験ができてとても有意義でした。（Tさん、報告書：8-9）

「オルタナティヴな世界の実践」という意義に引かれて参加した国際交流キャンプの日々は、見るものふれるもの全てが新鮮でした。……キャンプが終わってからは、会議や飲み会の席で、活動家ではないみんながキャンプに関わる中でG８に対しての認識を変化させていった話を聞くのがとても楽しかったです。……私にとってのキャンプは、これから私や世界が変化していくために必要な、オープンな議論や対話を学ぶ場だったと感じています。オルタナティヴな世界は、私の外側にも内側にも存在していました。そしてこの夏に出会ったさまざまな立場のさまざまな年齢の人たちは、やわく、強く、変化する。私にとってはとても勇気のもらえるつながりでした。札幌の底力を知り、これからもここにいることがとても楽しみです。（Mさん、報告書：7-8）

これらに見られるのは、「我々の組織は」「全員の行動目標は」「代表は」といった議論、「総括」の文法ではない。語られているのは「楽しかった」「新鮮でした」という感覚であり、「世界の仲間がつながる場」「オープンな議論や対話を学ぶ場」「初めて顔をみる人……に助けてもらい、たくさん学ぶ場」をともに作り出したという経験、「自分の言葉で思いを語った」といった実感である。それはヒエラルキーや代表性の経験ではなく、個人として、まったく知らない他者と出会う経験であり、いわゆるグローバル運動の反権威主義的な特徴、つまりマクドナルドが示した経験運動の特徴とも一致するように思える。

責任と組織化の経験

だが日本型グローバル運動が自由主義ソーシャル・ガヴァナンスを批判するものであるとすれば、それは制度・権威批判ではなく、しばしば適切で対抗的な制度化・組織化を目指す動きをも含むものになるはずだろう。たとえばキャンプなどのオーガナイザーは、キャンプを実施するという共通の目的に向かって、戦略的に、動き、さまざまな人を動員し、成果を上げていかなくてはいけない。具体的には自治体と交渉をしたり、協力者や寄付を求めたりする作業をおこなわなくてはならず、そのために数多く会議を開き、合意形成を積み重ねなければいけないのである。

多数決ではなく全員の合意形成／会議は、誰もが意見表明・意思表示しやすい形「合意形成」を根本におこなわれた（必ずしも全員の感想ではないが）。進行役（ファシリテーター）が会議を導いた。……キャンプにおける情報共有・意思決定のための会議は、「全体会議」、その結果を踏まえての「スタッフ会議」と、二つの会議が予定されていた。／しかし、準備期間から問題が露呈した。／「カンパ問題（キャンプの財政が厳しいため、積極的に手伝ってくれる参加者からもカンパを集める必要があった。一部参加者は最初のうちは「カンパとか言いながら、強制的に入場料を取るのか？」と納得してくれなかった。）→会議の結果、少しでも多く出せる人が出してくれるようになった。」……我々は自分たちのキャンプ、政治をこの場で作るという試みをしているのだから、参加者全員で問題点など情報共有して意思決定していくべきだという話になり、会議は全体会議に一本化された。／実際にキャンプが始まったら、会議慣れした外国人と日本人が一人ずつ出て、会議を進行していた。全体で情報共有をし、問題点を出すなど話し合った結果、「お客さん」はいなくなり、思った以上にうまくキャンプを作っていくことができるようになっていった。（Uさん、報告書：33）

なぜ旗は黒いのか？なぜテントサイトにファミリーやクィアといった仕切りが必要なのか？なぜミーティングでは皆シリアスな顔をしているのか？そのキャンプ地は初め、多様性をうたっていた割には、だいぶ偏っているように見えました。かといってその何故何を直接聞いたり、議論するようなことはなかなかできず、モヤモヤした気持ちで雑務に追われていました。／そんな中「日本の原子力産業は戦争とつながっている」というワーク・ショップの案内に笑顔が書かれているのを見て「なぜ、笑ってられるのか?」という問いがあり「では、なぜ怒っているのか?」というやり取りがありました。限られた時間、少しだけの議論でしたが、とても大事なことのように思いました。私たちは、もっとこのような話をしていくべきではないか。隣の人に話しかけて、色や好み、主張の違いを交換する。互いに影響され混ざり合っていく。私がワクワクしていたオルタナティヴな場はそういうイメージだったのではないか?とキャンプ中ぐるぐると考えていました。（Mさん、報告書：7-8）

さらに法制度上、また自治体との交渉上、責任を問われうる立場にいる人は、いっそう制度・組織を意識せざるをえない。たとえばインフォセンターの責任者Aさんは、二週間以上にわたって事務所に「泊まり込みでほぼ常駐」し、会場事務局や他団体との連絡調整、スタッフや来訪者に利用ルールの周知、施設内外の見まわり・定期点検、電話や相談や取材対応をおこなったという。Aさんは、キャンプの意義を評価しつつも自分の役割のためにデモやキャンプへの参加を制限しなくてはいけなかったことを語っている。

七月五日に札幌で一番大きなデモがあることが決まっていたから、多くの人は札幌に滞在してから洞爺湖に向かうだろうと。札幌で滞在する場所がなくて、そこで排除をされてしまうのは困るだろうと。だとしたら、自分が札幌圏の協力者への橋渡しをして、札幌キャンプの運営をやるしかないと決心しました。自分が札幌でキャンプの運営をやるということは、洞爺湖近辺のキャンプやデモに行くことを諦めることになるので、枕を涙で濡らす日もありました。／もうひとつ、札幌でキャンプをするということは、自治体やバランス感覚のある大人たちと協力しなければできないので、原則的な反G８運動から遠ざかることだと、即座に思いこみました。つまりオルタ・グロバリ・ムーブメントの広がりのない日本で、さらに一地方都市の札幌圏で、地元の人々が主体になって幅広い人たちから賛同を得るキャンプを設置するためには、脱中心的でフラットなリゾーム状のネットワーク型組織などの、G８サミットのあり方と対抗する理念を押し通すわけにはいかないだろうと思ったのでした。（Aさん、報告書：6）

このようなオーガナイザーとしての責任感、理想と現実のギャップの背後には、キャンプを反権威・自由の場として位置づけることを現代のグローバル運動において最重視する海外アクティビストの言説と、自由主義ソーシャル・ガヴァナンスに抵抗するために運動の適切な組織や計画、制度化をおこなうことも辞さない日本型グローバル運動的な言説のズレがあるのかもしれない。実際、後者は、反権威・反組織化の場としてキャンプのありようを考えるのと同程度に（あるいはそれ以上に）、競争や排除ではなく包摂の場、居場所としてキャンプを位置づけていた。たとえ組織化・制度化がなされようと、その場を維持すること自体が重要なのだとされていたのである。

4　第３章のまとめ

以上、第３章では、複合レジームモデルを介してトゥレーヌ理論を、日本の社会組織・運動の分析に応用してきた。そこから、複合レジームモデルにもとづいて、新しい社会運動、文化運動、グローバル運動などの概念を日本社会にあわせて組み替えることが可能であること、現代日本の社会組織ネットワークの解釈に応用することで日本型「新しい社会運動」とみなせるような団体をフォーラムAが含んでいること、ネットワークBや若者の社会センターと連携をする状況が日本型ソーシャル・ガヴァナンスの形成に寄与する日本型「文化運動」として捉えられるということを示した。また日本型「グローバル運動」の概念にもとづいて、アクティビスト・キャンプ実行委員会の経験のもつ意義を解釈し、オリジナルなグローバル運動と日本型のそれとのズレとして解釈できることを示した。

もちろん、これらの分析は試論的なものであり、データも限定されているが、それでも概念・理論を他の社会に導入する際の新たな作法の実例としては、意味があるように思える。たとえば、それは「新しい社会運動」概念をめぐる混乱を整理することにも寄与するだろう。また日本型「文化運動」概念は、性別・障害・年齢・宗教・人種・民族等に関わるさまざまなマイノリティの自助・支援活動の分析や、かつて日本に数多く存在した「コミューン」運動や現在の社会センター的取り組みの分析に威力を発揮するように思われる。日本型「グローバル運動」概念も、反権威主義を含んでいる近年の脱原発運動や反安保運動の分析や、欧米中心のさまざまなグローバルな運動が日本で展開する際に発生するズレを分析する際に役に立つだろう。

第Ⅱ部　新しい社会運動理論へ向けて

第4章　社会運動論の系譜と第三のアプローチ

第Ⅰ部では、トゥレーヌ理論の検討とその応用を試みてきた。第Ⅱ部では、トゥレーヌ理論を、専門分野としての社会運動論の中に位置づけるとどうなるのかということを考えてみたい。なぜなら、本書冒頭で述べたように、社会運動論は社会学において重要な位置を占めてきたのであり、トゥレーヌによる独自の社会学の展開がそこにどのようなパラダイム・シフトをもたらしうるのかを検討することは、社会学そのものにとって重要だと考えるからである。

また社会運動論側においても、同時代のさまざまな運動に向き合うために社会運動理論の絶えざる刷新が求められている中にあって、現代のＮＰＯや社会的企業・協同組合が混ざり合ったネットワーク的な運動や、グローバルで水平的・非組織的な運動のもつ意義を一定程度解釈することを可能にするトゥレーヌ理論は、現代の運動に合致した社会運動理論を構築する上で寄与するところがあると思われる。

その観点からみれば、第Ⅰ部は、社会運動論領域においては、従来よく知られてきたトゥレーヌ理論があくまでも中期理論のいわゆる「新しい社会運動」仮説の部分に過ぎず、前期理論・後期理論・後継者の理論それぞれに社会運動理論と捉えられる部分が存在することを理解させるものであり、理論の土台に歴史的行為論があるという新しい事実を示すものでもあるだろう。また第Ⅰ部は、「新しい社会運動」仮説についても、従来は、その表面的な理解が日本に導入されてきたにすぎない、ということを示すものであり、その諸概念をレジーム論などを介して変換することの重要性を明確にするものである。

このように本書の第Ⅰ部は、社会運動論におけるいわゆる「新しい社会運動」論を刷新するものであり、さまざまな運動や集合的現象のもつ多様な意義を、価値・規範を形成する歴史的行為として、とりわけマクロな社会変動をもたらし歴史を形成する「社会運動」として、個々人の主体化を保護する文化運動として、また経験運動として、多角的に解釈することを可能にするトゥレーヌ理論の重要性を明らかにするものである。これ自体にまず大きな意義があると考えている。

だがその上で、トゥレーヌ理論をそのような社会運動の解釈理論としてだけ位置づけるのでは、現在、資源動員論を中心に、運動の因果的メカニズムに関する研究が支配的になりつつある社会運動論全体に与えるインパクトは非常に限定されてしまうだろう。

そうではなく、あえて因果的メカニズムの分析においてもトゥレーヌ理論を、とくにその行為主義や歴史的仮説という特徴を生かすことはできないだろうか。そのような問題関心の下、第Ⅱ部では、社会運動論の方法論的な検討をおこない、トゥレーヌ理論を参照しつつ新しい因果的説明の研究プログラム（第三のアプローチ）が成り立ちうるということを、サミット・プロテストの事例分析を通して示していく。そうすることによって、解釈理論においても説明理論においても、新しいパラダイムを切り開くことができる可能性があるということを示していきたい。

以下では、最初に国際的レベルで社会運動研究を牽引する二つの系譜、すなわち資源動員論などの動員論の系譜と、トゥレーヌらの行為論の系譜の関係性について問い直す（第1節）。その上でまず動員論の系譜を、資源動員論から総合理論、「対決の政治」までたどり（第2節）、つぎに行為論の系譜を、批判理論およびメルッチのアプローチと比較しつつ検討する（第3節）。その上で、環境運動、テロリズム、トランスナショナル／グローバル運動へのアプローチの仕方を比較することで、両系譜の方法論的特徴を明らかにし、さらに運動の特性が形成されるメカニズムを説明するという第三のアプローチが可能であることを示していく（第4節）。

1　社会運動論の分裂

一九六〇年代初頭以降、社会運動論は理論的対立によって分断されてきた——それは論者たちの頭の中で明確であるだけでなく、社会運動論に関する国際的な制度的諸活動にも刻み込まれている。たとえば国際社会学会にはその理論的な対立の両極に各々対応する二種類の研究委員会・定義・方向性が存在している。……しばしば第一の流れはチャールズ・ティリーやアンソニー・オバショールの名前と、第二の流れはアラン・トゥレーヌの名前と結びつけられている。(Wieviorka 2005: 1-2)

M・ヴィヴィオルカもいうように、現在、国際社会学会（ＩＳＡ）には、ＲＣ47「社会階級・社会運動」［一九九二年設立］とＲＣ48「社会運動・集合行為・社会変動」［一九九三年設立］という社会運動関係の二つの研究委員会[*1]（Research Committee: RC）が存在している。

一方のＲＣ47「社会階級・社会運動」（Social Classes and Social Movements）は、社会運動研究を社会学の一専門分野ではなく、社会学の中心に置き、社会運動を通して／の中に、社会関係、社会構造、モダニティの変化をみようとする。たとえば労働運動と産業社会、「新しい社会運動」と脱産業社会、グローバル運動と脱近代化の関係を考えたり、大規模な国際比較調査（欧州社会フォーラムや先住民族運動）を実施したりしてきた。他方のRC48「社会運動・集合行為・社会変動」（Social Movements, Collective Action and Social Change）は、運動研究を一つの専門分野として位置づけ、実証主義を土台に組織、集合行為、集団のメカニズムを分析する。そこでは歴史・構造などのマクロな変動や、参加者個々人（その思いや人生）は動員の環境・対象として位置づけられる。RC47の理事の多数は、「トゥレーヌ派」と呼ばれる社会学者たちによって占められ、RC48の中心はティリーやオバショールの影響をうけた「対決の政治派」（Contentious Politics School）と呼ばれる社会学・政治学・歴史学者たちである。このような関係は、『社会運動研究』誌（Social Movement Studies, 二〇〇二年創刊）と『動員』誌（Mobilization, 一九九六年創刊）という社会運動研究の国際二誌の編集者・査読者・掲載論文にも部分的に反映されている。

このような状況は、一九六〇年代から徐々に形成されてきたものである。一方では資源動員論（一九六〇―七〇年代）が、八〇年代以降「新しい社会運動論」の刺激をうけつつ、後述する政治的機会構造論やフレーミング論によって補完され、また動員構造論などに特化していく形で発展し、さらに九〇年以降には総合理論や「対決の政治」モデルへと展開していく状況がみられる。他方には、歴史的行為に焦点をあてる前期トゥレーヌ理論（Touraine 1965, 1966）が北米の国家論や政治過程論の影響をうけて、「歴史的行為システム」論（Touraine 1973, 1978）へと展開し、一九九〇年代以降はさらに個人的主体・文化運動論（Touraine 1992, 1997a, 2013）や「経験の社会学」（Dubet 1994）、「経験運動」論（McDonald 2006）へ発展していく流れがみられる（第1章参照）。あるいは「歴史的行為システム」論を「集合行為」水準でフォーマライズした「社会運動の社会学」（Melucci 1980）が、さらに構成主義的に転回されつつ（Melucci 1989）、「複合社会」・「もう一つのコード」論（Melucci 1996b）へと発展していく状況も確認できる。ここでは、前者の資源動員論、総合理論、対決の政治等の系譜を「動員論」（Mobilization Theory）、後者の（歴史的）行為の社会学、経験の社会学、個人的主体の社会学、経験運動論、社会運動の社会学等の系譜を「行為論」（Action Theory）と呼ぶことにしたい。*2

両系譜に関する従来の学説的・理論的研究は、基本的に一九八〇年代の議論の延長上にとどまっている。振り返って一九八〇年代、ある論者たちは二つの系譜をそれぞれ「資源動員論」と「新しい社会運動論」（メルッチの場合は「構造理論」や「システムアプローチ」）と呼んだ上で、前者は運動が〈どのように発生したのか（How）〉を問い、後者は〈なぜ発生したのか（Why）〉を問うとした（Melucci 1985; Klandermans 1986）。たとえばクランダーマンズは、トゥレーヌ・ハーバマス・オッフェ・メルッチらの運動論を「新しい社会運動論［アプローチ］」としてグルーピングした上で、「どのようにして」を問う資源動員論と、「なぜ」を問う「新しい社会運動アプローチ」の両者を運動参加段階のメカニズム（合意の動員）研究に統合した（Klandermans 1986）。タロウは、資源動員論と「新しい社会運動アプローチ」の両方をより大きな政治的メカニズムの研究（政治的機会構造論や動員サイクル論）の中に統合していった（Tarrow 1988）。つまり両系譜の違いは、重視する説明変数の違いとして整理されたわけである。

他方、別の論者は、二つの系譜をそれぞれ「行為の社会学」と「政治社会学」と呼んで、前者が政治制度システム・社会諸組織システムからなる全体社会と社会運動の関係を扱い、後者はとりわけ政治制度レベル（伊藤の場合は組織レベル）との関係に焦点をあてると位置づけた（Touraine 1969, 1978; cf. 梶田 1988: 138; 伊藤るり 1993b: 127）。たとえばトゥレーヌは、資源動員論や政治過程論を自分の理論枠組み（行為の社会学）の一部――行為の政治・制度システムの水準に関する理論――として位置づけている（Touraine 1969, 1978, 1985）。

両系譜の違いを説明変数の違いと捉える議論は、一九八〇年代後半から九〇年代には、フレームや政治的機会構造などの変数と、「新しい社会運動論」が焦点をあてた構造要因・アイデンティティ要因との間の代替可能性の議論につながっていく。たとえば、構造レベルを扱う政治的機会構造論あるいは文化・アイデンティティといったレベルを扱えるフレーミング論によって、「新しい社会運動」論は資源動員論の中に包摂されたという主張がより明確になされるようになる（Tarrow 1988; Klandermans 1991; 長谷川 1990; 成・角 1998; 渡辺 2000, 2001）。

二〇〇〇年代に入ると、二つの系譜の「並列状況」はもうすでに過去のものであり、動員論を中心とした包括的説明枠組みの一部に「新しい社会運動論」は位置づけられるとする〈社会運動論史〉がみられるようになり、そもそも、（行為論を含む）「新しい社会運動論」がほとんど登場しない〈社会運動論史〉もめずらしくなくなった（McAdam, Tarrow & Tilly 2001; Tilly & Tarrow 2007）。

他方、両系譜の違いを全体社会レベルか政治制度レベルかという水準の違いとした議論も、一九八〇年代以降は理論枠組みにおける位階性（組織や政治制度の水準より全体社会の水準のほうが重要であるという見方）のニュアンスは弱めつつも、政治社会学を行為の社会学の一部として位置づける〈社会運動論史〉へとつながっていく。実際、ヴィヴィオルカも（冒頭で紹介した論文において）、自分たちが焦点をあてる全体社会レベルの紛争の下にある政治制度レベルの紛争を扱う運動論として資源動員論―「対決の政治」の系譜を位置づけ、そして二つの流れは扱っているレベルが違うのであり対立するものではないと主張しつつ、自分たちの枠組みの中に全体を包摂していく（Wieviorka 2005: 2）。さらに、政治制度システムの行為原理としての戦略性・合理性がネオリベラル的価値と合致するとして、動員論は政治過程論・合理的選択論などと一緒に批判対象として位置づけられるようにさえなっている（Dubet 1994; Touraine 1997a）。

このようにして、いまや国際的なレベルでは二つの〈社会運動論〉、二つの〈社会運動論史〉が互いに没交渉のまま並存し、社会運動論とは何か、そして先行研究の範囲をどこまでとるかということもみえづらくなっている。どちらも自分たちの系譜の中だけで議論するがゆえに、一九八〇年代に二つの系譜の間にあった独特の緊張感はもはやなくなりつつある。その結果、手続きは次第に曖昧化し、分析対象と定義の関係性もそれほど吟味されなくなってきている。[*3] とりわけ自分たちの系譜に属する研究だけを正統な研究、つまり「先行研究」として取り上げるべき研究とみなして、それ以外の系譜に属する研究の存在自体を無視してしまうような傾向がみられはじめているとすれば、それは、社会運動研究にとって深刻な事態だといわざるをえない。対象を明確に定め、先行研究を網羅的に検討し、その対象に即したアプローチをその長所・短所を正確に認識した上で適用していく、ということが通常の学問的手続きなのであって、それが妨げられるようなことはあってはならないはずである。このような状況では、後述するサミット・プロテストの分析に、社会運動論の知見を総動員することも難しいだろう。

このような状況を乗り越えるためには、一度、通説から離れて社会運動論全体を根本的に問い直すことが必要であろう。たとえば片桐(1985)は、「戦後日本における運動論の展開を社会学的運動理論の観点から整理」する中で、社会運動論を主に一般理論(集合行動論や資源動員論)と歴史理論(学生運動論や住民運動論、トゥレーヌやカステルの運動論)に区分けして整理した。また大畑(2004)も、運動がなぜどのようにして発生・維持・変化するのかを説明する「運動の説明」(動員論を中心とした中範囲理論)と、目の前の諸活動が何であるかを解釈しようとする「運動の解釈」(「新しい社会運動論」やモダニティ論)という区分を提起した。これらの区分・整理は、変数の違いや議論水準の違いという区分とはまったく異なる(科学)方法論的な区分であり、どうあるべきかという観点やあるパラダイムだけに限定した整理を避けて、なるべく幅広い議論をそれらの目指すところに沿って整理したものとして国際的にみても重要である。[*4] ただし、片桐や大畑の議論はいずれも、一九六〇年代から現在に至る両系譜の発展過程について本格的な検討をおこなったものではない。

そこで以下ではまず両系譜について詳細な検討をおこない、つぎに両系譜の間にある方法論的な差異——メカニズムの説明と意義の解釈——について明らかにしていくことにしたい。

2 動員論の系譜

資源動員論の展開

「資源動員論」(Resource Mobilization Theory) は、資金や労働、組織形態、集合体の外部にいる個人や組織の関与、社会の構造と当局の活動といった条件・変数に注目して、運動一般の形成や成功を説明するアプローチとして現れた。

たとえば「資源動員アプローチ」という言葉の生みの親であり、組織論の流れをくむJ・マッカーシーとM・ゾルドは、伝統的な運動研究のパースペクティヴを[*5]、「共有された不平や、不平を減少させる主張や可能な手段について一般化された信念(緩いイデオロギー)が集合体における社会運動の出現の重要な前提条件になるという強い仮説」を共有する運動の発生条件に関する説明理論とみなした上で、それらをのりこえる新しい説明理論として、「資源(資金や労働)の集積」「最小限度の組織形態」「社会運動が代表している集合体の外部にいる個人や組織の関与」「素朴なものではあるが明示的な供給－需要モデル」「社会の構造と当局の活動」などの条件・変数に注目する資源動員論を提示した(McCarthy & Zald 1977=1989: 22-26)。オバショールらの政治社会学的な議論においても、伝統的な運動研究(「崩壊理論」)と資源動員論(に代表される「連帯理論」)の違いは、「紛争の発生と紛争集団の形成を説明する」変数の選択の違いにあるとされている(Oberschall 1978=1989: 69-70)。

日本でも長谷川(1985)が、資源動員論を「(1)従来の、大衆社会論や相対的剝奪論、スメルサー理論に代表

表8　社会心理学的アプローチと資源動員論的アプローチ

	社会心理学的アプローチ	資源動員論的アプローチ
分析単位	個人行為者	社会運動組織
支持基盤	利害当事者	とくに良心的支持層を重視
中心変数	社会心理学的変数：社会的孤立(大衆社会論)、構造的ストレーン・一般化された信念（Smelser)、相対的剝奪	連帯、資源、報酬、コスト、組織特性、戦略、戦術、リーダーシップ、社会統制、メディア、組織間関係、リンケージ、社会的ネットワーク、政治的機会
社会運動と社会変動との基本的な説明図式	「崩壊モデル」 a）大衆社会論(Kornhauser, Coleman) b）相対的剝奪論（Gurr など） 急速な社会変動 ↓ 社会解体 ↓ （不満）…b）の場合 ↓ 抗議活動	「連帯モデル」（Oberschall など） 社会的ネットワーク(連帯的集団) ↓ ←資源 抗議行動 ←政治的機会 ↓ ←社会統制 社会変動
基本前提	①行為者の非合理性、②不満の非定常性、③運動と制度的行動の峻別	①紛争行動の合理性、②不満の遍在性、定数的な位置づけ、③運動と制度的行動の連続性
説明課題	集合行動の発生と攻撃性	運動組織の動員・戦略・結果

出典：長谷川 1985。

される社会心理学的アプローチ、集合行動論的パラダイムの視野の限定性、一面性を批判して登場してきた、(2)組織レベルに主要な焦点を置き、(3)動員から目標達成ないし停滞にいたる運動過程を、(4)運動を規定する内的・外的諸条件一般を変数として、より包括的に説明しようとするアプローチ」として紹介している(長谷川 1985: 127)。長谷川は、従来の社会心理学的アプローチと資源動員論の違いを比較している(表8)。

　このようにして資源動員論は、従来の大衆社会論、心理学的運動論、相互作用論的集合行動論、機能主義的集合行動論、相対的剝奪論などを、その説明力の上で「のりこえた」と主張していったのである。*6

総合理論と「対決の政治」

一九八〇年代後半からは、さらに運動参加者の認知に関わるフレーミング論や政治構造等との関連を扱う政治的機会構造論が展開されるようになり、資源動員論は、運動参加者の社会的ネットワーク・運動組織の構造に特化した研究（動員構造論）や、「時に静的な機会構造として、時に変化する政治的環境として結晶化される」政治的機会（構造）、「参加者を方向づけるものであると同時に参加者自身が構築する文化的定数でもある集合行為フレーム」・フレーミング過程など他の局面・変数に関する諸研究によって補完されていく（政治社会学的な資源動員論の場合は補完ではなく分化していく）。*7

そして一部はより包括的な視点から組み合わされて、以下の諸局面から構成される総合理論へと発展していく（図4）。すなわち「社会変動は、どのようにして・どの程度まで、（a）潜在的アクターに影響をあたえる機会に対して、（b）潜在的アクターたちに、そしてアクター間に、コミュニケーションや協働、コミットメントを促進する動員構造に対して、（c）何が起こっているかについて共有された定義を生み出すフレーミング過程に対して、影響を与えるか」「動員構造は、どのようにして・どの程度まで、機会・フレーミング過程・対決的相互作用を形成するか」「機会・動員構造・フレーミング過程は、どのようにして・どの程度まで対決のレパートリー――すなわち対決の政治への参加者が集合的クレイムを生み出す際の一連の手段――を決定するか」「現行のレパートリーは、どのようにして・どの程度まで、一方の機会と対決的相互作用の関係を、そして他方のフレーミング過程と対決的ポリティクスの関係を、媒介するか」という各局面である（McAdam, Tarrow & Tilly 2001: 14-17）。

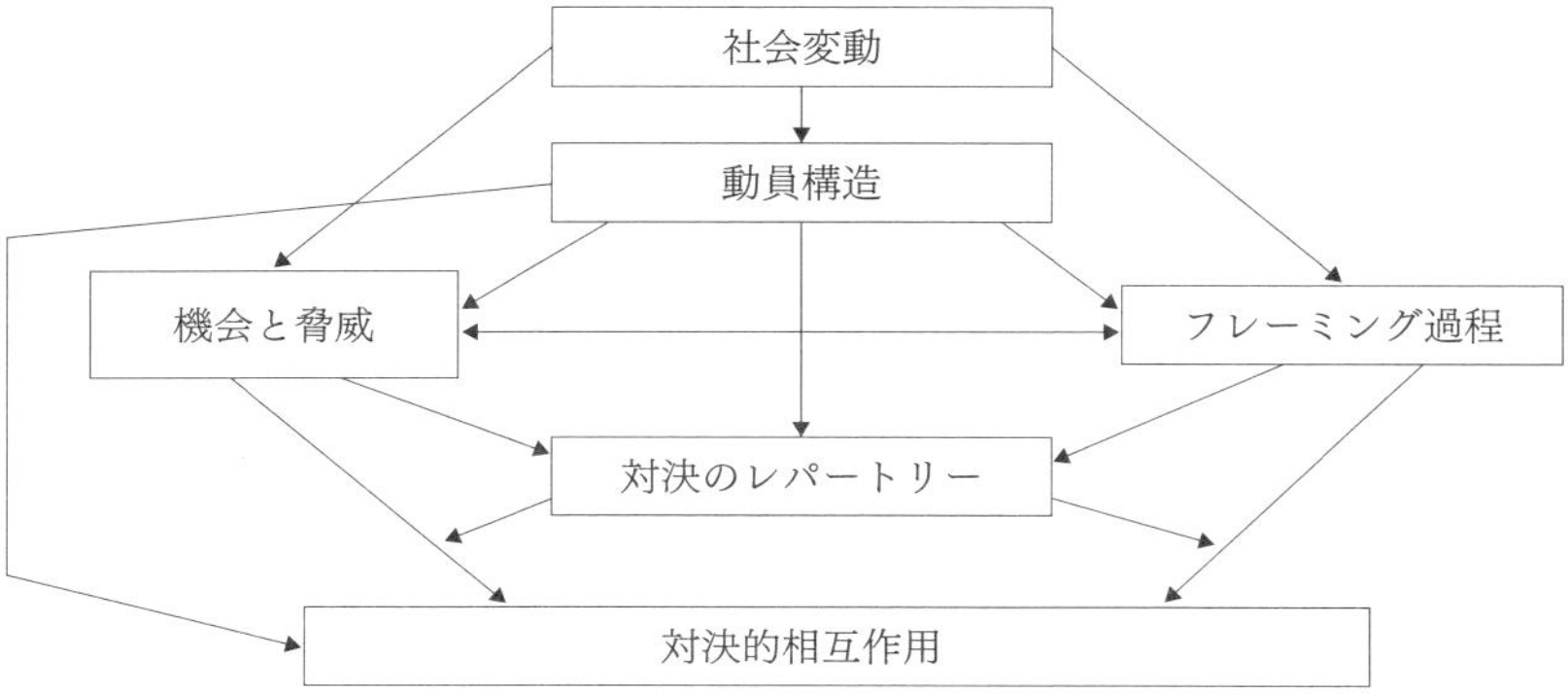

図４　動員論の総合理論の一例

（McAdam, Tarrow & Tilly 2001: 17）

一例をあげてみよう。たとえば、「テロリズム」についてオバショール（Oberschall 2004）は、以下の四局面からまさに総合的な分析をおこなっている。まず（a）不満・剥奪・不平である。人々の間に、どのような不満が広く共有されていたのか。ここではさまざまな不平等や政治形態、地政学的要因などの構造的なレベルが問われる。つぎに、（b）イデオロギー・フレームである。不満を正当化された大義へと水路づけるようなイデオロギー・信念体系はどのようなものか。この局面では、イデオロギーと参加者の認知・フレームの関係性が問われることになる。（c）組織の動員力。すなわちどのように組織が作り上げられ、成員のリクルート、資金や武器の調達、内部の意思疎通、リーダーシップ、意思決定といった諸システムが達成されていったのか。[*8] テロリストは、正当とみなされた既存の集団や文化（大学・宗教施設など）を通して、「新しいメンバーをリクルートし、資金と武器を確保し、捜査を逃れるための安全な場所に隠れ、互いに協力しあい、マス・メディアを使用して自分たちの支持者と対抗者たちとコミュニケイトし、ターゲットと社会的コントロールの当局についての情報を集積する」。最後に（d）政治機会構造である。どのような世論や政治的同盟、国際動向、国家支援があったのか。さまざまな政治的・経済的・歴史的・宗教的・

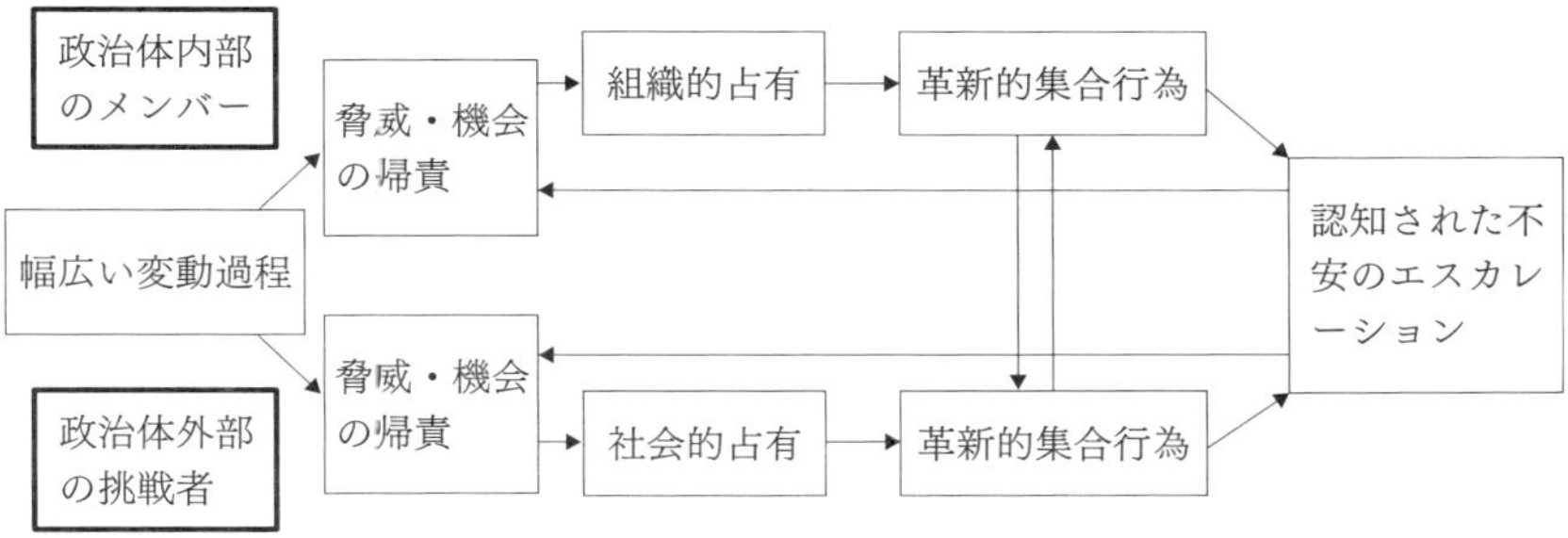

図５　「対決の政治」の説明モデルの一例
（McAdam, Tarrow & Tilly 2001: 45）

民族的な要因が考慮される。旧宗主国との関係や国際的なパワーゲームも重要な要素であり、また集団を地下に潜伏させ、暴力へ促すような事件や状況にも注目する。[*9] そして暴力がエスカレートするプロセスを、対抗する二つの集合行為の対決的で「戦略的な相互作用」（Oberschall 2004: 28）として分析していくのである。

一九九〇年代後半、「対決の政治」（Contentious Politics）と呼ばれる学際的・歴史的・国際比較プロジェクトが一部で現れる（McAdam, Tarrow & Tilly 2001; Tilly & Tarrow 2007）。「対決の政治派」は、「多くの経験的な研究を刺激することによって、……簡便な社会運動の基準モデルを供給することによって、社会運動研究領域に貢献した」と述べて総合理論を評価しつつも、それが「合衆国においてさえ、……部分的で、諸活動の限定された範囲に過度に焦点をあてていることが立証された」と主張する（McAdam, Tarrow & Tilly 2001: 18-20）。実際、総合理論は主として近代化後の自由主義社会の社会運動を対象として、単一の政治体・アクターモデルを採用してきたといえる。それに対して、非自由主義社会の、あるいははるか昔のさまざまな政治的闘争を対象として、複数の政治体・アクターのダイナミックな相互作用および各局面の媒介メカニズムについて、政治体のメンバーと挑戦者それぞれの側による「脅威と機会の帰責」「資源の組織的／社会的占有」「集合行為の革新的形態」「不安認知のエスカレーション」といった諸局面の複雑なメカニズムからなる新しい（総合理論よりもさらに包括的でダイナミックな）説明モデル（図5）を構成し、検証しようとしている（McAdam, Tarrow & Tilly 2001: 45）。

このようにして、現在では、資源動員論・フレーミング論・政治的機会構造論等からなる総合理論、そして国際比較・歴史比較研究プロジェクトを進める「対決の政治派」の諸研究が台頭し、ヴィヴィオルカのいうようにＩＳＡにおいてはＲＣ48の中心を占めるようになっている。

3　行為論の系譜

メルッチの運動論

行為論の系譜の中で、トゥレーヌ理論についてはすでに第Ⅰ部でくわしくみてきた。すなわち運動・紛争を中心にしつつも、およそすべての社会現象を行為主義の観点から捉え、それらの中にも多かれ少なかれ含まれている歴史的行為やその萌芽を見出し、精緻な類型を用いて混ざり合っている要素を整理し区分けすることによって、その意義を評価しつつ、つぎの社会のありようを見定めようとするのがトゥレーヌらのアプローチであった。動員論が社会運動を集合行為の一形態として扱う専門分野化された社会運動論であるとすれば、トゥレーヌ理論は、社会運動を全体社会と結びつけ、その観点から社会問題も政策も制度も個々人も位置づけていこうとするような運動論だといえる。そして、そのような運動論は欧州や南米など運動の活発な地域、また国家の強い欧州諸国や社会民主主義諸国、南米の左派政権や独裁政権の国々、東欧の（元）共産主義諸国などでリアリティを得られやすく、実際、ＣＡＤＩＳの研究者にもそれらの地域の社会学者が少なくない。そのことは各国社会学会の多数決が作用するＩＳＡにおいてトゥレーヌ派が影響力を発揮する一要因にもなっている。

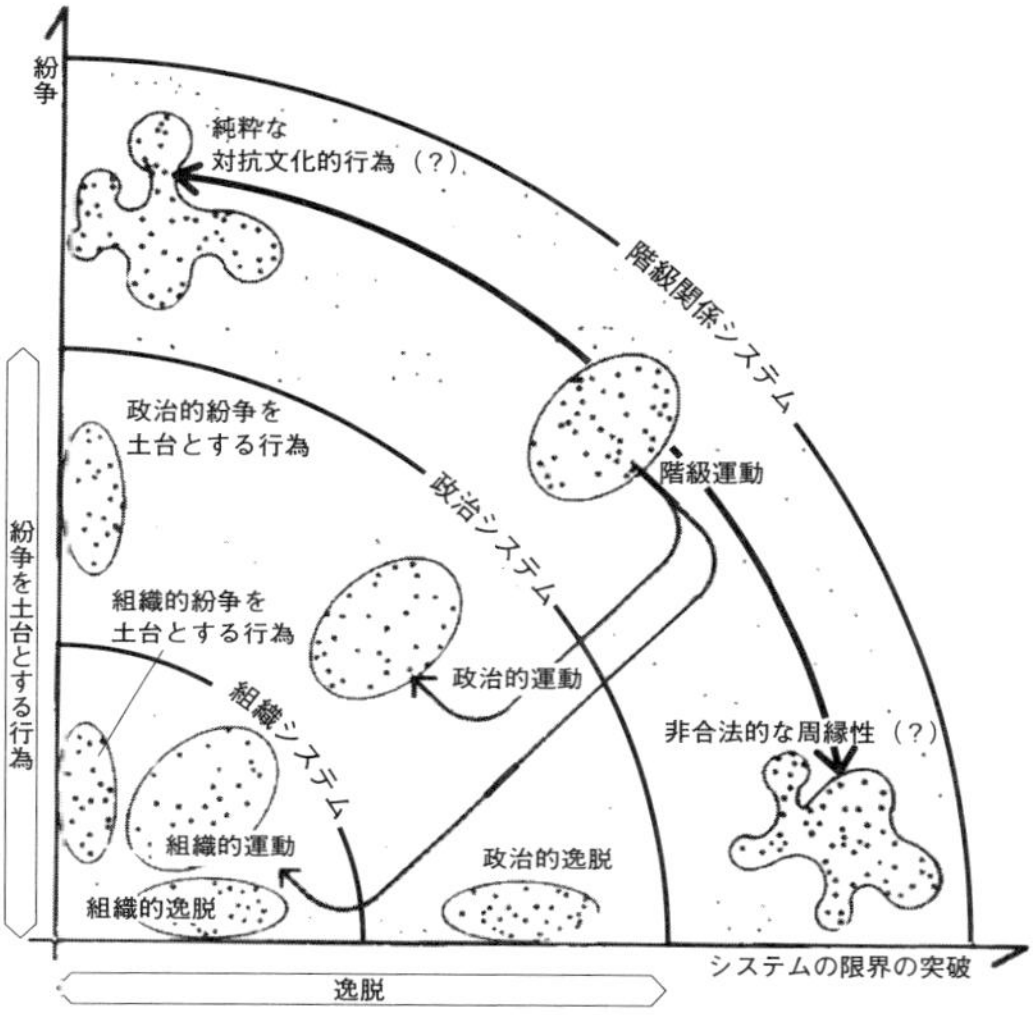

図６　メルッチにおける「集合行為の諸局面」
注：黒点一つひとつが集合行為を指す。
（Melucci 1980: 205）

ここでは、トゥレーヌ理論と隣接理論（メルッチの運動論、批判理論・モダニティ論）の関係を明確にしておきたい。

中期トゥレーヌ理論（Touraine 1973, 1978）から少し遅れて、その影響を深くうけたメルッチ（一九四三〜二〇〇一年）[*10]の「社会運動の社会学」が登場した。メルッチの研究者としての業績[*11]は、中期トゥレーヌの脱産業社会論、社会運動論の学説・理論的研究（Melucci 1975）、そしてその中範囲理論化（Melucci 1980）に始まる。この時期、彼の階級関係／政治システム／役割システムという区分は、トゥレーヌの歴史的行為システム／政治制度システム／社会組織システムという区分とほぼ一致する。また運動の構成要素も、トゥレーヌ自身が指摘しているように、同一性・対立性・全体性と一致している。

メルッチは社会運動を、「さまざまな集合的な関与の形態において賭金となるような行為の意味の、現在における変化の経験を異なる未来を作り出すための条件にするような形での、個人的・集合的な再占有」と定義する。このような行為は、三つの重要な構成要素——集団的な連帯、紛争の定義、「……システムの整合性の突破」——を有している。このような定義は私が一九六五年以来提示してきた社会運動の分析と合致する。

(Touraine 1997b: 764)

ただ違いもある。まずメルッチは、集合行動の中で「特徴的な連帯」を有しているものを「集合行為」と呼び、そのうち「社会価値と資源の占有と方向性をめぐる二つのアクターの間の闘争」を有するものを「紛争を土台とする［集合］行為」とし、さらにその中で、「社会的役割に制度化されてきた諸規範を超えるもの、政治システムの役割を超えるもの、かつ／あるいは、ある社会の階級関係を攻撃するもの」をいずれも「社会運動」と呼んだ (Melucci 1980: 202)。トゥレーヌは、最後のケースだけを「社会運動」と位置づけているが、メルッチは三つのシステムに対する紛争的かつ超越的な集合行為すべてを「社会運動」と呼んでいるわけである。図6は、メルッチの行為類型を表しているが、縦軸は紛争の度合い、横軸は逸脱・超越の度合いを指している。つまり「社会運動」(階級的運動・政治的運動・組織的運動) になるには、アクター間の紛争とシステムからの逸脱との両方が必要だということである。

また中期トゥレーヌは「社会運動」とそれ以外の境界に焦点をあてるのに対して、メルッチは「集合行為」とそれ以外の集合行動との境界、つまり「特徴的な連帯」の存否や形成過程に注目している。[*12] 実際、彼は、運動の集合的アイデンティティ形成の存否や形成過程を比較すべく、一九八〇—八一年にミラノ市周辺の四つの運動ネットワーク (エコロジー団体、女性運動団体、新宗教団体、自主管理社会センター) の実験的調査[*13]を実施した。そして各事例の特徴や水準 (「紛争中心の行為」か「社会運動」かなど) を描き出し、ほとんどが危機の行動と集合行為の境界に位置するような運動であったことを示している（Melucci ed. 1984）。

その後、一九八九年の『現代を生きるノマド』（Melucci 1989）では、複合社会論や運動ネットワーク論を提示し、敵手・方法・争点等に関する集合的アイデンティティと、社会を階級関係／政治システム／組織システムから捉えた枠組みとを、人々の認知の側面から位置づけなおしている（構成主義的転回）。集合的アイデンティティは「目標」（運動目標を受け入れている程度）・「手段」（利用できる情報・事務能力などの資源量）・「環境」（自分の時間的・個人的状況）という三局面から定義されるようになるが、手段は資源動員論と、環境は政治的機会構造論と重なっており、メルッチは参加者の集合的アイデンティティという観点から動員論の成果を総合しているとさえいえる。そこでは〈集合行為の形成〉とは、すなわち〈参加者による特徴的連帯＝集合的アイデンティティの形成〉のことであり、集合的アイデンティティは、社会運動をめぐる諸局面の一つではなく、社会運動をめぐる中心的な・唯一の局面として位置づけられるようになるのである。

ただしメルッチの運動論が、彼自身の早すぎる死と後継者の不在もあって、動員論に部分的に包摂されていった結果、現在では、ヴィヴィオルカも述べているように、トゥレーヌ派の運動論がＲＣ47では相対的に強い影響力をもつに至っている――トゥレーヌ派のイタリア人社会学者Ａ・ファッロやＥ・トスカーノの研究にはメルッチからの影響をみることもできる。

批判理論・モダニティ論との関係

つぎに、中期トゥレーヌやメルッチとともに、「新しい社会運動論者」として位置づけられることの多いハーバマスとオッフェの批判理論、およびギデンズ、ベック、バウマンのモダニティ論を検討し、トゥレーヌ理論との違いを、社会運動論の地平において明確にしていきたい。

J・ハーバマス（一九二九年—）は批判理論の代表的論者として知られているが、その理論はそもそも社会（批判）理論であり、運動論と呼べるような記述は彼の議論全体の中でごくわずかである。ただし水上がA・ホネットを引用しつつ述べているように、批判理論の土台となる「学的反省に先立つ審級」に関する議論と、社会運動論は強いつながりをもつ。

批判的社会理論の潮流にとって、眼前のアクチュアルな社会運動をどう理論的に捉えるかは常に重要課題の一つであった。アクセル・ホネットによれば、批判的社会理論は、なによりも社会的現実そのものの内部に批判のよりどころを見出す……すなわち、理論的営為に先立つ日常の実践や経験の中にすでに既存の社会に対する批判の契機が存しており、それを取り出すところに批判的社会理論の固有性がある。それゆえ、批判的社会理論の伝統はその当初から、同時代の社会運動をリフレクティヴに概念化するというモチーフによって貫かれてきた……。ホルクハイマーにとって、社会的現実の中に存する批判の可能性はプロレタリアートという社会階級に求められていた……。またユルゲン・ハーバーマスのばあいには、環境運動や平和運動や女性運動などいわゆる「新しい社会運動」のポテンシャルをどう理論的に説明するかが、主著『コミュニケーション行為の理論』のモチーフの一つであった……。同時代の社会運動をどう位置付けるか、ここに批判的社会理論におけるさまざまなアプローチの基本的特質が表れてくるといってもよい。（水上 2004: 30）

ここでは一九八〇年代以降のハーバマスの理論の中で運動論と呼びうる部分にだけ焦点をあててみたい。A・ゴルツによれば、一九八〇年代のハーバマスは、ルーマンとの論争などを経て社会システムと生活世界の対立に社会批判の基盤を置きなおした。「生活世界」とは、個人が自分の相互作用をコミュニケーション的に自己－管理できるための間主観的な「文化的資源」であり（Gorz 1996: 288）、この「生活世界」と関連づけて彼の社会運動論が以下のように展開される。

西側の高度に発達した社会においてこの一〇年から二〇年の間……新たな抗争はむしろ、文化的再生産や社会的統合、社会化といった領域に生じてきている。しかも副次制度的な、いずれにせよ議会外的な抗議形式をとって展開されている。……危機にさらされた生活様式の防衛と再建、あるいは生活様式が改革される場合にはその徹底が問題なのだ。要するに、新たな抗争は、分配の問題ではなく、生活形式の文法の問題が火種となって燃え上がるのである。……「新しい」と言ったのは、生活の質や同権の問題、さらには個人的自己実現や参加、あるいはまた人権の問題が扱われているからである。社会国家的指標に従って分類するならば、「古い政治」がどちらかと言うと、企業家や労働者、商工業を営む中間層に支持されているのに対して、「新しい政治」は新中間層や若い世代、そして専門的知識を身につける高等教育を受けたさまざまな集団にかなり強い支持層を持っている。このような現象は内的植民地化のテーゼに適っている。（Habermas 1981＝1987: 412–413）

その上でハーバマスは、まず「解放の潜在力」（攻撃的）と「抵抗と退却の潜在力」（防衛的）を区別した上で、後者をさらに「伝統的社会的所有形態の擁護」と「生活世界を基盤とした新たな形式の協力と共同生活への試み」に下位区分する。そしてこの最後の「生活世界を基盤とした新たな形式の協力と共同生活への試み」（具体的には、青少年運動、アルタナティーヴェの運動〔環境保護と平和の問題にもとづく成長批判〕）が、「システムと生活世界の接点のところで発生している」「新たな抗争」として解釈されているのである（Habermas 1981=1987: 417）。

つぎにC・オッフェ（一九四〇年―）もまた、一九世紀末に台頭する後期資本主義社会――それ以前の自由資本主義と異なり、国家が市場経済へ、さらには生活領域一般への規制・介入を強めていく資本主義の新しい段階――に関する分析の中に、新しい社会運動を位置づけ、社会の矛盾の拡大と深化を示すものと理解する（伊藤1993b: 132-133）が、とくに新しい社会運動を「政治パラダイム」の変容という枠組みの中に位置づけて解釈する点はハーバマスと異なる。彼によれば、一九五〇―六〇年代、戦後政治の基本を成してきた自由民主主義福祉国家の成長主義パラダイム（古い政治パラダイム）から、七〇年代に顕在化してきた非制度的政治パラダイム（新しい政治パラダイム）への大きな転換が存在するという。新しい社会運動（地域主義運動、エコロジー運動、フェミニズム運動、アルタナティヴ運動、平和運動など：七〇年代から）と新保守主義（七〇年代後半から）は、その「古い政治パラダイムの硬直化への反応」として位置づけられ、前者は市民社会の諸制度に侵食する国家の統制に対する反撃を、媒介的機能を喪失した制度的な政治から離れた領域、私的空間と制度的・国家的政治空間の中間に位置する「非制度的政治の空間」の創出によって実現しようとするという。その具体的特徴としては、「第一に、伝統的な階級政党や運動の場合のように商品市場や労働市場での契約上の立場にもとづいているのではないという点、第二に、その運動は市場における地位が改善され保護されるような代表を要求しているのではなく自律性を要求しているという点」などがある（星野 1985）。実際、オッフェはインタビューに答えて以下のように述べている。

新しい政治的パラダイムがドイツと幾つかの他のヨーロッパ諸国において現れてきたという事実によって、新しい社会運動に関する私の関心は促されてきました。パラダイムという言葉で、私が意味づけているのは、集合的行為者、争点、価値、行為様式の一群です。この新しい政治的パラダイムの中の集合的行為者たちは、しばしば属性的に定義され、若者や女性、あるいは特定の地理的地域の居住者といった集団を含むものです。分配手段と生産手段をとおしては満足できないという意味で、彼らの要求は、かなりの程度、非経済的なものです――彼らは収入と富の量よりも、生活の自然的・社会的状態の質に関心があるのです。それらの集団の行為様式は、組織化、制度化をせず、自生的で直接的なものである傾向があります。環境主義、平和主義、都市運動、さまざまな人権・公民権運動（たとえば、女性、ホモセクシュアル、囚人の権利を護るもの）はすべて、このカテゴリーの中に属します。（Offe 1984: 292-293）

つぎに一九八〇年代後半から注目を集めてきたギデンズ、ベック、バウマンのモダニティ論において社会運動論と呼べるような部分を取り上げ、トゥレーヌ理論との違いを検討してみたい。

まずギデンズは、「モダニティの四つの制度特性」、すなわち資本主義（競争を旨とする労働市場や商品市場における資本の蓄積）、監視（情報の管理と社会的取り締まり）、軍事力（戦争の工業化という状況のもとでの暴力手段の管理）、工業主義（自然界の変容――「創出環境」の発達）を、「社会運動の諸類型」（労働運動、言論の自由・民主化を求める運動、平和運動、エコロジー運動〔対抗文化〕）と対応させる（Giddens 1990=1993: 198-200）。そして「新しい社会運動」を「ライフ・ポリティクス」と関係づけている。すなわち、「新たなかたちの社会運動は、制度的に抑圧された生活領域を集団的に再占有する試みである。……これらの運動は、多様なかたちをとりながら、モダニティのジャガノートを駆り立てる基本的条件や組織原理に効果的に挑戦しているのだ」（Giddens 1991=2005: 235）という記述や、「社会運動はライフ・ポリティカルな問題を前面に出し、公共の注意をそれに向けさせるうえで基本的な役割を果した」（Giddens 1991=2005: 257）という記述にそれがみられる。

つぎにベックは、階級社会とリスク社会（危険社会）とでは、価値体系、そして「ユートピア」「夢」が異なり、それに対応して、人々の存在する状況や互いに手を結ぶ状況、人々を動かしたり、引き離したり、また緊密にしたりする社会の基本的な状況も異なるという。すなわち、「階級社会の原動力は、「渇望がある」という言葉に要約できる」が、「危険社会では、階級社会にみられる欠乏の共有に変わって、不安の共有がみられる。この意味で、危険社会という社会形態の特徴は不安からの連帯が生じ、それが政治的な力となることにある」(Beck 1986: 75)。それゆえベックは、一九八〇年代に「危機に瀕した世界という争点」を提起していった「市民主導のグループ」がもった大きな社会的意義を、以下のように強調している。

一九八〇年代の、社会的に最も驚くべき……現象は、政治的自己主体性が制度の内と外で思いがけないかたちで再生していったことである。その意味で、市民主導のグループが政治的に力を獲得していったと表現しても過言ではない。これらの市民主導のグループは、既成政党の抵抗に逆らって、危機に瀕した世界という争点を政治的協議事項に載せていった集団である。(Beck 1994=1997: 39-40)

そのような政治的な力から、新しい「サブ政治」が形成される。サブ政治、つまりは「政治システムないし協調主義的システムの《外部》にいる行為主体（このグループには、専門的職業従事者手段や職業集団、工場や研究機関、企業の専門技術を有す知識層、熟練労働者、市民運動の指導者、公衆等が含まれる）」は、「社会計画を立案する舞台に出演することが許されて」おり、また「たんに社会的集合的行為主体だけでなく、個々人もまた、出現しはじめている政治的なものの形成力として、互いに競合していく」(Beck 1994=1997: 46) という。そして、運動はその「サブ政治」の一部として解釈される (Beck 1994=1997: 47)。

最後にバウマンは、「流動的近代であるいま、坩堝に投げこまれ、溶かされかけているのは、集団的な事業や集団的な行動において、かつて、個人個人それぞれの選択を結んでいたつながりである――個人的生活と、集団的政治行動をつなぐ関係と絆である」（Bauman 2000=2001: 9）と述べ、以下のように社会運動以前に、集合行為自体が成り立ちにくい時代にあるという認識を示している。

> かつては集結や、デモが、問題解決の第一の手段と考えられていたのではなかったか。個別には非力な個人が、集団的立場、行動に結集すれば、個人のレヴェルでは夢でしかないことを、集団として実現できたのではなかったか。いまや、個人の苦悩を結集し、集約して共通の利益とし、集団行動をおこすことは非常に困難となった。宿命としてできた個人の利益は、積み上げられないからである。個人は「加算され」て、「共通の大義」へまとめあげられることがない。個人は集められたとしても、団結しないだろう。個人は最初から、他者と団結するための接点をもたないように形成されているといっていいだろう。（Bauman 2000=2001: 46）

そして、このような時代においては、「個人化」を前提にした上で再び集合行為の再構築へと向かう方途を探る必要があると主張する。

> 個人化はここに定着した。われわれの生活にあたえる影響を考慮し、対策をたてるにあたっては、まず、この事実の認識からはじめなければならないだろう。……自己実現の権利と、自己実現を可能としたり、不可能としたりする社会環境を管理する能力との大きな落差が、流動的近代の主要な矛盾である

ように思える。試行と失敗によって、批判的思考と大胆な実験によって、われわれはこうした矛盾に、集団的に挑戦することを学ぶ必要がある。(Bauman 2000=2001: 49-50)

では、具体的にどのような活動に可能性を見出すのか。バウマンは、「類似による統一性か、差異による統一性か」と題する節において、「差異による統一性」という可能な共同体の媒介原理について語っている。[*14]

もっとも希望のもてる統一性とはなにか。それは価値、嗜好、生活様式、都市国家の自立した構成員のアイデンティティを、対立、論争、調停、妥協によって決定し、日々、変更させるような統一性である。／基本的に、これは共和主義型の統一性、自己アイデンティティをもとめる人たちがつかんだ統一性、アプリオリ的にあたえられたものではなく、強制の結果としてえられた統一性、差異の否定、抑圧、隠蔽でなく、調整と仲裁によってつくりだされた統一性であるといえる。／近代の流動的状況にとって現実的で、存立可能な統一性（連帯の形式）といえば、これ以外に考えられない。(Bauman 2000=2001: 230)

以上、批判理論とモダニティ論の中に含まれる運動論について検討をおこなってきた。ハーバマスは、後期資本主義社会における社会システムと「生活世界」の衝突・対立として運動を解釈し、オッフェは、後期資本主義社会における新しい政治パラダイムの一部として運動を解釈する。またギデンズにおいては、社会運動はモダニティの潜勢力の一部であると同時に「解放の政治」と「ライフ・ポリティクス」のそれぞれ一部を形成し、ベックにおいては、サブ政治の一部であった。そしてバウマンは、新しい連帯の形式にもとづく解釈枠組みを構想しているといえる。

このように批判理論・モダニティ論に部分的に含まれている運動論（そもそもあまり「社会運動」という言葉が用いられず、広義のポリティクスの一部として論じられることも多くなっているとはいえ）は、同時代に出現しているさまざまな運動のもつマクロ社会的な意義を社会理論の枠組みから解釈しようとするものであり、一般的な運動のメカニズムを探求するものではない。その点はトゥレーヌ理論と共通している。

他方で、批判理論もモダニティ論も、現実の諸運動を「社会運動」として実体的に捉えており、さまざまな運動・紛争に含まれる要素・側面として位置づけるトゥレーヌ理論とはその点で異なっている。[*15] ヴィヴィオルカも以下のように述べて、トゥレーヌらの概念が実体概念ではないことを強調している。


社会運動とは純粋な概念であって、決してそれそのものとしては現れることはない――つねに行為の諸次元の一つとして現れるにすぎない。たとえば実際に、労働階級のストライキの中には、本来的に協調主義的だったり、党派的だったりする限られた数の社会的要求、政府への政治的圧力の要素、経済危機にもとづく諸側面、暴力傾向、とても弱い社会運動の要素が含まれるのである。(Wieviorka 2005: 12)

その点と関係しているが、批判理論等がそれにもとづく実証研究の結果からそれほど影響をうけないのとは違って、トゥレーヌ理論は、対象が社会運動であるという解釈を前提にせず、自分たちの解釈自体が正しいのかどうかを検証し、その調査結果に応じて理論のほうも修正を受けるという双方向性を有している。

「社会運動」というものに理論構築の可否の指標という重い役割を負わせられるのかどうかという疑問もあるかもしれないが、既述のように、トゥレーヌらは「社会運動」を実体的には捉えず、社会システム・社会変動と密接につながるような水準の要素と捉えているのであり、それゆえ「社会運動」に大きな役割を負わせることが可能になる。「社会運動」という概念に大きな意味をこめることは、少なくとも欧州の社会学においてはそれほどめずらしいことではない。実際、本書冒頭でも述べたように、「社会運動」(soziale bewegung)という概念を初めて用いた際に、L・シュタインが念頭に置いていたのは、フランス革命やその後の社会主義運動・階級運動であったし(Stein 1850)、「社会運動」とは社会(近代市民産業社会)全体の変革を一挙にもたらす運動〔(全体)社会〔の〕運動〕のことを指していたのである。国民国家の枠内で諸圏域を包摂する「(全体)社会」という概念が成立したことで、「(全体)社会(の)運動」という概念も、人々が互いに了解可能なものになったともいえる。[*16] その後も欧州、とくにドイツ・フランス・イタリアでは、シュタイン流の定義は引き続き維持されていたし、トゥレーヌの社会運動概念もその延長上にある。

4 方法論的な特徴と制約

両系譜の方法論的特徴

以上、二つの系譜をたどることで――一方で動員論の発展の系譜を振り返り、他方で第I部で検討したトゥレーヌ理論と隣接理論との関係を明確化することで――両系譜の概要・特徴を示してきた。果たして両系譜の間にあるのは、先行研究が指摘してきたような変数や水準の違いであろうか。動員論と行為論が集合行為に対して具体的にどのような調査研究をおこなってきたのか、いかなる調査課題を有していたのかに注目すると、両系譜の関係がより明確になる。

たとえば、環境・エコロジー運動に関する研究の場合、動員論では、発生国・地域の政治的機会構造が反原子力運動の戦略・帰結に与える影響（Kitschelt 1986）や、「チェルノブイリ災害のドイツ・フランス・オランダ・スイスの反原子力運動の動員に与えたインパクト」（Kriesi, Koopmans, Duyvendak and Giugni 1995）を説明したり、「旧来の政治文化を劇的に変革するような運動がなぜ発生し拡大したのか」（中澤 2005: 207）、「どのような人々がどのような理由から担い手となってきたのか」「新たな運動戦術をどのように導入し外部参加者をどのように受容したのか」「運動に対する意味づけは運動の過程でどのように変化したのか／変化しなかったのか」（青木 2013: 8）などを明らかにしたりすることを目的としている。それに対して、トゥレーヌらが、反原子力闘争に対しておこなった調査の「研究課題」は、動員論におけるような運動形成・維持・成功の要因の説明ではなくて、「社会運動の存否」（Touraine et al. 1980=1984: 11）、つまりは具体的な反原子力闘争の中に、全体社会の歴史的行為システムに関わる要素や傾向・側面・次元が存在するか、どの程度存在するかということであり、その活動の意義を批判的に評価することにあった。メルッチらもまたエコロジー運動を調査しているが、その研究課題は、その存在自体が「コードを変える」ことになる諸活動が「集合的アイデンティティ」を構成できるか否かを、他の運動の場合と比較することにあり、それを通して「支配的なコードへのシンボル的挑戦」としてのポテンシャルを評価することにあった（Melucci ed. 1984; Melucci 1989=1997: xxxxiii）。

八〇年代後半のテロリズム研究もまた、動員論と行為論の違いを際立たせる例として挙げられよう。たとえば、動員論によるテロリズム研究では、「どのような争点と紛争がテロリズムを形成・維持させるか」「テロリズムとテロリズムに対する戦いとを駆動する暴力のダイナミクスとはどのようなものか」「どのようにしてテロリズムは終わるのか」といった因果的なメカニズムの分析が目指される（Oberschall 2004: 27-28）。それに対して、行為の社会学にもとづくテロリズム研究は、「赤い旅団」やバスク独立闘争、パレスチナ・レバノンの闘争などが、「社会運動、反‐社会運動、テロリズム」（第1章参照）のいずれにどの程度まで該当するのかを分析しようとするものであった（Wieviorka 1988=1993: 3–24）。それゆえここでもまた、一般に「テロリズム」と呼ばれるような暴力をともなうさまざまな闘争のメカニズムの分析よりも、それらのもつ意義を評価することが第一目的とされているわけである。

近年のトランスナショナル／グローバル運動に対する調査研究においても、動員論と行為論の違いは明らかである。動員論は、対象を定義に沿って一つの組織・集合行為と同定した上で「どのようにして普通の人々が新しいパースペクティヴを獲得し、行為の新しい諸形態を試み、しばしば国境を越えた接触を通して、新しいアイデンティティを担って出現するか」、トランスナショナル運動が「どのようにして・どの程度まで、国内のアクター、クレイム申し立ての諸形態、そして幅広い戦略を変化させるのか」というように運動のメカニズム、運動と環境とのダイナミクスに関心をもつ（Tarrow 1998=2006: i）。それに対して、トゥレーヌらは、そのようなグローバルな運動が、どの程度まで「社会運動」と呼べるのか（Dubet 2004: 710–714）、「反－社会運動」に陥る危険性はないか（Wieviorka 2005: 8–18）、「経験運動」（McDonald 2006: 223–226）や「経験の空間」（Pleyers 2010: 43–46）といった新しい概念が必要ではないかということに最大の関心をもっているのである。

このように集合行為に限定して比較すると――トゥレーヌ理論は本来、集合行為だけでなく個人的主体・経験も社会問題も制度も対象とする――動員論と行為論の間には、変数や議論水準の違いよりもむしろ、以下のような方法論的違いがあることがわかる。

・動員論（Mobilization Theory）：「社会運動」と同定された集合行為・組織の生成、発展、衰退等に関する因果的メカニズムの総合的な説明モデルの構築を目指すアプローチ
・行為論（Action Theory）：ある社会現象（およびその要素）のもつ（顕在的・潜在的）意義を、「社会運動」を

中心とするマクロ社会的歴史的理論に準拠しつつ解釈的に評価しようとするアプローチ

つまり、従来いわれてきたこととは違って、行為論は「なぜ」運動が起こるのかを説明するアプローチではないし、運動の発生要因を分析するものでもない。また動員論も運動の政治的意義を評価しようとするものではないのである。それゆえ、最初に紹介したクランダーマンズらの二系譜の整理の仕方は、一九八〇年代段階ではそうみえたというに過ぎず、〈因果的メカニズムに関心のある動員論からみると、行為論の系譜は、"Why"、つまり構造的な要因・メカニズムの分析に貢献しうるようなものにみえる〉ということでしかないのである。同様に、トゥレーヌらの整理も、〈意義の解釈に関心のある行為論からみると、動員論の系譜は合理性や戦略性、政治的影響力にもとづいて意義評価をしているようなものにみえる〉ということでしかなく、どちらも他方の系譜のことを中立的に検討しているかにみえて、じつは自らの方法論的立場から他方をながめているにすぎない。

このようにして行為論と動員論の方法論的特徴が明らかになると、それぞれのアプローチに、解決を期待できない（すべきでない）課題というものもまた明確になる。たとえば動員論に、対象の評価に関連する課題解決を期待したり、また行為論にさまざまなメカニズム関連の分析を期待したりすることは、「応用問題」として魅力的ではあるだろうが、他方で、（本書のように）十分自覚的でなければ、これまでの蓄積との関係で混乱を来たす可能性もある。基本的には、それよりも動員論にはより徹底した一般的メカニズムの究明を、行為論にはより厳密な分類と評価を期待するほうがその目指すところに合致するし、社会運動論の発展にもつながるだろう。

方法論的前提と第三のアプローチ

方法論的特徴が明らかになると、つぎにそれぞれの方法論的な前提・制約もまたあらわになる。

動員論は、「社会運動」に関する定義を定め、その定義に合致する対象を同定し、分析をおこなってきた。それゆえ、定義の内容やその定義に現実の組織や集合行為が合致するということが方法論的な大前提となる。たとえば初期の資源動員論において、「社会運動」とは、「社会構造のある要素を、そして・あるいは社会の報酬分配を変えたいという選好を表す民衆の一群の意見や信念」を指し、「社会運動組織」とは、「社会運動あるいは対抗運動の選好とみなしうる目標をもち、その達成をめざす複合的な、あるいは公式的な組織」(McCarthy & Zald 1977=1989: 28–29) のことであった。これらの定義に沿って対象が同定されることは大前提であり、その上で初めて、その組織・集合行為の因果的メカニズム研究の積み重ねが可能になるのである。それゆえ、動員構造・政治的機会構造・フレーミングなどの変数・局面が社会運動のメカニズムにおいて重要だということは、「社会運動」の定義に合致する特定の種類の現象についてだけいえることであって、合致しないさまざまな集合的な現象の因果的メカニズムにおいても重要かどうかが立証されているわけではない。それゆえ、定義に合致しているか不明な現象の因果的メカニズムの説明に、上述の変数・局面からなる説明モデルを、あたかもすでに立証されたもののように適用するのは正しいことではないはずである。

しかし実際には、そのようなことが起こっているようにもみえる。たとえば近年、サミット・プロテストやオキュパイ・ウォール・ストリート、アラブの春のように一つの集合行為、組織とはいえない運動スタイルが登場し、またNPOや社会的企業のように敵手との持続的対決をおこなわないような運動も盛んに誕生している。これらが、従来的な「社会運動」定義に合致するかどうかは、じつはそのこと自体、検討してみないとわからない。仮に定義から外れるかもしれないのであれば、これらの研究に従来どおり動員論のモデルを、あたかも権威あるもの、立証済みのもののようにして適用してしまうことは本来、適当ではない。他方で、定義の同定可能性はいったん横において、資源、動員、機会、フレーミングといった概念を、従来の運動との違いを見出すためのものさしのように用いればよいという意見もあるかもしれない。しかし、それらの概念やモデルが正しいかどうかはつねに反証可能性に開かれているはずであり、どこまでいってもそれを立証済の「ものさし」のように考えるわけにはいかないのではないか。モデルの妥当性を検証する前に、そのモデルを前提にしてしまえば、議論は循環してしまうだろう。

やはり「社会運動」の定義を満たすことが自明ではないような活動に、因果関係に関するモデルをそのまま使用することは適当ではない。大畑が「NGO／NPO、ボランティア、あるいはセルフヘルプ・グループなどの活動形態の隆盛……これらの活動を「社会運動」（「新しい」という形容詞をつけようとつけまいと）として「データ」化し、従来的な枠組にもとづいて分析することは妥当なのか」（大畑 2004: 158-159）と述べているのも、当然であろう。たとえ動員論の説明モデルにもとづく調査研究がどれほどたくさんなされようと、そしてそれによって社会運動のメカニズムに関するそのモデルの説明力がどれほど立証されようと、だからといってそれを、大本の定義に合致するかどうかが不明な現象に適用することが正当化されるわけではないはずである。

「社会運動」の定義のほうを現実に合わせて修正すればよいという意見もあるかもしれない。しかし対象の定義を変更するのであれば、厳密にいえば、それはもはや従来とは異なる対象なのであり、これまでの研究蓄積との連続性は本来は担保されなくなるはずである。[*17]

定義に合致する組織的な部分だけに焦点をあてればよいという意見もあるかもしれない。だが、説明できているのはその部分だけに過ぎないのであり、その運動全体のメカニズムを説明したと主張するわけにはいかない。またどれほど当該部分のことを説明しつくしたとしても、〈その部分が運動の中で中心的な部分である〉ということの立証にはつながらない――中心的部分なのか周辺的部分なのかという問いは因果分析の問いではなく運動の解釈の問いだからである。

このように動員論には、対象の同定段階において、定義と合致していなくてはいけないという方法論上の前提があるのである。この点は、現代のグローバルで流動的な集合現象を分析対象にしようとするときには、大きな制約になってしまう。

たとえば第5章で述べるように、サミット・プロテストの場合、まずもってその全体像が不明であり、一つの社会運動組織とはとてもみなせない。その中に動員論的な社会運動定義に合致する部分はあるのかもしれないが、それは一部に過ぎない上に、その部分自体の全体の中での位置づけ自体が不明なのである。それゆえ、組織的な部分に焦点をあてる動員論的研究をどこまで続けても、サミット・プロテスト全体の説明にはつながらないと言うしかないのである。

ただし、動員論の制約がイコール因果分析全体の制約になるわけではない。社会運動の因果的メカニズムの分析を、動員論とは違うかたちでおこなうことは不可能ではないはずである。たとえば、社会運動の中の、ある特性が形成・発展・衰退するメカニズムの分析である。なぜ・どの程度まで（全面的・中心的であると前提にする段階論はとらない）、六〇年代末から八〇年代にかけて、欧州や北米では「環境運動」「学生運動」「地域主義運動」「女性運動」などのように、「労働運動」や「社会主義運動」とは異なる「新しい社会運動」と呼ばれるような性質（非経済的争点、反差別・反支配、生活様式重視など）を帯びる集合行為が現れたのか。あるいは近年、なぜ・どの程度まで、グローバルな特性（トランスナショナル性、さまざまな運動の参加、グローバル制度やグローバル化自体の争点化など）を有する集合行為が現れているのか。これらの問いは、行為形態のレパートリーの変化・歴史ではなく、さまざまな紛争の争点自体の配置と歴史を問うものである。

一方で動員論は運動の形成・持続・衰退、行為形態などのメカニズムについての説明をおこなうが、紛争の争点の性質・種類については、たとえばある活動を「環境運動」であると最初から呼ぶことによって議論の前提にしてしまうことが多い。また紛争の実態は括弧に入れられて、争点は運動組織によってある程度自由にフレーミングできるものとされる。実際、さきほど環境運動、テロリズム、トランスナショナル／グローバル運動について、動員論と行為論のアプローチの違いを整理したが、動員論は、これらのさまざまな争点にかかわらずあてはまるような一般的な理論を目指している。[*18] 他方、行為論は、これらの争点の違いに注目し、歴史的な背景をともなった分類をおこなう。しかしながら、行為論は、争点・特性の違いというものをヒエラルキーや発展段階で捉えており、それゆえ各々の類型に至るメカニズムや各々の争点が紛争化するメカニズムを説明するような研究はおこなってこなかった。つまり、運動の「特性」の形成・発展・衰退の「メカニズム」に関する研究は、どちらの系譜にも関係しているが、どちらにも欠けている（そもそも期待すべきでない）わけである。求められるのは動員論の「因果的メカニズム」へのアプローチと、行為論の「特性」に対するアプローチとを融合させることであり、そこから動員論とも行為論とも異なる第三のアプローチによる経験的研究プログラムが立ち上がる。

たとえば、〈ある特性を有する運動が同時代に複数地域で現れるメカニズム〉のようなマクロな議論では、まず制度レベルのメカニズムが紛争の大枠を決める要因として重要だと考えられる。たとえば一九六〇―七〇年代の運動・紛争の特性に最も影響を与えた制度的要因としては、当該社会の福祉国家・福祉レジームが考えられる。戦後の労働運動セクターのありようは、先進資本主義国の福祉レジーム類型（保守主義レジームと自由主義レジーム、社会民主主義レジーム、家族主義レジームなど）に影響を与えたが（Esping-Andersen 1990=2001、新川 2005）、男性・労働者の社会保障が充実していく一方で、そこから排除されたままの女性や障害者、学生による運動、また福祉国家の土台にある産業主義と環境破壊を結びつけて展開した運動などが一九六〇―七〇年代の紛争・運動の担い手として登場し、それらの紛争・運動の特性が、「新しい社会運動」と呼ばれることになる。つまり福祉レジーム類型に応じて福祉国家形成にともなう制度的リスクの特性・配分が決まり、つぎにそれが制度的被害を受けるカテゴリー、受苦・受益カテゴリーをめぐる潜在的な紛争の争点となり、最終的に社会運動の特性の大枠を決定していくというメカニズムが想定できるのである。[*19]

ただし、第2章で述べたように、福祉レジーム論では、各レジームがどのような新しい社会運動・紛争を形成するのかについては、類型ごとに「質的に異なったコンフリクト構造」がありえることを指摘するにとどまっている（Esping-Andersen 1990=2001: 238; Pierson 1991=1996: 17）。その理論は、解釈枠組みとしては別に問題はないとしても、ここで求めている説明モデルとしては不十分である。

そこで福祉レジーム論に、制度的な受益／受苦圏という視点を導入することにしたい。受苦圏は「被害者ないしは受苦者の集合体」、受益圏は「ある開発行為にともなって発生する加害者ないしは受益者の集合体」と定義され、範域の広狭（広範囲・中範囲・小範囲）、「重なり」と「分離」、局地化（点・線・面）、現実と可能性（事後的受苦圏、事前的受苦圏）などによって下位区分された上で、「分離型紛争」（受益圏が当該地域から離れた広範囲な地域へと希薄化・拡大し、受苦圏が局地的な一地域へと集中することにより、受苦圏と受益圏が分離する紛争）は解決が難しいといった説明がなされていく（梶田 1988: 32-34）。受益／受苦圏論は、紛争がなぜ起こるのかという一般的な説明モデルではなく、ある紛争の特性を、受益／受苦の構造から説明するモデルと考えることができる。受益／受苦圏論は基本的に環境問題をめぐるものであるが、つぎにみるように、制度の問題をめぐる「制度的受益／受苦」というものを考えれば、紛争の特性を説明する議論になりうる。すなわちさまざまな制度の未整備・不平等状況、たとえば社会保障・社会福祉の状況や労働法制、マイノリティの差別的な制度状況などは多くの紛争を生み出してきた。それは人々の営みに内在する／から生じる／を制限する「制度」（慣習や法、政策を含む）――年金や医療、福祉／社会保障制度、労働制度、障害者、高齢者、女性、若者などをめぐる政策・制度など――であり、そしてローカルな制度（組織制度、地域制度、自治体諸制度など）から、ナショナルな制度（「国民」

を対象にした制度一般：制度の総体、個別の障害者制度や労働法制など）、グローバルな制度（G８や国連、国際機関など）まで存在する。それらの制度が生み出されたり、修正されたり、あるいは廃止されたりするときに生まれる制度的受益／受苦は、「障害者」や「高齢者」、「二〇歳以下の若者」などの制度上の範疇・カテゴリーを通して、あるいは個人ごとに配置され、また（そのカテゴリーに入る時期もあれば入らない時期もあるという点で）時間的にも配分される。そして制度的受益／受苦構造も多かれ少なかれ変化するのであり、制度的な受益／受苦をめぐる構造と紛争はかなり多様なものになりうる。

この視座に立つと、レジーム類型から潜在的な紛争の特性が予想される（表9）。この表は、新しい社会運動の多様性を示していると言え、実際、データと照らし合わせることもできる（表10）。一九六八年については保守主義レジームの国々（オーストリアを除く）において国家政策争点が多く、自由主義レジームの国々においては「民族差別」争点がそれぞれかなり多い（オーストラリアでは「政府の政策」のほうが「民族差別」争点よりも多いがそれでも後者は二番目に多い）。また全体数として社会民主主義レジームの国々で紛争全般が少ないという点も予想とほぼ一致するわけである（ただし「国外軍事政策」や「外国政府」といった争点については説明できない）。

第2章で構築した複合レジームモデルは、第三のアプローチでは、解釈枠組みとしてではなく制度レベルでの説明モデルとして活躍することになる。その上で紛争の争点が共通する活動間の特性の差異についてはさらに組織レベルでの説明も必要になる。そこでは、敵手組織との関係も問われることになる。サミット・プロテストの場合には敵手たるサミットとプロテスト側との間の複雑な関係が重要になるだろう。さらに集合状況で表れる集合的アイデンティティ（Melucci 1989）のような創発特性については、相互行為レベルでの説明も必要だろう。そこでは空間的な制約のあるサミット・プロテストの独特な性質が鍵を握ることになるかもしれない。

このように因果的メカニズムの分析を、動員論とは異なるかたちでおこなうことができるのであれば、それは

表9　レジームごとに予想される新しい社会運動・紛争の特性

	特徴	制度的受益／受苦	予想される紛争特性	指標
保守主義レジーム	テクノクラシー、階級統制	格差、不平等の再生産、エリート主導、権威主義的福祉国家	国家転覆、革命 自主管理 労働運動との連続性	紛争多い 対国家争点多い
社会民主主義レジーム	労組と経営者、政府が協調	女性、組合に入れない人たち	基本的に紛争少ない 労働運動中心 政党関与	紛争少ない
自由主義レジーム	市場に重きを置く	人種、高齢者、障害者、女性、学生、移民	差別や排除への糾弾 学生、女性、公民権	対国家争点少ない 差別争点多い

表10　1968年に発生した抗議の争点（1万人あたり）

		自由	民族差別	国外軍事	政府政策	システム	外国政府	その他	合計
保守主義レジーム	西ドイツ	0	0	2	34(1)	0	19	42	97
	フランス	4	0	0	105(2)	0	6	14	129
	イタリア	0	0	0	23(3)	0	23	2	48
	オーストリア	0	0	0	0	0	0	0	0
社会民主主義レジーム	ノルウェー	0	0	0	0	0	0	0	0
	デンマーク	0	0	0	0	0	21	0	21
	フィンランド	0	0	0	0	0	0	0	0
	スウェーデン	0	0	0	0	0	26	0	26
自由主義レジーム	アメリカ	3	24(1)	14	1	3.1	24	2	71.1
	オーストラリア	0	9(2)	0	35.1(1)	0	26	0	70.1
	スイス	0	34(1)	0	17.1	0	0	0	51.1
	カナダ	0	5(1)	0	0	0	15	5	25

注：表は Taylor & Jodice 1986を用いて、1968年に各国で発生した抗議イベント件数（1万人あたり）を争点によって整理したものである。（　）内の数字は、各国ごとに発生件数の多い争点から並べた際の順位を指すが、レジーム間でとくに違いのない争点（「外国政府」等）は除いている。

因果分析の新しいパラダイムを切り開くことにつながるだろう。そこで第5・6章では、実際に、そのような因果的メカニズムの分析を、サミット・プロテストを事例におこなっていくことにしたい。

第5章 運動の特性と新しい説明理論(1)

第5・6章では、第三のアプローチにもとづいて、サミット・プロテストの有する特性が形成される因果的メカニズムを説明していく。焦点をあてるのは多種多様な争点・アクター・アクションが混ざり合いつつも一つの集合的現象として成り立つという特性である。

第5章ではまず多種多様な要素が同時に現れるまでのメカニズムを説明する。

以下では、改めてサミット・プロテストの有する特性について記述した上で(第1節)、日本開催サミットを事例にプロテストの争点・アクター・アクションを詳細に整理していく(第2節)。そして、それらの多種多様な要素がそろって現れるメカニズムを、複合レジームモデルにもとづいて説明していく(第3節)。

1　サミット・プロテスト

サミット・プロテストの特性

序章でも述べたように、「サミット・プロテスト」(summit protests) とは、いわゆる「国際サミット」(summit meeting) に対する大規模な抗議活動のことである。ここでいう「国際サミット」とは (a) 国境を越える問題 (経済、政治、環境、紛争他) に関して、(b) 複数の国・地域の首相、大臣、その他の政府要人が集まり、(c) ローカルの会議場で一定期間開催される、いわゆる「サミット」(summits) 級の会議を指す。具体的には、主要国首脳会議 (G6／G7／G8) や二〇カ国・地域首脳会合 (G20)、欧州連合首脳会議 (EUサミット)、気候変動や生物多様性に関する国際連合の枠組条約締約国会議 (COP)、そして世界銀行 (WB) や国際通貨基金 (IMF)、世界貿易機関 (WTO)、米州自由貿易地域 (FTAA)、経済協力開発機構 (OECD)、アジア太平洋経済協力 (APEC)、東南アジア諸国連合 (ASEAN)、北大西洋条約機構 (NATO) などにおける首脳・閣僚会議である。

国際サミットで話し合われる争点は、世界同時不況や気候変動、エネルギー・食糧問題、開発途上国、国際紛争、病気・医療、戦争、そしてテロリズムのように多岐にわたり、またその多くが全世界に関わるものである。それゆえ、それらの会議に抗議するサミット・プロテストもまた、労働運動や環境運動、農業者運動、学生運動、先住民運動、女性運動、消費者運動、極右運動、科学NPO、社会的企業、生活協同組合、国際協力NGO、オルタナティヴ・メディアなど多様なアクター (状況に影響をあたえるようなさまざまな活動を意図的におこなう個人や集合体) によって構成され、また全世界的に展開されてきた。

また通常、国際サミットは数日間だけ、一つの都市・地域で開催されるものであり、デモや対抗的なイベント、封鎖などの直接行動もサミット開催地付近の一定の空間で起こることになる。そのため数万から数十万の人々がその空間に密集し、大規模なデモ行進や直接行動が実施され、グローバル企業の店舗破壊や機動隊との衝突が多発してきた。そのような抗議活動の様子は、マス・メディアによって大々的に報じられるとともに、[*1]抗議者側もネット上に自分たちで撮影・作成した映像を流していく。国際サミットをめぐる抗議活動は、その多種多様なアクターと激しいアクションによって、世の中に巨大なインパクトを与えてきた。

従来、これらの抗議活動は、「反グローバル化運動」(anti-globalization movements)、「オルタ・グローバル化運動」(alter-globalization movements)、「グローバル・ジャスティス運動」(global justice movements)、「トランスナショナル行動主義」(transnational activism)、「反資本主義」や「反ネオリベラリズム」の運動などと呼ばれ、論者によってそれぞれの運動潮流の中に歴史的に位置づけられてきた。その呼び方にも歴史的位置づけにもいまだ定説はなく、しばしば正統な解釈、正統な歴史をめぐる潜在的な勢力争いさえ見え隠れする。

このような定義・位置づけにおける解釈の多様性の問題は、流動的な集合的現象一般について多かれ少なかれ指摘できるものかもしれない。ただ、とりわけこのサミットをめぐる運動において解釈の多様性の度合いが高いのは、おそらくこの対象の特性に要因があると考えられる。たとえば「世界社会フォーラム」(World Social Forum: WSF)や、主催格のNGOがけん引するトランスナショナルな抗議活動とは違って、サミットを契機に集まったアクターの場合、全体をまとめるリーダーや主催団体が存在するわけではない。言語も国籍も異なるアクター(欧米、アジア、アフリカ、ラテンアメリカ、イスラム圏、旧共産圏など)が世界中から一カ所に集まり、しかも短期間に盛り上がり、また去っていくので、その全体像を把握できている人もいない。

それでいてウェブ上のネットワークとは違い、サミットの開催期間・開催地域という限定された時間・空間に

表11　サミット・プロテストの特性

	リーダー層の有無	全体像の把握	アクターの物理的な出会い	警察等との物理的衝突・対決
国際NGOネットワーク	○	○	△	△
ウェブ上のネットワーク	△	△	×	×
世界社会フォーラム	○	△	○	×
サミット・プロテスト	×	×	○	○

しばしば何十万人という人々が実際に集まり、また社会フォーラムとも異なり、実際に敵手との直接的な対決や直接行動を展開していく。サミット会場付近では大規模なデモンストレーションや会場へつながる道路を封鎖するなどの物理的な行動（「直接行動」と呼ばれる）がおこなわれ、集まった団体・個人同士の緊張関係や協力関係、会議場周辺に住むローカルの人々や団体、企業の反応、メディア・オルタメディアの報道、また警察との衝突や官僚・政治家グループとの交渉など、きわめて具体的な相互作用・やりとりが観察できるわけである（表11）。それゆえ運動としての実態と運動に関わったという実感・経験は間違いなく存在する。

しかし上述のように、この抗議活動全体に関する統一的な解釈はなく、解釈を統制するようなリーダー（層）も存在しない。それゆえ、各団体・個人はこの運動の輪郭や本質を、自由に想像し、自分の観点から全体を捉え、自分に都合のよいように、歴史的に位置づけることができる。自分だけのストーリーを作り、自分が得た経験・体験を自分にとって意味があるようなかたちで自由に位置づけることもできる。この点はおそらくサミットをめぐる抗議が、バラバラでありつつも一つの集合的な現象を作り上げること（少なくとも作り上げているようにみえること）と関連しているかもしれない――そしてその集合的現象は実際に巨大な動員を生み出し、影響力を発揮してきた。

この多様性の問題は、サミットをめぐる抗議活動にとって重要な事柄であり、このこと自体、分析されるべき重要なテーマである。であれば特定の呼び方（反グローバル化運動、オルタ・グローバル化運動、グローバルジャスティス運動、トランスナショナル運動、反システム・反帝国主義・反資本主義・反ネオリベラリズムの運動、ネオアナキズムなど）を安易に採用して、最初からその多様性をみえなくしてしまうことは避けるべきであろう。それゆえ本書では、できるだけ一側面・一部に還元しないように、それを国際サミットをめぐる抗議活動という意味で「サミット・プロテスト」と呼んできているのである。

事例とデータ

改めてサミット・プロテストは、労働運動や反資本主義の運動、民主化闘争、社会主義や共産主義の運動、アナキズム運動、そして学生運動、環境運動、女性運動などの「新しい社会運動」、また障害者や外国人などのマイノリティの支援運動、人権擁護運動、開発途上国のＮＧＯや国際協力ＮＧＯ、アドボカシーＮＧＯ、さらに生活協同組合や連帯経済団体、オルタナティヴ・メディア、ナショナリズム・反移民の運動、そして政治に関心のない個人やアーティストなど、あらゆる運動・活動を巻き込み、さまざまなテクノロジーや調整の技法を用いて、何万人もの人々を動員することに成功してきた。とりわけ、西欧、東欧、イスラムやアジアなどさまざまなモダニティや国家体制をまたぐかたちで、この運動が盛り上がりをみせていることは、これまで前例のないことである。

さまざまな争点を有する非常に多様なアクターがサミット・プロテストに関わり、現地で多様なアクションを展開していく。しかし、すでに序章で述べたように、従来の研究は、サミット・プロテストの一部の側面を取り上げ、一般化することが多かった。それゆえサミットをめぐるアクターとアクション全体を――偏りを可能なかぎり排して――描くことから始める必要がある。

第5・6章（および第3章2節）の土台となるサミット・プロテスト調査の全体は、（1）二〇〇四年からの国際協力NGO予備調査、[*2]（2）日本・イタリア・米国・デンマークでの主要国首脳会議と新興国首脳会議、国際連合気候変動枠組条約締約国会議（二〇〇八年洞爺湖G8、二〇〇九年ラクイラG8、ピッツバーグG20、コペンハーゲンCOP15、二〇一〇年ソウルG20）とサミット・プロテストのフィールド調査（合計一〇〇以上のイベント・アクションの参与観察とインタビュー調査）、ローマとコペンハーゲンの自主管理社会センター・自律スペース（フォルテ・プレネスティーノ、アクロバックス、カサパウンド、クリスチャニアなど）のフィールド調査、[*3]（3）『朝日新聞』のデータベース（聞蔵Ⅱビジュアル）を用いた日本開催一九七九年・一九八六年・一九九三年の東京G7サミット、二〇〇〇年九州・沖縄G8サミット、および二〇〇八年北海道・洞爺湖G8サミットをめぐるプロテストの争点・アクター・アクションの分析から構成されている。

主要国首脳会議（G6／G7／G8サミット）は一九七五年から毎年開催され、国際連合の枠組条約締約国会議（COP）やG20サミットも同じく毎年開催されている。多くの場合、小規模であっても抗議行動が展開されてきており、サミット・プロテストの全体像を捉えるというのであれば、本来的にはそれらすべてを調査し、歴史比較・国際比較的検討を実施しなければならない。だが第5章では、日本で過去に開催されたサミット・プロテストに限定し、多種多様な要素が混ざり合うメカニズムについて考察していくことにしたい。まず次節では『朝日新聞』のデータベースを用いて、[*4]各サミットの前年から翌年までの記事について「サミット」というキーワードで検索をおこない、サミット・プロテストに関する記事を選び出した上で、プロテストの争点・アクター・アクションを網羅的に描いていく――二〇〇〇年については地方紙や出版物のデータも用い、二〇〇八年については直接フィールドワークをおこなって得たデータも活用した。

2　多様な争点・アクター・アクションの配置

一九七九年／一九八六年／一九九三年東京G7サミット

・一九七九年東京G7サミット（第五回、六月二八―二九日、東京・迎賓館、議長：大平正芳首相）

まず一九七九年のサミットをめぐるプロテストの中心的争点は二つである。一つ目は労働に関する争点であり、「労働サミット」に代表される。すなわち六月二二日に「七カ国労組のトップ」が集まり、第三回「経済協力開発機構・労組諮問委員会の労組指導者会議」（通称「労働サミット」）が「総評と同盟がホスト役」となって開催された。目的は「完全雇用の実現、資源問題や週休二日」などを「サミットに注文」するためであった（一九七九年六月一六日東京・朝刊）[*5]。二つ目は、資本主義という争点である。先進資本主義諸国首脳の集まりであるサミットの開催自体を「阻止」しようとするものである。二四日には「過激派五セクト」が「東京・蒲田地区など五会場で集会を開き」、デモ行進もおこなった（一九七九年六月二七日東京・夕刊）。その他にも首都高（一九七九年六月二四日東京・朝刊）や警視庁前（一九七九年六月二七日東京・夕刊）でのトラックの炎上、羽田空港の通信ケーブル切断（一九七九年六月二五日東京・朝刊）と成田空港での妨害アドバルーン（一九七九年六月二五日東京）、首脳宿泊ホテルでの時限発火装置の発見（一九七九年六月二八日東京・夕刊）などの事態が起こった。その他に警備をめぐる争点として、「アメリカ大使館近くの商店会」が「機動隊の壁で客足が絶え、売り上げが激減した」ことを理由に「署名運動をして地元署に損害賠償を訴えた」ということがあった（一九七九年七月二日東京・夕刊）。

中心的アクターとしては、二つのグループの存在を確認することができる。すなわち、一つ目は労働サミットを実施した労働組合である。二つ目は集会やデモ行進をおこない、また高速道路や空港などを攻撃した左派系セクトである。三つ目は署名運動などをした地元商店街関係者のグループがある。

一九七九年東京G7サミットにおけるアクション・レパートリーとしては、労働サミットのように複数団体が参加する〈対抗的なサミット〉（サミットに対して対抗的に実施されるフォーラムで全体会や分科会からなる）の開催と、セクトの集会やデモ行進にみられた〈集会とデモ行進〉、そしてまた首都高や警視庁前でのトラックの炎上、妨害行為などの〈直接行動〉（実力行使、実力阻止）である。

・一九八六年東京G7サミット（第一二回、五月四―六日、東京・迎賓館、議長：中曽根康弘首相）

一九八六年サミットにおける争点の一つ目は引き続き、労働に関する争点である。再び労働サミットが開催され、総評、同盟、中立労連の三団体がホスト役を務め、労働組合の立場から「雇用確保のための国際協調」などの提言をおこなった（一九八六年四月二〇日朝刊）[*6]。参加した労働組合トップの一人は、「日本の労働組合は、飢餓に苦しむアフリカの国々にかなりの援助をしている。同じ精神で発展途上国の高等工業学校にも、資金援助をしてくれればありがたい」と述べており、新たに途上国支援・国際協力が争点になる予兆もうかがわれた（一九八六年四月二六日朝刊）。二つ目も引き続き、資本主義をめぐる争点である。サミット初日の五月四日には「東京サミットに反対する新左翼系五団体と右翼一団体の集会」が宮下公園など六カ所でおこなわれ、デモ行進もおこなわれた（一九八六年五月五日朝刊）。サミット会場上空を翼付弾が飛び越えたり（一九八六年五月五日朝刊）、「都内の地下鉄や国電、私鉄の駅のホームやトイレ、回送電車内などで、次々に発煙筒が燃えたり爆竹が鳴ったり」するということも起こった（一九八六年五月六日夕刊）。

中心的アクターとしてやはり二つのグループの存在を確認することができる。すなわち、一つ目は労働サミットをおこなった労働組合であり、二つ目は集会とデモを実施した左派系セクトである。

一九八六年東京G7サミットのレパートリーも三つで、引き続き、〈対抗サミット〉と〈集会・デモ行進〉、そして飛行物の発射や発煙筒などによる〈直接行動〉である。

・一九九三年東京G7サミット[*7]（第一九回、七月七—九日、東京・迎賓館、議長：宮澤喜一首相）

一九九三年サミットをめぐる争点の一つ目は労働である。七月一・二日に開催された「先進国労組指導者会議」（東京レイバー・サミット）では「景気対策や雇用問題など」が議論され、議長の山岸章連合会長が宮澤喜一首相に申し入れをおこなった（一九九三年七月二日朝刊）[*8]。他方で、クリントン大統領は日米首脳会談において「労働、経済問題担当の閣僚が集まり、雇用機会の創出などについて議論する」独自の「労働サミット」の開催を提案した（一九九三年七月七日朝刊）。

二つ目も引き続き資本主義をめぐる争点であり、左派系セクトが関わっている。七月一日に都内の建築中マンションで「爆発音」がし（一九九三年七月一日夕刊）、また七日には神奈川県のキャンプ座間で「ロケット弾とみられる不発弾や金属の破片」がみつかった（一九九三年七月七日夕刊）。大阪市でも国連環境計画・国際環境技術センターで爆発が起こっている（一九九三年七月七日夕刊）。クリントン米国大統領が早稲田大学で講演をおこなった際には「道をはさんだキャンパスからは、英語で「サミット粉砕」「クリントン出て行け」のシュプレヒコールがおこなわれた」という（一九九三年七月七日夕刊）。

サミットでGATTが議題になるにつれて、三つ目の争点として、自由化（規制緩和）が浮かび上がってきた。二月一日には全国農業協同組合中央会（全中）が記者会見でサミットに合わせて「東京農業者サミット」を開き、「世界の目が日本に向いた中で、農産物の例外なき関税化反対などを訴える」とした（一九九三年二月二日朝刊）[*9]。反対に、経団連（経済団体連合会）は、全米製造業者協会、英国産業連盟、カナダ製造業者協会とともに六月二二日に「ウルグアイ・ラウンドの推進を求める日米英加の経済四団体の共同声明」を発表し、「サミットまでに市場参入分野の交渉をまとめ、年内にラウンド全体を妥結に導くように要請」した（一九九三年六月二三日朝刊）。[*10]

四つ目は途上国と先進国の関係性に関する争点である。まず環境問題については[*11]「アジア、アフリカ、南米、南太平洋など各地の市民や非政府組織の代表」が日本に集まり、六月二六日から「温暖化や熱帯林の乱伐、貧困など、先進国の繁栄の「つけ」を発展途上の国々が支払わされる構造に異議を唱え、足元の視点からさまざまな政策提言もおこなう、市民の手によるもう一つのサミット」が開催された（一九九三年六月二六日朝刊）。[*12] ただし途上国開発問題においては環境、経済、政治、人権、労働などの争点が絡み合っており、途上国社会や支援システムの全体を争点にしようという議論はよくみられる。[*13] たとえば七月三・四日には「アジア太平洋資料センター」（PARC）の呼びかけで「先進国の貿易や金融、援助のシステムが第三世界の貧困や環境破壊などをもたらしている実態を、アジアや南米などの市民の証言で明らかにする国際民衆法廷」（一九九三年六月二六日朝刊）が開催され、[*14]「国際機関・組織の民主的な運営」を求める「G7首脳あての緊急提言」[*15] も発表された（一九九三年七月七日朝刊）。

また関連して、女性・人権に関する争点も独立して登場した。七月九日には名古屋で開催中の「国際有職婦人連合会世界大会（一〇〇カ国、二五万人）」がサミット首脳に対し、「世界的な平和、環境問題解決のために女性の力」の「活用」などを要求する「声明文」を送付した（一九九三年七月一〇日朝刊）。加えて感染症も争点となった。東京商工会議所のエイズ問題懇談会が一月八日、宮澤喜一首相を訪ね、サミットで「エイズ対策を議題に取り上げることを求める要望書」を手渡した（一九九三年一月九日朝刊）。また新たな争点として大量破壊兵器問題がある。サミットの議題にもなっており、国際的ネットワーク「核も原発もいらない・アジアフォーラム」が核不拡散条約や原子力・核兵器をめぐる問題を提起したという（一九九三年七月一〇日朝刊）。他にロシアのサミット参加をめぐって領土問題が問題化された。「右翼団体の多くは、サミットに参加予定のエリツィン・ロシア大統領に不満」をもっていると報道された(一九九三年六月三〇日夕刊)。最後にサミット時の警備が改めて争点化され、弁護士グループによって過剰警備をしないように警視庁に正式に申し入れがなされた。[*16] 以上、一九九三年のサミット・プロテストでは、労働と資本主義という争点を引き継ぎつつも、一九八九年の冷戦終結を経て、自由主義という新たな争点が登場してきた点がまず重要だといえよう。加えて、東西問題から南北問題へと焦点が移る中で、途上国の紛争(旧共産圏の領土問題も含められよう)や開発支援が争点となったということができる。

一九九三年のサミット・プロテストにおける主要なアクターとしては、まず先進国労組指導者会議を開催した労働組合と、マンションやキャンプ座間への攻撃をおこなった左派系セクトを指摘できる。これら比較的伝統的なアクターに加えて、自由化(規制緩和)に反対して「東京農業者サミット」を開催した協同組合連合と、逆にウルグアイラウンドの推進を求めた経営者団体が挙げられる。さらに途上国の政府・団体、国際協力NGOがそれぞれ登場する。[*17] また関連して、国際有職婦人連合会世界大会等を主催したような女性団体、ロシアのサミット参加に反対したような右翼団体、サミット時の過剰警備に抗議した弁護士グループが挙げられるだろう。

一九九三年のサミット・プロテストでは、従来的な労働組合、左派セクトに加えて、協同組合と経営者団体、途上国政府・団体、国際協力NGO、女性団体、そして右翼団体と弁護士グループも登場し、アクターの多様化が一気に進んだといえる。一九八九年の冷戦終結を経て、日本においても脱産業社会化が進み(小熊 2012)、新しい社会運動、サブ政治領域のアクターといわれるような運動体がサミット・プロテストに関わるようになったということかもしれない。

最後に一九九三年の東京サミットにおける中心的な行為レパートリーは二つである。まず労働サミットや「もう一つのサミット」「国際民衆法廷」などにみられた〈対抗サミット〉である。第二のレパートリーは、マンシヨンやキャンプ座間への攻撃などの〈直接行動〉である。

二〇〇〇年／二〇〇八年地方G8サミット

・二〇〇〇年九州・沖縄G8サミット[*18]（第二六回、七月二一—二三日、名護市万国津梁館、議長：森喜朗首相）

二〇〇〇年のサミットをめぐるプロテストの中心的争点をみていこう。まず労働に関する争点は、労働の規制緩和をめぐって展開された。[*19]最大のイベントは七月一日に那覇で開催された「規制緩和に反対する労働者サミットin沖縄二〇〇〇」（主催：同実行委員会）[*20]であった。フィリピン、ニュージーランド、ロシアなどの労働組合ナショナルセンター代表に加えて、「アジア各国の労組の代表が参加」し、「先進国企業間の行き過ぎた競争が労働者の生活を破壊するとして、「規制緩和と基地撤去を求め国境を超えた戦いを進める」との内容の共同声明」が発表された[*21]（『沖縄タイムス』二〇〇〇年七月二日朝刊）。資本主義争点をめぐっては、サミット蔵相会合が開催された福岡市で、「九州・沖縄サミット粉砕闘争九州実行委員会」[*22]が八日に「サミット開催に反対する集会を開き、蔵相会合会場の同市博物館に向けてデモ行進した」とされる（『西日本新聞』二〇〇〇年七月八日夕刊）。これら労働と資本主義の争点は、一九七九年東京サミットから変わらず引き継がれている。

つぎに自由貿易争点については、京都や福岡でWTOをめぐるフォーラムが開かれ[*23]、また沖縄でもTOES（The Other Economic Summit）主催の「ピープルズ・サミット」[*24]が七月一八日に開催され、「基地縮小と経済自立」についても「地元の研究者らが報告、討論」をおこなった（二〇〇〇年四月二六日朝刊）。

このサミットにおける最重要争点の一つが、途上国の対先進国債務の帳消しに関するものである。[*25]「重い債務に苦しむ貧困国の債務帳消しを先進国に働きかけている」NGO「ジュビリー2000」が二〇〇〇年四月八日に都内でシンポジウムを開き、「九州・沖縄サミットに向けて、米英など他の主要八カ国諸国のように日本政府も債務帳消しに取り組むよう働きかけてほしい」と訴えた（二〇〇〇年四月九日朝刊）。ジュビリー2000ジャパンも結成され[*26]、ロビー活動を展開するとともに[*27]、七月六日にはパフォーマンスとして、「十三人の子どもたちが「円」のマークを背に東京・霞が関の大蔵省前を行進し、約二百人のデモ隊の代表が大蔵省に申し入れた」[*28]（二〇〇〇年七月七日朝刊）。七月八日には、ジュビリー2000福岡の「メンバーら約百人」が「福岡市内を行進、大蔵省の代表者に申入書を手渡し」、「福岡蔵相会合で債務問題の解決に向けた合意」がなされるよう求めた（二〇〇〇年七月八日夕刊）[*29]。七月一九日から那覇市で開催されたジュビリー2000の「沖縄国際会議」[*30]には、「世界各国から約三百人」が集まり「今世紀最後の二〇〇〇年のうちに債務帳消しの完全実施」を求めた（二〇〇〇年七月一九日夕刊）。二〇日には代表者による「国際会議」が開かれ、要請文[*31]が採択されている（二〇〇〇年七月二一日朝刊）。

途上国問題に関連して、他に教育[*32]、公正な貿易[*33]、地雷[*34]などの争点も現れた。たとえば、福岡蔵相会合に合わせて結成された「福岡どうしよう会合」[*35]が、「先進国主導で進む「経済のグローバル化」や、首脳会議が開かれる沖縄を中心とした基地の問題など」を検討し（二〇〇〇年五月八日朝刊）、六月一七・一八日に福岡市の警固公園・警固神社で「シチズンサミット2000」[*36]を開催した（二〇〇〇年五月二三日福岡・朝刊）。

労働と資本主義をめぐる争点は、一九七九年東京サミットから変わらず、規制緩和と途上国問題をめぐる争点も一九九三年東京サミットから引き継がれているといえる。それらに対して、今回のサミットで初めて登場してきた争点が、開催地の置かれた状況に起因するローカルな争点、すなわち開催地である沖縄に集中する米軍基地問題という争点であった。すでに四月一七日には「沖縄から基地をなくし、世界の平和を求める市民連絡会」[*37]の集会が開かれ（二〇〇〇年四月二六日朝刊）、五月一五日には「沖縄サミット反対！五・一五デモ」[*38]が那覇市の牧志公園でおこなわれた（『沖縄タイムス』五月一六日朝刊）。六月三〇日・七月一日には沖縄県浦添市で「「民衆の安全保障」沖縄国際フォーラム」[*39]が開催され、その他さまざまな運動がおこなわれた[*40]。そして七月二〇日には基地包囲行動を主催する「基地はいらない人間の鎖大実行委員会」の呼び掛けで、[*41]「基地の島・沖縄を軍事拠点から平和発信の拠点に変えていく県民の願いを訴えようと、極東最大の米軍基地・嘉手納飛行場を「人間の鎖」で包囲する嘉手納基地包囲行動」が二万人以上の参加者で実施された（『琉球新報』二〇〇〇年七月二〇日）。同日には沖縄以外でも連帯行動がおこなわれ、[*42]翌日には名護などで「ファミリー・ピースウォーク」などのデモが実施された。[*43]関連して六月二二－二五日には那覇市で「国際女性サミット」[*44]が開かれ（二〇〇〇年七月八日朝刊）、「女性、子どもの視点から安全保障を問う」（二〇〇〇年五月九日朝刊）をテーマとして議論がおこなわれている。[*45]また「新たな基地はいらない、やんばる女性ネット」が「平和を願うメッセージが記されたハンカチ五千枚」をツリー状にした「平和の樹」を作り、「名護市の西海岸と、普天間飛行場の移設先とされる東海岸を結ぶ道に」設置した（二〇〇〇年七月一九日夕刊）。環境に関する争点[*46]をめぐっては、七月一三－一七日に沖縄大学などで「国際環境NGOフォーラム」が開かれ、「軍事活動やグローバル化がもたらす環境破壊、大量生産・大量消費型社会に代わる持続可能な発展の方向性」などが話し合われた（二〇〇〇年七月一三日朝刊）。また七月二一日には「国際環境保護団体グリーンピースの「虹の戦士号」」が名護市海上で[*47]「G8反対の横断幕を掲げながら航行」し、「違法伐採、破壊的な伐採から保護する行動を開始すべきだ」と訴えた（二〇〇〇年七月二一日夕刊）。

つぎに、二〇〇〇年のサミットをめぐるプロテストの中心的アクターをみていこう。一九九九年シアトルWTOに対する大規模なサミット・プロテストが世界的に報道された後のG8サミットであったため、登場するアクターは大幅に増加・多様化した。そのため分類は難しくなってくる。たとえば労働組合が途上国労組と関わりあうようになると、労働組合かNGOかの区別が難しくなる。ローカル住民団体とするか、NGOか左派系かという区別も難しい。したがって便宜的な区別であると考えていただきたい。

一つ目のグループは、「規制緩和に反対する労働者サミットin沖縄2000」などを主催した労働組合である。

二つ目は、福岡市で「サミット開催に反対する集会を開き、蔵相会合会場の同市博物館に向けてデモ行進した」左派系セクトである。さらに三つ目として、「沖縄国際会議」などのシンポジウムやロビー活動、霞が関前デモ行進を組織したジュビリー2000やグリーンピースなどの国際NGOである。四つ目は那覇市で「国際女性サミット」や「平和の樹」の運動を展開した女性団体である。そして、「福岡どうしよう会合」や「シチズンサミット2000」、「沖縄サミット反対!五・一五デモ」、基地包囲行動を実施した福岡や沖縄の住民も重要である。最後に、「ピープルズ・サミット」や「国際環境NGOフォーラム」を主催した大学・研究者も挙げられるかもしれない。

二〇〇〇年九州・沖縄サミットにおける中心的なアクションのレパートリーは三つである。一つ目のレパートリーは〈対抗サミット〉で、たとえば「国際女性サミット」や「沖縄国際会議」「規制緩和に反対する労働者サミットin沖縄2000」「『民衆の安全保障』沖縄国際フォーラム」「国際環境NGOフォーラム」が挙げられる。二つ目の〈集会とデモ行進〉のレパートリーは、ジュビリー2000ジャパンの霞が関前デモや、ジュビリー2000福岡や「九州・沖縄サミット粉砕闘争九州実行委員会」の集会とデモにみられた。第三のレパートリーである〈直接行動〉としては、沖縄での基地包囲行動、そしてグリーンピースによる名護市海上での「G8反対の横断幕」を掲げながらの航行などが挙げられるだろう。

・二〇〇八年北海道・洞爺湖G8サミット[*48]（第三四回、七月七―九日、ザ・ウィンザーホテル洞爺、議長：福田康夫首相）

最後に、二〇〇八年のサミットをめぐるプロテストの中心的争点をみていこう。まず労働争点をめぐるものとして、一一日から新潟市で労働サミットが開催された（二〇〇八年五月一二日朝刊）。ただし、これは従来の労働組合サミットではなく、労働についてG8閣僚がおこなう会合を指しており、対抗的なサミットではなく、サミットの一部である。「経団連などは、派遣期間の延長といった派遣労働の規制緩和も目指し」、各国労働組合の会合では「これまでの労働サミットで積み上げた議論が新潟で後退しかねない」との「声が相次いだ」とされる（二〇〇八年五月一二日朝刊）[*49]。労働サミット自体は一三日に議長総括「格差解消に向けたG8労働・雇用大臣の決意」[*50]を発表して閉幕し、「サミットに向け、環境と調和した働き方を促す「新潟宣言」も盛り込まれた」という（二〇〇八年五月一四日朝刊）。また新潟には「県内外からフリーターらが集まり、労働環境の改善を切実に訴えた」（二〇〇八年五月一二日朝刊[*51]）。新潟市万代市民会館でも「G8出身者が「世界のワーク&ライフスタイル」と題して議論した」とされる（二〇〇八年五月一二日朝刊）。

この労働争点に加えて、従来的な反資本主義とネオリベラリズムという争点は混ざり合いながら登場してきたといえる。「G8サミットを問う連絡会」は、日本の組織・運動（およそ五〇団体）による反ネオリベラル・グローバル化のネットワークであり、自由貿易、戦争、軍事主義、サービス／資源民営化、不正な税金、グローバル金融支配に対する社会運動、貧困者組織や女性、移民、市民社会に参加を呼びかけた。三月一五日には札幌で「反G8サミット北海道（アイヌモシリ）連絡会」の結成集会が開かれ、約五〇人が参加し、参加者約三〇人が市内中心部をデモ行進し、「貧困差別を拡大するG8を許さないぞ」などと訴えた（二〇〇八年三月一六日朝刊）。東京では、六月二八日に「「SHUT DOWN！貧困と環境破壊のG8サミット」が都内のNGOや労働組合により開催され、約三五〇人が参加した」（二〇〇八年六月二九日朝刊）。その後、札幌では七月四日に「「G8サミットを問う連絡会」が札幌市中心部でデモ行進した。約二〇〇人が参加し、「G8サミット反対」「格差拡大を許さないぞ」などと訴えた」（二〇〇八年七月五日朝刊[*52]）。七日には豊浦町で「「G8サミットを問う連絡会」のメンバーら約五〇人」が「約七キロの道のりをデモ行進し、「先進国だけで世の中を決めるな」などと訴え」、また壮瞥町でも「同連絡会と「反G8サミット北海道（アイヌモシリ）連絡会」の約一〇〇人が集会をおこない、サミット会場近くの洞爺湖畔を目指してデモ行進した」（二〇〇八年七月七日夕刊）。七月九日には「反G8サミット北海道（アイヌモシリ）連絡会のデモ行進」が壮瞥町でなされ、「豊浦町のキャンプ地からも加わり」、「サミット会場近くで実施されたデモとしては最大の約一八〇人が参加した」。「洞爺湖畔沿いでは、サミット会場のホテルに向かって、シュプレヒコールを上げた」（二〇〇八年七月一日朝刊）。キャンプ利用者総数は三六〇人（最大規模の豊浦キャンプが一五〇人）で、半数が外国人であったという（二〇〇八年九月一二・一三日の京都メディフェスでの報告より）。

また一九九三年・二〇〇〇年に引き続き、途上国と先進国の関係性、さまざまな開発問題（環境、人権、平和、貧困）は非常に重要な争点となった。一〇〇〜一五〇団体ほどのNGOからなる「2008年G8サミットNGOフォーラム」が環境、人権／平和、貧困／開発の三ユニットに分かれ、G8各国政府に対して政策提言活動をおこなった。たとえば五月には京都で、各国のNGOも参加する「シビルG8」（各首相個人代表シェルパとNGOの直接対話の場）を開催し、直接、提言をおこなった。七月七日には「NGOフォーラム・キャンペーンチームによる企画」で「札幌市の大通公園で百人余りの市民」が「G8首脳にあてた願いやメッセージを、頭上に掲げた携帯電話から「七夕の電子短冊」として一斉送信」した（二〇〇八年七月八日北海道・朝刊）。

さらに二〇〇〇年九州・沖縄サミットから引き続き、ローカルの問題も争点となった。ローカルの立場からさまざまな争点を考える活動として、北海道の市民団体、NGO、NPOなど約五〇団体が組んだ「市民フォーラム北海道」が、七月五日に札幌で「平和や貧困解消を訴える目的」で「チャレンジ・ザ・G8サミット　一万人のピース・ウォーク」を共催した。「札幌市で開かれるデモ行進としては最大規模で、約三千人が参加した」（二〇〇八年七月六日朝刊）。その後、「北海道市民フォーラム」とNGOフォーラムが札幌で七月六―八日に共催した「市民サミット2008」では「海外ゲストが参加した国際円卓会議で、貧困撲滅や地球温暖化などについて

「G8の責任」や「市民社会の役割」を議論した」。「採択された「札幌宣言」では、さまざまな社会開発目標達成のため、「ジェンダー（社会的、文化的性別）格差の解消が不可欠である」との文言も盛り込まれた」という（二〇〇八年七月八日北海道・朝刊）。最終日には「「世界は、きっと、変えられる」をテーマに各国市民運動家ら約二〇〇人が参加したクロージング・シンポジウムなどがあり、閉幕した」（二〇〇八年七月九日朝刊）。また七日には「ジュニア・エイト（J8）サミット」が開催され、一五カ国代表三九人は「J8千歳宣言」をG8首脳に渡す前の記者会見で「世界を良くしたいという若者の熱意をG8のリーダーたちに伝えたい」「私たちの提言を実行に移してほしい」という「希望」を語った（二〇〇八年七月八日北海道・朝刊）。

環境争点も引き続き問題となった。「G8を問う連絡会」のワーキンググループやNGOフォーラムの環境系ユニットの取り組み以外にも、青森市で「日米中印韓五カ国のエネルギー相会合が開かれているのに合わせ」「反核燃の団体や市民グループ」が「「六・七止めよう再処理！　全国集会」を開き、「約二千人（主催者発表）」が「日本原燃の六ケ所再処理工場や東北電力の東通原発など、県内の核燃・原子力関連施設の稼働中止を訴えた」（二〇〇八年六月八日青森全県・朝刊）。七月七日には、「自転車やヒッチハイクで旅をしながら全国から環境メッセージを集めた二人の若者」が「洞爺湖町のサミット推進町民会議現地本部で環境保護を訴えた」（二〇〇八年七月八日北海道・朝刊）。拉致・領土をめぐっては、七月七日に「北朝鮮による拉致被害者家族連絡会」が「G8首脳らにアピールするため、札幌市中央区の街頭に立って拉致問題の早期解決を訴えた」（二〇〇八年七月八日北海道・朝刊）。

つぎに主要なアクターをみていくと、まず労働サミットに参加した労働組合、そして「G8を問う連絡会」や「反G8サミット北海道（アイヌモシリ）連絡会」などに参加した左派系のグループが挙げられる。さらに開催地の住民たちが挙げられるだろう。「市民フォーラム北海道」は市民団体、NGO、NPOなど約五〇団体が組んだネットワークであり、「チャレンジ・ザ・G8サミット　一万人のピース・ウォーク」や「市民サミット

2008」を共催した。

二〇〇八年北海道・洞爺湖サミットにおける中心的なレパートリーは三つである。まず「SHUT DOWN！貧困と環境破壊のG8サミット」や「市民サミット2008」などの〈対抗サミット〉、つぎに「G8サミットを問う連絡会」によるデモ行進や「チャレンジ・ザ・G8サミット　一万人のピース・ウォーク」などの〈集会とデモ行進〉のレパートリー、そしてアクティビスト・キャンプでのさまざまなイベント・デモはそれ自体〈直接行動〉的な実践を含んでいたといえるだろう。

3　各要素と複合レジームモデル

多様な争点・アクター・アクション

以上、五つのサミット・プロテストについて検討をおこなってきた。争点・アクター・アクションについてもう一度整理してみたい。

まず争点についてみていくと、一九七九年・一九八六年のサミット・プロテストでは、労働・資本主義に関する争点が中心であった。それが冷戦終結後の一九九三年には、途上国をめぐる争点が中心となり、環境・開発・人権・女性・民主主義なども争点化していく。二〇〇〇年には、雇用の規制緩和や途上国の債務問題、さらに開催地域に関わる基地問題という争点が新たに登場し、そして二〇〇八年サミット・プロテストでは、それらの争点が結びつきながら、全般的に盛り上がりをみせるようになった（表12）。現在では新自由主義の争点と結びつけられやすいサミット・プロテストであるが（della Porta et al. 2006他）、それは過去においては通用しないことであり、日本においても二〇〇〇年代以降のことであることがわかる。

表12　中心的争点の変化

	東京サミット			九州・沖縄サミット	洞爺湖サミット
	1979年	1986年	1993年	2000年	2008年
労働問題	◎	◎	△	△	○
雇用規制緩和				○	◎
資本主義	◎	◎	△	△	◎
貿易規制緩和			○（農協と経団連）	△	◎
途上国問題		△（海外労組の要請）	◎（民衆法廷・エイズ）	○	◎
債務問題				◎（ジュビリー）	
平和・人権	△（警備）		△（女性・警備・兵器）	◎（基地）	◎
環境			△	○	◎

注：◎○△は規模やメディア露出の程度を表す。点線はセルの区別が難しいことを示す。

表13　中心的アクターの変化

	1979年	1986年	1993年	2000年	2008年
労働組合	◎	◎	○	○	○
左派系	◎	◎	○	○	◎
協同組合			○（自由化）		○
経営者			○（自由化）	○	
国際NGO			◎	◎	◎
女性団体			○	○	○
右翼団体			○（対露）		○
弁護士			○（警備）		○（入国管理等）
住民	○（警備）			◎（基地包囲）	◎

注：◎○は規模やメディア露出の程度を表す。

表14　中心的アクションの変化

	1979年	1986年	1993年	2000年	2008年
対抗サミット	◎(労働サミット)	◎(労働サミット)		○(市民サミット等)	◎(市民サミット等)
集会とデモ	○	○	○(集会)	◎(ジュビリー、基地)	◎(ピース・ウォーク等)
直接行動	◎(爆破等)	◎(爆破等)	△	◎(基地包囲等)	◎(キャンプ等)

注：◎○△は規模やメディア露出の程度を表す。

つぎに、中心的アクターは、一九七九年と一九八六年においては労働組合と左派系グループであったがその後いったんは勢いを失う。国際NGOは一九九三年に登場し、住民団体は二〇〇〇年に登場してくる。そして二〇〇八年には労働組合や左派グループも再び力をもつようになる（表13）。アクターが多様だというイメージは、一九七〇・八〇年代のサミット・プロテストにはあてはまらないことがわかる。

最後に、中心的アクションは、一九七九年には対抗サミット、野外集会・デモ、直接行動という三つのレパートリーがみられたが、一九九三年にいったん減少した後、二〇〇〇年には、ジュビリーのような海外アクターによるデモや沖縄の地元団体による直接行動が実施され、二〇〇八年にふたたび大規模な対抗サミットや合同デモが実施されるようになった（表14）。東京サミット時代からすでに対抗サミット、集会・デモ行進、直接行動というレパートリーの存在を確認することができる。デッラ・ポルタら（della Porta et al. 2006）は対抗フォーラムを新しいレパートリーとみなしているがそうとはいえない。

以上、五つのサミット・プロテストについて、争点・アクター・アクションの整理をおこなってきた。サミット・プロテストには、非常に多種多様な要素が混ざり合っているということが、データにもとづいて改めて確認されたといえよう。

では、このように多様な要素の背景にあるものは何だろうか。ここでは第2章で構築した複合レジームモデルにもとづいて、サミット・プロテストの多種多様

表15　トゥレーヌ理論と複合レジーム

	産業社会	脱産業社会
(1) リスク	(?) 古い社会的リスク	(脱近代化の苦しみ) 新しい社会的リスク
(2) 創る運動	(社会を創る/統御する社会運動) 「労働者」カテゴリーベースの運動	(主体を創る/守る文化運動) 個人ベースの運動
(3) 国家/ガヴァナンス	(国家・社会のありよう) 多様な福祉レジーム	(グローバル化のありよう) 多様なソーシャル・ガヴァナンス
(4) 制度的受苦	(テクノクラシーによる統制) 福祉レジーム的な管理・排除による受苦	(新自由主義と共同体主義) ソーシャル・ガヴァナンス的な統治・競争による受苦
(5) 批判する運動	(国家に対応する新しい社会運動) 受苦を批判する非「労働者」カテゴリーベースの運動	(世界に対応するグローバル運動) 受苦を批判する個人ベースの運動

注:(　)内はトゥレーヌ理論における概念を修正したもの。

な要素の形成を制度構造のレベルから説明していくことにしたい。

各要素の配置と複合レジーム

表15は、複合レジームモデルを二項対立的に整理した表6(第2章)を再掲したものである。この表と、紛争の争点・アクター・アクションの変化とを結びつけてみたい。

まず争点にあたるものは、表15の中では(1)リスクと(4)制度的受苦ということになるであろう。もう少しくわしくいえば、リスクには古い社会的リスクと新しい社会的リスクがあり、制度的受苦にも福祉レジームによる受苦とソーシャル・ガヴァナンスによる受苦とがありえる。それゆえ争点には、表16のように、産業社会的な①古いカテゴリカルな社会的リスクへの対応と②福祉レジームによるカテゴリカルな受苦への対応、そして脱産業社会的な③新しい個人ベースの社会的リスクへの対応と④ソーシャル・ガヴァナンスがもたらす受苦への対応、という四つがありえるだろう。

つぎにアクターにあたるものは、表15では(2)創る運動と(5)批判する運動の二種類であろう。くわしくいえば、

表17のように、創る運動にも、①「労働者」カテゴリーによる運動（社会を創る／統御する社会運動）と、③個人ベースの（支援などの）運動（主体を創る／守る文化運動）があり、そして批判する運動にも、②福祉レジームが生み出す制度的受苦を批判する非「労働者」カテゴリーによる運動（国家に対応する新しい社会運動）と④ソーシャル・ガヴァナンスがもたらす制度的受苦を批判する（脱組織の）個人による運動（世界に対応するグローバル運動）の四つがありえるだろう。

最後にアクションについては、産業社会的な団体中心のアクションと脱産業社会的な個人をベースとするアクションとが存在する。産業社会では、対案を示せる運動が政策形成に直接関与するような①合理的な交渉があり、またその周囲に、②革命を目指すような運動も存在しえた。他方、③ロビー活動も、団体を介さない個人ベースのものがあり、また④水平的で非暴力なスペースを自ら作り、遂行的に提示するようなアクションもありえるだろう。

ここで検証の前段として、第2節でおこなった新聞データ分析の各項目と照らし合わせてみよう。まず争点としては、「労働問題」「雇用規制緩和」「資本主義」「貿易規制緩和」「途上国問題」「債務問題」「平和・人権」「環境」が提起されていた。これらの中で、①古い社会的リスクへの対応要求にあたるのは、どちらかといえば労働問題、資本主義（の修正）などの争点であり、③新しい社会的リスクへの対応にあたるのは労働・雇用（非正規雇用や成果主義、雇用の流動化）などの争点であろう。②福祉レジームのもたらす制度的受苦への対応にあたる争点は、貿易規制緩和、環境（産業主義批判、公害）、途上国問題（南北問題、債務問題、貧困）、平和（冷戦）、人権（女性、差別、基地）などの争点であり、④（自由主義）ソーシャル・ガヴァナンスがもたらす制度的受苦への対応にあたるのは、資本主義（格差、勝ち組・負け組、成果主義、競争）、雇用規制緩和（非正規雇用、解雇規制）、貿

表16　争点としてのリスクと受苦

	産業社会的な争点（カテゴリカルなリスクと受苦）	脱産業社会的な争点（個人ベースのリスクと受苦）
リスク	①古い社会的リスクへの対応：労働問題、資本主義（の修正）など	③新しい社会的リスクへの対応：労働・雇用（非正規雇用や成果主義、雇用の流動化）など
制度的受苦	②福祉レジームの受苦への対応：貿易規制緩和、環境（産業主義批判、公害）、途上国問題（南北問題、債務問題、貧困）、平和（冷戦）、人権（女性、差別、基地）など	④（自由主義）ソーシャル・ガヴァナンスの受苦への対応：資本主義（格差、勝ち組・負け組、成果主義、競争）、雇用規制緩和（非正規雇用、解雇規制）、貿易規制緩和（GATT、WTO）、環境（地球環境、リスク）、途上国問題（紛争）、平和（反暴力）、人権（マイノリティ）など

表17　アクターとしての創る／批判する運動

.	産業社会的なアクター（カテゴリカルな運動）	脱産業社会的なアクター（個人ベースの運動）
創る運動	①「労働者」カテゴリーにもとづく運動：労働運動（労働組合、労働者福祉活動、労働者金融、共済組合、労働者政党など）	③個人ベースの自助・支援の運動：アソシエーション、事業運動、NPO、社会的企業、社会的協同組合など
批判する運動	②非「労働者」カテゴリーにもとづく運動：地域住民の運動、環境運動、女性の運動、マイノリティの自助・支援運動、途上国支援の国際 NGO など	④個人ベースの（脱・反組織の）運動：オルタ・グローバル化運動、反権威主義、直接行動派など

表18　アクションとしての交渉と行動

	産業社会的アクション（団体中心）	脱産業社会的アクション（個人中心）
交　渉	①合理的に要求するスタイル：組合・団体自体によるロビー活動、国家レベルの対案（統制的労働組合、労組のナショナルセンター）	③合理的に要求するスタイル：組合・団体から自律しつつおこなうロビー活動、要求をまとめるための対抗フォーラムなど
行　動	②停止を直接求めるスタイル：集会、デモ、実力行使（暴力的なものも含む）、セクト	④停止を求めつつ遂行的に対案を示すスタイル：非暴力で水平的な行動、空間・共同体

易規制緩和（GATT、WTO）、環境（地球環境、リスク）、途上国問題（紛争）、平和（反暴力）、人権（マイノリティ）などの争点だと考えられる（表16）。

つぎにアクターとしては、「労働組合」「左派」「協同組合」「経営者」「国際NGO」「女性団体」「右翼団体」「弁護士」「住民」などが示されていたが、まず①労働者カテゴリーベースの運動にあたるのは、労働運動（労働組合、労働者福祉、共済組合、労働者政党など）であり、②個人ベースの支援・事業を介したつながりにもとづく運動としては、さまざまなアソシエーション、事業運動、NPO、社会的企業、社会的協同組合などがあてはまる。③非労働者カテゴリーベースの運動としては、環境運動、女性運動、マイノリティ支援運動、国際NGOなどがあてはまり、④脱組織・反権威の個人のつながりとしては、オルタ・グローバル化運動、直接行動派などがあてはまるだろう（表17）。

最後にアクションとしては、「対抗サミット」「集会とデモ」「直接行動」の三つが区別されていたが、その中で、まず①合理的に要求していくスタイルにあたるのは、組合・団体自体によるロビー活動、国家レベルの対案を示すことであろう。また②合理的に要求していくスタイルとしては、他に組合・団体から自律しつつおこなうロビー活動、要求をまとめるための対抗フォーラムなども挙げられる。③停止を直接求めるスタイルとしては、集会、デモ、実力行使（暴力的なものも含む）があり、④停止を求めつつ遂行的に対案を示すスタイルとしては、非暴力で水平的な行動、空間・共同体のネットワーク構築などがありえる（表18）。

このようにして複合レジームモデルから予想される争点・アクター・アクションを整理した。それぞれを検討していきたい。一点注意する必要があるのは、複合レジームモデルは理念型的なものであって、第3章で述べたように、現実には異なる段階で登場してくるはずのアクターが、新旧のリスクや受苦の重層化のために、同時に登場してくることもありえるということである。その場合、それぞれを脱近代化と対応する文化運動、脱産業社会に対応する新しい社会運動として、そして産業社会に対応する古い社会運動として重層的に捉える必要がある。逆にある一つの運動が、それぞれの時代で労働運動、新しい社会運動、文化運動として解釈されることもありえるだろう。

まず予想される争点と現実のサミット・プロテストの争点をつきあわせてみたい。労働・資本主義争点は一九七九年と一九八六年に明確に現れている——それらは革命ではなく賃金や労働条件などに関連していた。それらがいったん一九九三・二〇〇〇年時に失われたことは、産業社会的な争点が一度失われたことを意味するが、その背景にはおそらく一九八九年以後の冷戦終結やソ連の解体、東西ドイツ統一などがあるのかもしれない。また日本では一九八九年に日本労働組合総連合会が誕生し、一九九三年に非自民連立政権も開始された時期、また「経済大国」となり一人あたり国民所得がアメリカを抜き、世界最大の債権国となった時期でもあった。このような状況で、労働・資本主義の争点化が抑えられたと考えることはできる。その後、二〇〇八年にふたたび労働・資本主義の争点が、（今度はどちらかといえば労働条件よりも）非正規雇用の問題、新自由主義的な資本主義の問題と結びついて前面に出てくることになる。また途上国争点は、一九九三年時から盛り上がりをみせていった。

その背景には、一九八〇年代に開発途上国に対する政府開発援助ODAの供与額が世界最大規模となっていったこともあるだろう。また二〇〇〇年の沖縄開催にともない、ローカル争点や女性の置かれた状況をめぐる争点も現れてくる。これらは先進諸国の福祉国家体制において排除・無視されていた途上国・地方・女性をめぐる争点といえる。雇用規制緩和の争点は、二〇〇〇年時に徐々に現れ、二〇〇八年には中心的な争点の一つとなった。それは、(日本の場合は自由主義)ソーシャル・ガヴァナンスへの批判と対応している。

つぎに、中心的アクターは、一九七九年と一九八六年においては労働組合と左派系グループであったが、一九八〇年代の経済状況や労働組合の合同などを背景に中心は移行していく。国際NGOは一九九三年時に、住民団体が二〇〇〇年時にそれぞれ中心的になった後で、二〇〇八年時には再び労働組合や左派グループが力をもつようになり、直接行動派も登場するようになった。そこには産業社会的なアクターから次第に脱産業社会的アクターへ展開してきたことがみてとれるのであり、レジームモデルから導かれた仮説とおおよそ合致している。

中心的アクションは、一九七九年には対抗サミット、野外集会・デモ、直接行動という三つのレパートリーがみられたが、一九九三年時にいったん減少した後、二〇〇〇年には、ジュビリーのような海外アクターによるデモや沖縄の地元団体による直接行動が実施され、二〇〇八年に再び大規模な対抗サミットや合同デモが実施されるようになった。合理的なロビー活動や(提言付きの)対抗サミットは、労働組合による直接的なものから国際NGOや住民による間接的なものへ変化する。デモ・集会・直接行動は左派セクトによる対国家的で位階的なものから国際NGO、地域住民、直接行動派による非暴力的なものへと変化していく。時代的にも産業社会から脱産業社会への移行と対応しているといえる。

まとめると、一九七九・一九八六年のサミット・プロテストは、労働組合と左派セクト中心で労働や資本主義をめぐる紛争が展開された点で、産業社会における古いリスク・労働運動・福祉国家の拡張、福祉国家に対する新しい社会運動の登場へというプロセスと対応している。それに対して、一九九三・二〇〇〇年の東京、九州・沖縄サミットでは、福祉国家化する先進諸国批判を共通項とするような、NGOも混ざった多様な新しい社会運動のトランスナショナルな展示場のようになり、国際協力NGOが中心となって人権や環境の問題を訴えるなど、「新しい社会運動」／「文化運動」形成の段階と関連している。最後に、二〇〇八年の北海道サミットでは、新自由主義的なガヴァナンスの世界レベルでの形成にともない、福祉国家解体を批判し、他方で先進諸国中心主義に抗議しつつ、市民団体を包摂しようという動きも拒否するような個人を土台とする直接行動的運動が発展し、またそのトランスナショナルなネットワーク化が進展していることから、自由主義的ソーシャル・ガヴァナンスを解体するグローバルな運動の登場という局面と対応しているといえる。たしかに、一九八〇年代まで労働争点が中心となっており、時代的には一九六〇年代に脱産業社会化したとされる欧米よりも日本の転換は遅いようにみえる。だが、日本では一九九〇年代に入ってようやくヨーロッパのような脱産業社会の段階に達したという指摘（小熊 2012）もあり、そちらとは合致する。

以上、現代のサミット・プロテストが、非常に多種多様な要素から構成されていることを新聞データの分析から確認した上で、その背後にある構造的な要因を、複合レジームモデルを通して検討してきた。第6章では、そのような多種多様な要素を含みつつも一つの集合的現象として立ち現れるメカニズムに注目をしていく。

第6章 運動の特性と新しい説明理論（2）

第6章では、サミット・プロテストの特性の中で、〈要素間で複雑な関係性が形成されつつも一つの集合的現象として成り立つ〉メカニズムを、第三のアプローチにもとづいて検討していく。

まず要素の複雑な関係性を確認し、敵手であるサミットを中心にサミット・プロテストを捉えなおす（第1節）。つぎに、敵手中心モデルをさらに展開し、四つのサミット・プロテストの複雑な絡み合いと連携の可能性を示す（第2節）。その上で、分裂するサミット・プロテストが一つの集合的現象として成り立つメカニズムを、空間的密集と集合的経験というモデルから説明していく（第3節）。

1　要素の関係と敵手中心モデル

多様な要素の関係性：争点・アクター・アクション

第5章では、サミット・プロテストに含まれる多種多様な争点・アクター・アクションの配置と変化を描き、その背後にある構造的メカニズムを複合レジームモデルを通して説明しようとしてきた。本章の前半では、まず要素間の複雑な関係性が形成されるまでのメカニズムを検討する。

争点・アクター・アクションはそれぞれ非常に複雑な関係性を有しており、それらの関係性も変化している。東京サミットの時代には、労働を争点とする対抗サミットの担い手は労働組合で、反資本主義の集会・デモ・直接行動の担い手は左派というように、争点とアクターとレパートリーはおおよそ一対一で結びついていた。それぞれのアクションはそれぞれ別の場所で（労働サミットは政治の中枢近くで、直接行動やデモはその周辺で）実施されていた――アクションの場所もスケジュールもそれぞれで異なっていた。労働サミット関係者がデモをすることはなく、ロビー的活動をおこなうグループと、デモ・直接行動をおこなうグループは明確に分かれていたわけである。しかし一九九三年のサミット・プロテストでは、労働組合と国際協力ＮＧＯがそれぞれ別に対抗サミットを実施するようになる。大規模労組は引き続き労働サミットを開催し、ＮＧＯもまた「Ｇ７を裁く国際民衆法廷」を開催した。新しいアクターが登場したことで、サミット開催期に合法的で対抗的な大規模なフォーラムを開催するのは労組ナショナルセンターであるというイメージは解体することになる。

さらに二〇〇〇年のサミットでは、集会・デモをけん引したのは以前のような左派ではなく、ジュビリー２０００およびその関連団体であった。ジュビリー２０００が都内でシンポジウムを開き、ジュビリー２０００ジャパンがロビー活動とともに大蔵省前をデモ行進したことで、デモや抗議集会を実施するのは左派系グループや労働組合だというイメージが動揺する。また直接行動を主催したのが沖縄ローカルの諸団体であったことも、直接行動イコール左派セクトによるものというイメージを相対化した。福岡や沖縄でも多様なアクターによって大小の対抗サミットが実施された。このようにして一九七九・一九八六年には存在した対応関係は完全に解体し、争点とアクターとアクションの関係はいっそう複雑なものになっていくわけである。二〇〇八年には、国際ＮＧ

O、左派系グループ、北海道ローカル諸団体がそれぞれ対抗サミットや集会・デモを実施し、「ピースウォーク」では「ブロック」ごとにすみわける形で合同デモが実施されるようになる。

このように争点・アクター・アクションの関係性は現在では非常に複雑になっている――これらの複雑さはサミット・プロテストの捉えがたさの一つの大きな要因となっている。その変化はグローバル化、多様化という言葉では言い表せない。たしかに登場するアクターは増加・多様化し、また多国籍のものになってきているが、同時に一つのアクターが争点化する事項自体が増加しており、採用するアクションの形態も多様化しているのである。またアクターの参加や争点・アクションの多様化が、その場で臨時的一時的になされる傾向も強くなっているといえるかもしれない。その結果、運動を争点・アクター・アクションの形態から整理・区分することが難しくなっている、あるいはサミット・プロテストの内部を捉える上では意味をなさなくなっている――争点・アクター・アクションの多様性や違いはもっと内部にあるダイナミクスの結果に過ぎないのではないかという疑念がわいてくるのである。

もちろん争点・アクター・アクションの客観的な分析は全体傾向を捉える上で有効であるし、社会構造との関係を検討する上ではむしろ必要なアプローチである。だが、サミット・プロテスト内部の要素の関係やダイナミクスを説明する上では十分ではなく、むしろさまざまなものをみえなくしてしまう可能性がある。どれほど争点・アクター・アクションを客観的に描いたとしても、たとえば二〇〇八年のNGOフォーラムと「G8を問う連絡会」のように、争点やアクターの種類で重なることがあってもアクターが一つに融合しない理由を説明することができないのである。

従来は動員論にみられるように、まず対象を〈複数の争点・アクター・アクションを含みつつも、あくまでも全体としては一つの運動、組織・集合行為〉と捉えた上で、その形成・発展・衰退等のメカニズムを、組織のリーダー（層）によって動員される資源（資金や人材、専門的知識、ネットワーク）や、目的や敵手に関する共通認識の形成、運動外部の政治的な機会構造（政治体制や警備戦略）との関係性などを通して説明することが多かった（della Porta et al. 2006他）。だが、そもそもなぜ多種多様な要素を含みつつも一つの運動として立ち現れるのかを問うのであれば、それでは不十分である。なぜなら、〈多種多様な要素が含まれたとしても、あくまでも一つの運動、一つの組織・集合行為として捉えられる〉という従来的アプローチの前提自体が問われているからである。多種多様な要素が一つの集合的現象として成り立つメカニズムを明らかにするためには別角度からの新しいアプローチが必要なのである。

敵手の分裂：四つのサミット・プロテスト

まず考えてみたいのが、サミット・プロテストにとっての「敵手」とみなされる「サミット」それ自体の特徴である。というのも敵手の特徴はプロテストのありように少なからず影響をあたえると考えられるからである。ちなみに敵手に注目する点はトゥレーヌらの行為主義に影響をうけている。トゥレーヌらは、産業社会の社会組織（企業など）や脱産業社会のテクノクラシーもアクターを捉え綿密に分析することで、複雑な対立関係を浮かび上がらせた。行為主義の立場に立てば、サミットもまた「体制」やシステム、構造としてではなく、世界の中心的な価値・規範を形成しようとするアクター（歴史的行為者）として捉えられることになる。

サミットが目指すものについてはすでに多くの議論がなされてきた。たとえば歌川（1978）によれば、経済問題に関する首脳会議としては他にすでにロンドン世界経済会議が存在していたが、ニクソンショックと石油危機の後で、米国を「法廷」に引きずり出し、欧州が集団で「通貨裁判」にかけるという意図をもって、フランスが開催を提起したのがサミットである――米国は、当初、その要請を「黙殺」したが、やがて了承した。また船橋

(1980) によれば、サミットはもともと国際通貨・貿易制度、マクロ経済制度、石油等に関する「危機管理システム」であり、やがて「世直しシステム」へと変化していった。EC理事会がモデルであり、当時の米ソサミット、OPEC、コメコンなどと比較されるという。

パトナムとベイン (Putnam and Bayne 1984) によれば、一九六〇年代に経済成長をとげて「成功」した先進諸国が、七〇年代に直面した「四つの問題」(ブレトンウッズ体制の崩壊、ECの拡大、オイルショック、経済後退) に対応すべくサミットを開催するようになった。そこには二つのルーツがあるという。一つ目は米国発のもので、七〇年代の通貨国際会議構想から多角的サミット会議提案へと至ったものである。二つ目は欧州発のもので、一九七三年にG5蔵相 (フランス・ジスカールデスタン、ドイツ・シュミット、米国・シュルツなど) からのドイツ・フランス首脳会議開催の提案に始まるとする。前者はサミットにおける「制度化」重視の方向性に、後者は首脳同士の「個人関係」重視の方向性にそれぞれつながっているという。

嶌 (2000) によれば、サミットはG5蔵相からの提案にもとづいて、やはり石油危機とニクソンショック後の先進国経済を立て直すために、経済問題を論議する場として開始されるようになった。その後、一九七〇年代は経済中心で、おもに石油危機への対応が話し合われ、一九八〇年代には政治が議題の中心になり、対ソ連や東西関係が話し合われるようになった。一九九〇年代は「冷戦」後の地域紛争や南北問題などが中心的な議題になり、一九九七年にはロシアがサミットに正式参加するようになる。また一九九八年のバーミンガムサミット以後、蔵相会合・外相会合と首脳会談が分離されるようになったという。

高瀬 (2000) は、ローカル (開催地)、ナショナル (国家)、リージョナル (地域)、グローバル (地球全体) の水準を考えた場合、ローカル・ナショナルなレベルからの要望と、リージョナル・グローバルなレベルからの要望を調整できるのは首相・大統領だけであるとし、首脳が集まるサミットというものの重要性を指摘した。[*1]

以上の説明にみられるように、サミットは、一九六〇年代後半の米国の国際収支悪化からくるニクソンショックと一九七〇年代の石油危機による経済成長率の低下、物価・失業率の上昇などをきっかけとして、民主主義の資本主義・先進諸国の首脳が、共産・社会主義諸国の連合（コメコン）や中東石油生産国の連合（ＯＰＥＣ）に対抗しつつ、経済成長、貿易・通貨問題など先進国間の経済政策を国家間で調整するために集まるようになった会合だといえる。すなわち、①資本主義体制の、②先進諸国が、③国際的な問題を、④首脳レベルで話し合う会合として始まっており、それは現在も基本的に変わらない。

これら四つの特徴をふまえれば、サミットに対する抗議・批判も、理論上、以下のように区別できるはずである。

まず①サミットが資本主義諸国の会合であることへの批判である。サミットが先導・体現する資本主義・自由主義中心のグローバル化は、たとえば一部大企業などに利益をもたらすと同時に、競争・格差や搾取・排除といった苦しみももたらす。先進諸国の住民であっても、グローバルな資本主義の被害者にはなり得る。たとえば一九九三年時には、サミットは資本主義代表国の集まりとみなされ、来日阻止闘争が盛んにおこなわれた。

つぎは、②サミットが先進国中心であることへの批判である。サミット参加国の人々とそれ以外の人々とでは、サミットでの意思決定に直接・間接的に関与できる／できないという違いがある。影響力を行使し先進国に有利な決定がなされるならばサミット諸国の人々には利益であるが、その意思決定に関われない人々は一方的にその被害をうけることにもなりえる。とりわけ途上国は、開発にともなう環境破壊や債務でしばしば苦しむことになる。たとえば、一九七九年にＩＭＦが条件融資へ舵を切り、世界銀行も国内監視を重視するようになる中で、一九九三年時には国際協力ＮＧＯにより、ＩＭＦ・世銀の「構造調整プログラム」に対する中止要求が出される事態となった。二〇〇〇年時には債務帳消し運動が盛り上がりをみせ、二〇〇八年時には国際協力ＮＧＯの大規模ネットワークの活動がみられるようになったわけである。

第三に、③国際的な問題が優先的に議論されるサミットに対する批判である。サミットでは、国家や一部地域のレベルでの問題や意思決定よりも国際的問題に関する議論が優先される傾向がある――サミットはもともと先進諸国内の政策調整の場として登場している。たとえば、サミット諸国の連携や安全保障が開催地の基地問題よりも優先されるのであり、開催地域はサミット首脳を迎え入れながら軽視・無視されるギャップに苦しむことにもなる。実際、二〇〇〇年に沖縄ローカルの運動が盛り上がりをみせ、二〇〇八年に北海道の市民団体、NGO、NPOのネットワークが立ち上がり、注目を浴びたのはそのためである。

最後に、④サミットがヒエラルキー的構造を体現し、正当化することに対する批判である。首脳会議が「サミット」（頂上の意）と呼ばれるのは、世界の国々の中で、経済的に最も進んだ先進国の、さらにその中の首脳たちの会議だと考えられているからである。サミットという言葉は、世界を序列的に捉える発想をまさに体現し、そこに権威・権力を与えることを正当化するように強いる。その存在自体が権威主義を象徴するものであり、平等や水平性、透明性に、ひいては根源的な民主主義に反するものとして批判を受けることになる。たとえば日本でも、二〇〇八年時に水平的なアクティビスト・キャンプや直接行動が導入されている。

以上、四つの批判が理論上は区別できる。四つの批判はそれぞれサミットの別々の側面・次元に対してなされていて、いずれかが中心であるとはいえない。それぞれ別個のものであり、いずれもサミットの特徴と対応している。そうだとすれば、サミット・プロテストは一つでなく、四つ（①〜④）存在しているということになるわけである。この敵手を中心とした四つのサミット・プロテストの重層化というモデル――敵手中心モデル――は、既存の研究にはみられないものであるが、つぎにみるようにサミット・プロテスト内の複雑な関係性を説明する上で有効である。*2

2　敵手中心モデルの展開

四つのサミット・プロテストの分裂

四つのサミット・プロテストについてもう少しくわしく考察をしてみよう。まず四つのサミット・プロテストは、いずれも理論上は多様な争点を包含することができる、と同時にそれぞれに最優先の争点も存在すると考えられる。

サミット・プロテスト①（資本主義に対する批判）は、資本主義という争点と密接に結びつきつつも、「新自由主義」「貧困や債務問題」「資本投資・金融の自由化」「労働の不安定化」「環境破壊」「武力攻撃や軍事占領」「国境監視」「移民排除政策」「ジェンダー」「エスニック・マイノリティ」「先住民族」「地方の経済破綻、ネットカフェ難民、社会の貧困化」などの争点も包摂しうる（二〇〇八年時のG8を問う連絡会など）。またサミット・プロテスト②（先進国中心主義に対する批判）も、途上国問題・債務問題の争点化とまず結びついた上で、途上国社会における平和や人権、環境、債務、開発などの争点や（二〇〇〇年時のジュビリーなど）、また地球規模での環境問題、人権・平和問題、貧困／開発問題ともつながりえる（二〇〇八年時のNGOフォーラムなど）。そして、サミット・プロテスト③（国際的な問題が優先されることへの批判）も、まず開催国・地域における環境や平和・人権問題の争点と結びついた上で、平和・基地問題、途上国支援、人権や環境、女性、移民の問題と関連づけられ（二〇〇〇年時の基地包囲行動など）、また貧困、開発、環境、人権に関わる多様なアクターとも結びつきうる（二〇〇八年時の市民サミットやピース・ウォークなど）。最後にサミット・プロテスト④（ヒエラルキーに対する批判）も、資本家／労働者の権力関係や先進国／途上国のヒエラルキー、ラディカル・デモクラシーやアナキズム、

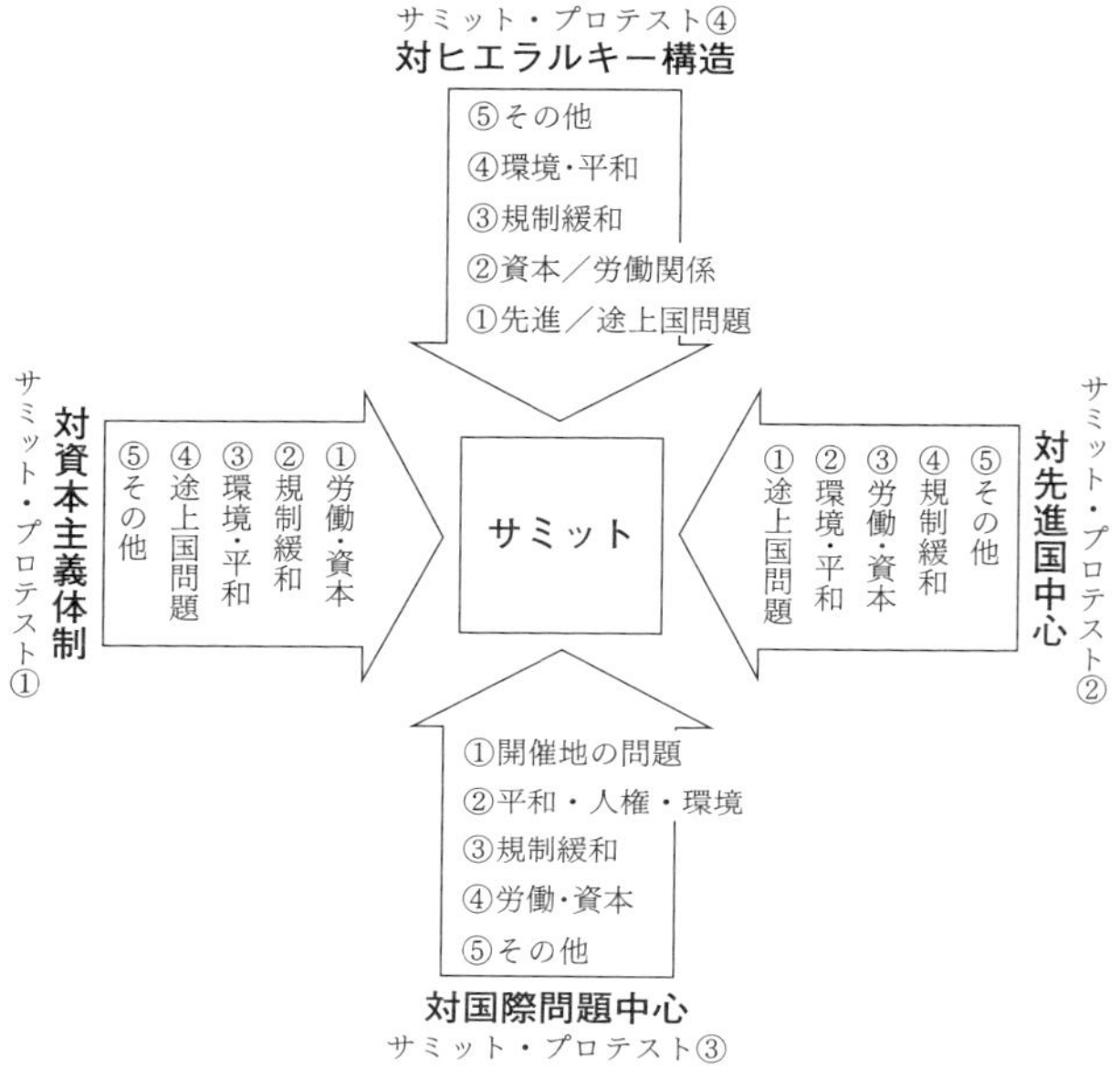

図7　プロテストの分裂と争点の絡み合い

マイノリティ、女性、ＬＧＢＴの人権、動物の権利運動などの争点にまず結びつくとともに、反消費主義、反原子力、新自由主義批判、エコロジー、途上国問題や貧困、平和運動などの争点ともつながりえる（二〇〇八年時のアクティビスト・キャンプなど）。

このように四つのサミット・プロテストが、それぞれ優先順位付で複数の争点を含むことができるとすれば、複数の争点が非常に複雑に絡み合うようになるのは当然のことであり、また争点の種類の上で重なることがあっても融合しないのは、別々のサミット・プロテストなのであるから当たり前だという説明ができるようになる（図7）。

つぎに四つのサミット・プロテストは、アクターについても、争点と同じように、それぞれ多様なものを優先順位付きで含むだろう。たとえば、サミット・プロテスト①は労働組合、左派グループなどと密接に結びついた上で、より

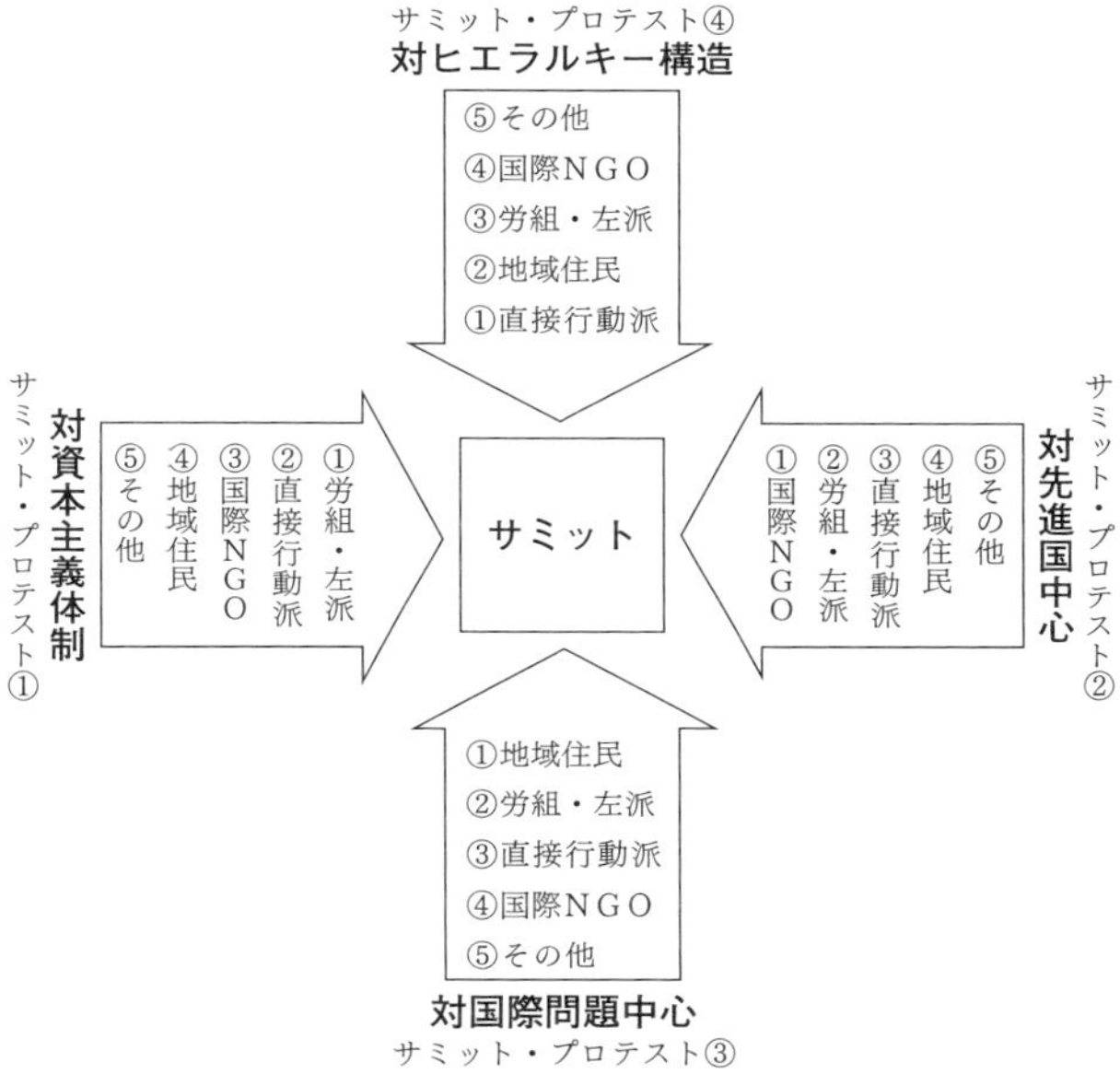

図8　プロテストの分裂とアクターの絡み合い

ラディカルな直接行動派、市場経済や資本主義化するような途上国の批判的支援をおこなうような国際NGOなども含むだろう。サミット・プロテスト②も国際NGOを中心としつつ、途上国の労働運動と連帯するような労働組合なども含みうる。サミット・プロテスト③は地元地域住民団体によって主に実施されるとともに、ローカルを支援する労働組合・左派や国際NGO、直接行動派によってもなされる。サミット・プロテスト④も直接行動派を核としつつも、ヒエラルキー性を嫌う左派やNGO、開催地住民などのアクターを含みうる（図8）。

　四つのサミット・プロテストは、それぞれ多様なアクションも、優先順位付きで実施すると考えられるだろう。その際、アクターが批判対象と同じ（近い）カテゴリーにいる（とみなされる）か否かという区分が挿入されると考えられる。批判される側にいるアクターは、サミットに対してはサミットと同じ加害者として関わり、冷静・合理的に交渉し、自らの立場を反省し、議論していくようなアクションをとりやすい。逆に批判される対象の反対側、サミットに対して被害者という関係にある場合は、「今すぐやめろ」という実力行使、直接行動やおおっぴらに批判をおこなうようなデモ行進、オルタナティヴな空間をその場で対抗的に作るようなアクションをとりやすくなると考えられる。

たとえば、サミット・プロテスト①（資本主義批判）の場合、資本主義体制下のアクターとそれ以外のアクターとではアクションは変わってくる。後者では、つまり資本主義の被害者として資本主義を批判する場合には、サミットが資本主義国の会合であることへの批判は、「今すぐやめろ」的なアクションに結びつく。提言活動をしているような余裕はないし、そのような妥協もしていられない。すぐその加害行為をやめろ、ということになる。前者の場合、つまり資本主義体制下のアクターが資本主義のサミットを批判する場合には、加害者的な立場から資本主義の行き過ぎをいさめるようなものになりえる。

サミット・プロテスト②（先進国中心批判）の場合、先進諸国のアクターと途上国のアクターでアクションは異なってくる。先進国のアクターは、加害者として、加害国の市民としての責任にもとづいて自国政府・G8諸国にちゃんと支援をするように／加害を減らすようにと訴える（政府もどうすればいいかわからないならこちらから政策提言する）合理的な提言活動をおこなうことが中心になる。自分たちの支援に加害的側面があるということを認めないアクター（自国政府や企業）がいれば、被害者と連携して、自らは（良心的）加害者＝支援者として、同じ加害者＝支援者である自国政府に加害をやめさせる具体的な約束をさせること、そもそも支援の中に加害部分が含まれていることを認識させることもおこなう。「説得」し、納得してもらう地道な作業であり、しばしば非常に合理的かつ非常に専門的な議論となる。逆に途上国のアクターは、被害者として、自分たちを蚊帳の外において議論を続けるサミットに対して、「今すぐやめろ」的なアクションをおこなっていく。

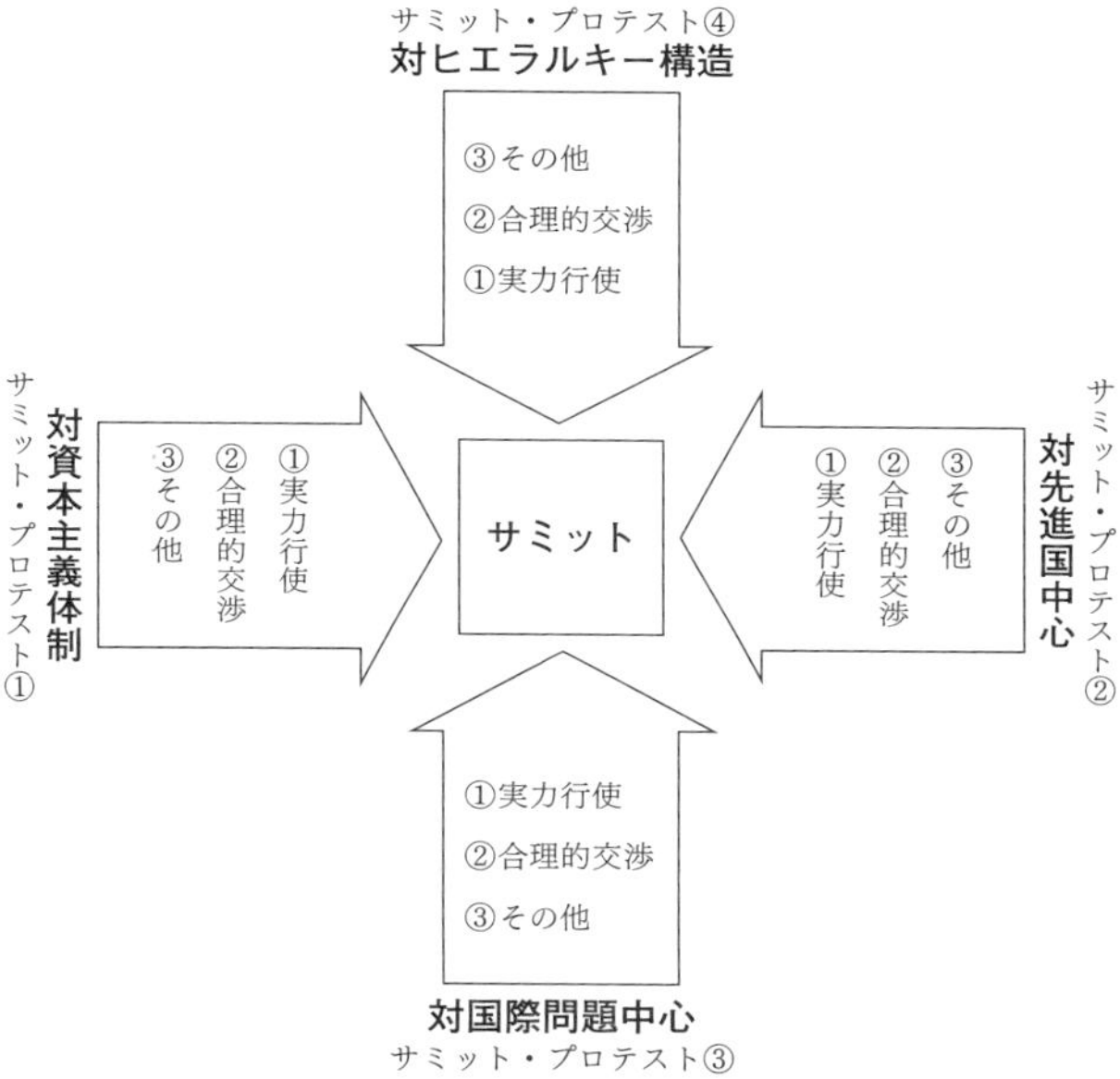

図9　プロテストの分裂とアクションの絡み合い

サミット・プロテスト③（国際問題中心批判）の場合、国際問題をあつかうアクターとローカルのアクターとではアクションが異なってくるだろう。国際的な問題や活動をメインとするアクターは、批判される国際的な争点・活動そのものに取り組むという加害者的立場から、ローカルの問題や活動が大切にされるよう政府やサミットに合理的に訴えかける。他方でローカルアクターは、サミットが国際問題中心であることの被害者として、「今すぐやめろ」的なアクションをおこなう可能性がある。

サミット・プロテスト④（ヒエラルキー構造批判）の場合、ヒエラルキーの上位にいるアクターと下位にいるアクターとではアクションが異なる。上位にいながらヒエラルキー批判をおこなうアクターは、合理的にサミットや政府に訴えかけると同時にエリート性や組織化され制度化された活動に対して自己批判的なものにもなるだろう。下位にいるアクターは、批判的知識人や対抗エリートがリーダーシップをとる対抗サミット、制度化・組織化されたロビー活動、指導層の存在するさまざまなアクション自体を批判し、その代わりにヒエラルキーの存在を否定する「今すぐやめろ」的アクションやより水平的・民主的なものへ作り変えることを要求する行動が中心となる（図9）。

そしておそらくいずれのアクションの場合も中心となるのは、被害を直接受けているアクターであろう。資本主義批判であれば資本主義体制下を生き苦しむ人々のアクションであり、先進国中心への批判は非先進国の人々のアクション、国際問題中心への批判の場合はその問題を扱わない地元のアクターのアクションであり、最後にヒエラルキー構造への批判においては下位に置かれた人々のアクションである。

以上からみえてくることは、四つのサミット・プロテストの根本的なレベルでの分裂である。たとえば、「規制緩和」という争点は四つのサミット・プロテストのいずれにも含まれるが、それぞれは別のサミット・プロテストであり融合することはない。労働組合も四つのサミット・プロテストすべてに登場するが、だからといって四つが融合することはないのである。たとえばサミット・プロテスト①は争点としては労働・資本主義を、またアクターとしては労働組合・左派を中心とし、他方、サミット・プロテスト②は、途上国問題を中心的争点に、また国際NGOを中心的アクターにしているというようにズレが存在する。アクションについても、サミット・プロテスト①は、仮に資本主義国に生きて自らがその被害者であると自覚する場合では、被害者としてその状況を停止させるために実力行使のアクションが中心となるかもしれないが、サミット・プロテスト②では、仮に自らが先進国に生きて自らが途上国の被害に対する加害者であると自覚する場合には、実力行使ではなく加害者同士の合理的交渉や政策提言などがアクションの中心となりやすくなるというようにズレが存在する。それぞれの中心的争点・アクター・アクションが異なる以上、サミット・プロテスト①と②が一つに融合するということはないのである。

四つのサミット・プロテストの連携と歴史

このように分裂を認識したとしても、部分的な連携を理論化することは不可能ではない。理論的には以下の一一の連携パターンがありえるだろう。

2項：①—②、①—③、①—④、②—③、②—④、③—④
3項：①—②—③、①—②—④、①—③—④、②—③—④
4項：①—②—③—④

①—②、①—②—③、①—②—③—④の連携にしぼって検討をしてみれば、まず①と②は根本的に分裂しているが、周辺的な（優先順位が下位の）争点・アクター・アクションも考慮に入れれば、重なり合うということが当然ありえる。たとえば、サミット・プロテスト①が、資本主義批判の延長上で先進国の人権侵害問題、貧困問題、環境問題を争点とすることはよくあり、その場合、それらを中心的争点とするサミット・プロテスト②と重なり合い、連携が可能になる。同様に、サミット・プロテスト③はローカルの諸問題を争点とするが、そこに資本主義に関わる問題も、同じくグローバルな動きに翻弄される途上国の問題も重なり合ってくる。サミット・プロテスト④が重視するヒエラルキーという争点も、資本家—労働者、先進国—途上国、世界—ローカルの間の権力的な上下関係がもたらす諸問題と重なり合うのである。ここからわかることは、サミット・プロテストが根本的な次元で分裂しつつも、複雑に絡み合うということである。表に出た争点・アクター・アクションの多様性は

表19　4つのサミット・プロテストの歴史

	サミット・プロテスト①	サミット・プロテスト②	サミット・プロテスト③	サミット・プロテスト④
1979年	◎			
1986年	◎			
1993年	△	◎		
2000年	○	◎	◎	
2008年	◎	◎	◎	◎

注：◎○△は規模やメディア露出の程度を表す。

四つが複雑に重なり合った結果を整理したものにすぎない。

それゆえ第5章でみたような争点・アクター・アクションを中心とする歴史ではなく、四つの分裂したサミット・プロテストについての新たな歴史を描くことも可能である（表19）。まず一九七九年と一九八六年の東京サミットについていえば、この時代、敵手であるサミットの議題は東西問題・冷戦問題が中心であった。それゆえまず資本主義社会における労働のありように関するサミット・プロテスト①が登場し、「労働サミット」や来日阻止闘争が盛んにおこなわれた。この段階では他のサミット・プロテストはみられないといってよい。また労働組合は労働サミットを、左派系グループはデモ、抗議活動、直接行動をおこない、争点とアクターとアクションの間にズレはなかった。

一九九三年のサミットにおいてはサミット・プロテスト①が勢いをなくす代わりに、サミット・プロテスト②が登場し、「G7を裁く国際民衆法廷」などを実施した。東京開催である以上、サミット・プロテスト③はなく、またサミット・プロテスト④については、アナキズムの活動自体は存在しても、サミット自体のヒエラルキーや権威主義それ自体を批判する運動とはなっていない。サミット・プロテスト①は、争点は労働・資本を、アクターは労働組合・左派を、アクションは非資本主義の実力行使を優先し、サミット・プロテスト②は、争点は途上国問題、アクターはNGO、アクションは実力行使を優先する。それでも理論上、周辺部で重なり合う可能性はあったが、連携はなされていない。

つぎに二〇〇〇年サミットでは、まずサミット・プロテスト①として、フランスやEUレベルでの新自由主義化・民営化反対運動や東アジア金融危機を背景に、資本主義諸国が主導する新自由主義への批判が一部でみられるようになった。たとえば、サミットに先んじて大阪では「規制緩和に反対する労働者サミット」が開催されている。サミット・プロテスト②としては、大阪での「市民フォーラム2001」や福岡での「ジュビリー2000福岡反対集会」「サミットNGO連絡会」「市民サミット2000福岡」「フラワーマーチング」、沖縄における「ジュビリー2000沖縄会議」などが挙げられる。以上に加えて、二〇〇〇年は初の地方開催サミットであり、新たにサミット・プロテスト③[*3]が登場してきた。すなわち沖縄の基地・平和問題、人権、環境、女性、貧困などを争点として大きな盛り上がりをみせたのである。「沖縄サミット反対の平和市民連絡会」による嘉手納基地包囲行動はその典型であった。サミット・プロテスト④は、世界的にはPGA[*4]などがすでに盛り上がりをみせていたが、日本ではこの時点ではほとんどみられなかった。連携は、③への協力を中心になされ、サミット・プロテスト①と②の間で直接の連携はなかった。

最後に、二〇〇八年サミットをみていくと、まずサミット・プロテスト①が、反新自由主義と結びついて大きな盛り上がりをみせるようになる。たとえば、「G8を問う連絡会」は、東京や札幌でさまざまな集会・デモを実施している。つぎにサミット・プロテスト②としては、「2008年G8サミットNGOフォーラム」が、提言案作り、「シビルG8」、「たんざくキャンペーン」、首相との面会、市民サミット共催などを実施している。サミット・プロテスト③については、北海道の市民団体、NGO、NPOからなる「市民フォーラム北海道」がピースウォークや市民サミットの実現に大きく貢献した。それらにはNGOフォーラムやG8を問う連絡会をはじめとして、国際的な農民団体から北海道の労働組合、左派政党など多様な人々が参加した。最後に、サミット・プロテスト④としては、PGAの流れをくむネットワークが日本に直接行動スタイルやアクティビスト・キャンプの実践を紹介し実現させた。連携もサミット・プロテスト③を中心に幅広くなされている。
このように四つの分裂の観点から新しいサミット・プロテストの歴史を描くことが可能なのである。

3　一つの集合的現象と密集・経験モデル

空間的密集：札幌・ピッツバーグ・コペンハーゲン

本章後半では、そのように根本的に分裂している四つのサミット・プロテストが、一つの集合的現象として立ち現れるメカニズムについて説明していきたい。

やはり改めて考えてみたいのが、アクターとしてのサミットの特徴である――サミット開催地の状況（会場と都市部との距離、滞在可能性、社会状況、メディア状況など）が重要になる。まず誰もが指摘できる特徴は、サミットがある期間、ある場所で現実に開催されるということであろう。たとえば主要国首脳会議（G6／G7／G8サミット）の場合、表20のように、二―三日間だけ、特定の地域で開催される。電話やインターネット上でなされるのではなく、実際に首脳たちが限定された空間に集まるという点は重要である――空間に注目する点は、第1章で紹介した経験運動論にヒントを得ている。

サミットのもつ時間・空間的な限定という特徴は、サミット・プロテストのありように影響を与えると考えられる。まず、アクターはその種類や争点にかかわらず開催地に集結し、またアクションも限られたスケジュールの中で限られた地域に密集し、結果的に同時多発的なものになるだろう。四つにサミット・プロテストが分裂していたとしても否応なく同じ時間・場所に集結せざるを得ないのである。

さらに隔離地開催の場合は、近隣都市がプロテストの代替的舞台となりやすいと予想できる。また地方開催・

表20　主要国首脳会議（G6／ G7／ G8）の開催期間および開催国／地域

	開催期間	開催国／地域
G6	1975. 11. 15-17	フランス／ランブイエ
G7	1976. 6. 27-28	米国／サンファン
	1977. 5. 7-8	英国／ロンドン
	1978. 7. 16-17	西ドイツ／ボン
	1979. 6. 28-29	日本／東京
	1980. 6. 22-23	イタリア／ヴェネツィア
	1981. 7. 20-21	カナダ／オタワ
	1982. 6. 4-6	フランス／ベルサイユ
	1983. 5. 28-30	米国／ウィリアムズバーグ
	1984. 6. 7-9	英国／ロンドン
	1985. 5. 2-4	西ドイツ／ボン
	1986. 5. 4-6	日本／東京
	1987. 6. 8-10	イタリア／ヴェネツィア
	1988. 6. 19-21	カナダ／トロント
	1989. 7. 14-16	フランス／ラ・デファンス
	1990. 7. 9-11	米国／ヒューストン
	1991. 7. 15-17	英国／ロンドン
	1992. 7. 6-8	ドイツ／ミュンヘン
	1993. 7. 7-9	日本／東京
	1994. 7. 8-10	イタリア／ナポリ
	1995. 6. 15-17	カナダ／ハリファクス
	1996. 4. 19-20	ロシア／モスクワ
	1996. 6. 27-29	フランス／リヨン
	1997. 6. 20-22	米国／デンバー
G8	1998. 5. 15-17	英国／バーミンガム
	1999. 6. 18-20	ドイツ／ケルン
	2000. 7. 21-23	日本／九州・沖縄
	2001. 7. 20-22	イタリア／ジェノヴァ
	2002. 6. 26-27	カナダ／カナナスキス
	2003. 6. 2-3	フランス／エヴィアン
	2004. 6. 8-10	米国／シーアイランド
	2005. 7. 6-8	英国／グレン・イーグルス
	2006. 7. 15-17	ロシア／サンクトペテルブルグ
	2007. 6. 6-8	ドイツ／ハイリゲンダム
	2008. 7. 7-9	日本／北海道洞爺湖
	2009. 7. 8-10	イタリア／ラクイラ
	2010. 6. 25-27	カナダ／ハンツヴィル
	2011. 5. 26-27	フランス／ドーヴィル
	2012. 5. 18-19	米国／キャンプデービッド
	2013. 6. 17-18	英国／ロック・アーン
	2014. 3. 24	オランダ／デン・ハーグ
G7	2014. 6. 4-5	ベルギー／ブリュッセル
	2015. 6. 7-8	ドイツ／エルマウ
	2016. 5. 26-27	日本／伊勢志摩

隔離地開催では、首都や都市部の運動や団体のスタッフ等が開催地（代替地）に移動し滞在することを強いられ、開催地付近のわずかなホテルや数カ所のキャンプ地で生活することになるなど、密集の度合いは高くなるだろう。実際、主要国首脳会議は、首都開催から地方都市開催（一九九八年―）、そして山や島、基地など隔離地開催（二〇〇一年―）へ移行してきた。日本でも東京開催から福岡・沖縄都市部開催、そして北海道隔離地（洞爺湖）開催へ変化している。それゆえ、空間的密集の度合いは歴史的にみても高まってきていると予想できる。

以上をふまえ、二〇〇八年北海道洞爺湖G8サミットの検討をおこなってみよう。洞爺湖という隔離地での開催であったため、やはり札幌が抗議活動の中心地となっている。図10は、札幌で発生したアクションとインフラを描いたものである。札幌では、サミット・プロテスト③を中心に、サミット・プロテスト①とサミット・プロテスト②が連携する「市民サミット」（七月六―八日）が札幌コンベンションセンターで開催され、また「チャレンジ・ザG8サミット一万人のピース・ウォーク」が集会（大通西八丁目広場）の後、大通公園から札幌中心街を経て中島公園まで実施されている。[*5] その前後にはサミット・プロテスト①による単発のデモが大通公園を中心によくなされ、サミット・プロテスト④によるキャンプや情報センターの設営・活動もはじまっている。やはりアクションがきわめて密集していることがわかるだろう。

G20サミット（二〇カ国・地域首脳会議）[*6]や国連COP（枠組条約締約国会議）でも同じことがいえる（表21・22）。たとえばG20の開催期間は二日ほどであり、COPの場合も、参加国数と会合の水準（各国の立場表明、官僚会合、国際NGOとの会合など）のためにやや長期におよぶとはいえ、首脳会合は最後の二、三日に限定されている。

その結果、Eメールで拡散された現地行動スケジュール[*7]のようにさまざまなアクションが同時並行的に起こることになる（表23）。これらはいずれもピッツバーグ都市圏の、短時間で移動可能な範囲で発生している。主催

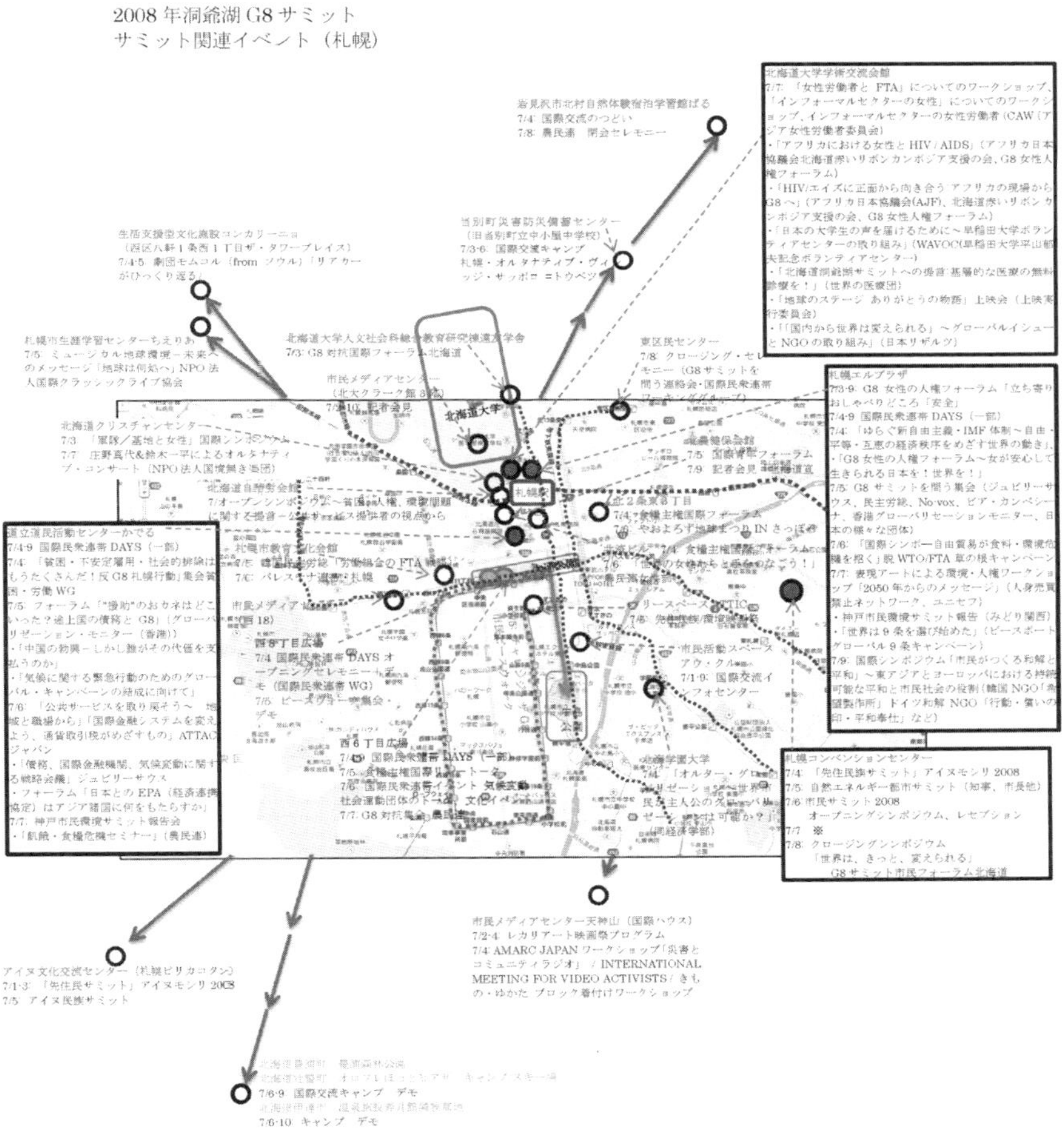

図10　札幌におけるアクションとインフラ
（地図データ ©2014 Google, ZENRIN）

表21　G20の開催期間および開催国／地域

開催期間	開催国／地域
2008. 11. 14-15	米国／ワシントンDC
2009. 4. 2	英国／ロンドン
2009. 9. 24-25	米国／ピッツバーグ
2010. 6. 26-27	カナダ／トロント
2010. 11. 11-12	韓国／ソウル
2011. 11. 3-4	フランス／カンヌ
2012. 6. 18-19	メキシコ／ロス・カボス
2013. 9. 5-6	ロシア／サンクトペテルブルグ
2014. 11. 15-16	オーストラリア／ブリスベン
2015. 11. 15-16	トルコ／アンタルヤ

表22　国連COP（気候変動）の開催期間および開催国／地域

開催期間	開催国／地域
1995. 3. 28-4. 7	ドイツ／ベルリン
1996. 7. 8-19	スイス／ジュネーブ
1997. 12. 1-10	日本／京都
1998. 11. 2-13	アルゼンチン／ブエノスアイレス
1999. 10. 25-11. 5	ドイツ／ボン
2000. 11. 13-24	オランダ・ハーグ
2003. 12. 1-12	イタリア／ミラノ
2004. 12. 6-17	アルゼンチン／ブエノスアイレス
2005. 11. 28-12. 9	カナダ／モントリオール
2006. 11. 6-17	ケニア／ナイロビ
	〈略〉
2015. 11. 30-12. 11	フランス／パリ

者も主張もかなり異なるが、場所と日時の近さゆえに、このように並べることが可能なのである。いずれも近い場所で計画されているアクションが、その主催者や主張は横において、このように並べられ結びつけられていく。そしてそれができてしまうのも、ターゲットであるサミットが時間・空間的に限定されているからである。

　コペンハーゲンCOP15においても、抗議行動は二〇〇九年一二月一一日から一五日の間に集中的に実施された（図11）。まず一一日には「企業」に対するデモが、グローバル企業家が集まるシンポジウム会場に対しておこなわれた。デモに対して、学校の子供たちが手を振る様子がみられた。ついで一二日には気温〇度近い中、まず午前一〇時から世界的な環境団体「地球の友」（FOE）主催のフィーダー・デモ（合同デモの開始地点まで移動するデモ行進）「クライメイト・フラッド」（Climate Flood）が、コペン

表23　ピッツバーグG20における現地行動スケジュール

	「ピッツバーグで今週開催されるG20関連イベントの簡単な概要」
9月20日(日)	スリーリバー・クライメイト・コンバージェンス・キャンプ、「ベイルアウト・ピープル」、女性コアリション・テントシティが開始／午後2時より、G20コンバージェンス・センター（マレー通り4373）においてマス・アクション参加説明会／午後2時より、モニュメンタルバプティスト教会よりベイルアウト・ピープル運動のマーチ／？時より、ユナイテッドチャーチオブクライスト（スミスフィールド通り620）よりG6ビリオン・スピリチュアル・マーチ／午後6時より、G20コンバージェンス・センターにおいて、ピッツバーグG20レジスタンスプロジェクトによる「ウェルカム・ピッツバーグ」プレゼンテイション
9月21日(月)	石炭産業に侵されたコミュニティのための行動日／午後4－6時、「気候変動：どの道を行くか」のラウンドテーブル　USW H／午後6時半、メルウッド・シアターにおいて石炭国家のドキュメンタリー上映、石炭産業についてのパネル・ディスカッション／午後9時－9時半、「ピープルズ・サミット：世界の貧困を終わらせ、われわれのコミュニティの経済の停滞を逆転させる」
9月22日(火)	午前9時－午後4時、ウォレス通り807のホザンナハウスにおいて「平和・公正・エンパワメントのための国際サミット」／？時より、ピッツバーグのダウンタウンにおいて「PNC銀行に山頂採掘炭鉱を終わらせるための可能な市民的不服従」／午後2時より、ピッツバーグのダウンタウンのグラント＆ライブラリー通りにおいて「G20にAIDSと闘うように呼びかける葬列とデモ」／午後5-7時、ブルームフィールドのフレンドシップ通りとミルベイル通りにおいて、ピッツバーグG20レジスタンスプロジェクトによる「G20にノー、コミュニティ・ギャザリングにイエス」の集会／午後7時－9時45分、ピープルズ・サミット「もう一つの世界は可能だ」プレゼンテイション

出典：2009年9月19日19:49分受信Eメールより9月20-22日分のみ抜粋。

ハーゲン駅近くの広場からクリスチャンボーの議会前広場までおこなわれ、音楽や演説を交えたイベントが実施された。中心となったのはFOEも参加する「クライメイト・ジャスティス・ナウ！」（CJN）という穏健派の抗議ネットワークである。そして一二日の午後一時からCOP15会議の会場（ベラセンター）へ向けた数万－数十万人規模の合同デモが開始された。CJNと、よりラディカルなネットワーク「クライメイト・ジャスティス・アクション」（CJA）が中心となっている。

その後、一三～一五日にかけては特定の争点を掲げたデモがコペンハーゲンの中心街をまわるかたちでなされた。まず一三日はグローバルな取引に対するデモが実施された。一部、ルートか

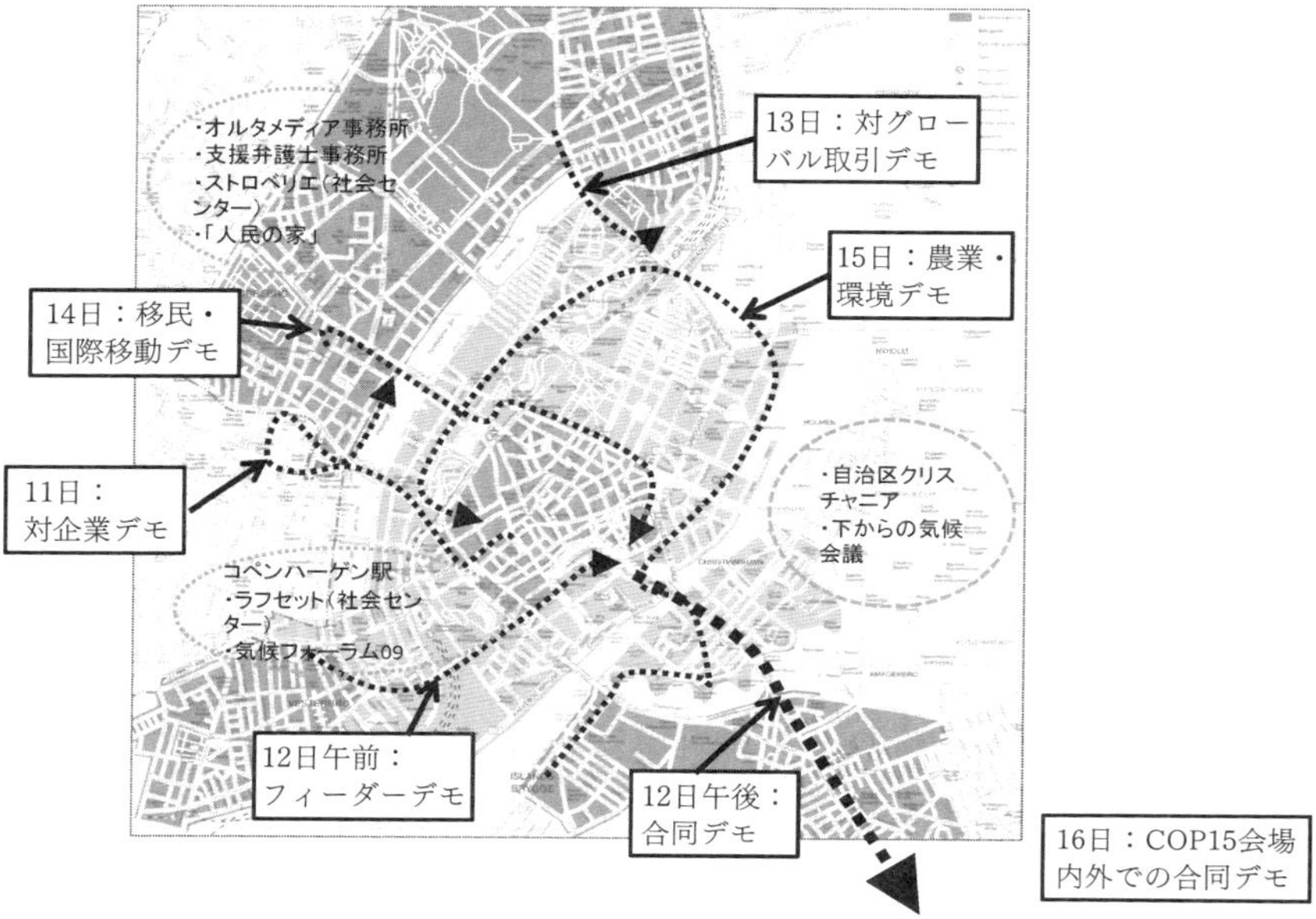

図11　コペンハーゲンにおけるアクションとインフラ
（地図データ ©2014 The City of Copenhagen）

ら離れたデモに対しては警官隊による拘束がおこなわれたが、いずれも翌日には解放されている。一四日には、移民や国際移動、また一五日には農業やエコロジーを中心テーマとするデモがそれぞれ実施された。一二月一六日には、COP15会場（ベラセンター）内部のNGO（許可を得たNGO関係者だけで数千人）と外部のデモ隊とが合流するという試み「リクレイム・ザ・パワー」（Reclaim the Power）がなされた。複数箇所（トーンビュー駅、オレスタッド駅、社会センター、ベラセンター内）からデモ行進や自転車他による介入が同時に開始され、数千人がベラセンター近くに集結した。またコペンハーゲン駅近くの大規模スポーツ施設では、オルタナティヴ・サミットにあたる「気候フォーラム09」（Klima Forum09）が一二月七—一八日に大規模に開催され、世界中からコペンハーゲンに集まった人々が温かく安全な場所で話し合い、情報を共有しあえる巨大なスペース・インフラとして機能した。またオルタナティヴな生き方の具体的事例を紹介する「下からの気候会議」(climate bottom meeting) が、クリスチャニア内のテント群と市庁舎前広場において一二月五―一八日に開催された。

それぞれ別のサミット・プロテストによるアクションであったとしても、開催期間・地域が限定されているので、否応なく重なり合う。そして外部の人々はその状況をみて、これらの運動・アクションを一体のものとして捉えることになる。四つのサミット・プロテストはサミットに別角度から抗議をおこなっているが、共通の敵手たるサミットの特徴上、共通の時間・空間に同居せざるをえない。そして、そのようにして狭い空間に複数のサミット・プロテストが折り重なっている状況は、客観的には、一つの集合的な現象が形成されているかのように、みえるのである。つまり実際には一つではないが、空間的密集のために一つの集合的な現象にみえてしまうのである。

逆にいえば、もし空間的・時間的な制限がなくなれば、一つの集合的な現象として可視化される機会・場面はなくなり、四つのサミット・プロテストはそれぞれ対資本主義の運動、対ローカル問題の運動、対途上国問題の運動、対ヒエラルキーの運動が別個に活動しているようにしかみえなくなるだろう。実際、札幌でのアクションの場所を詳細にみてみると (図10)、北海道大学学術交流会館や北海道立道民活動センター「かでる」では、サミット・プロテスト②を中心として集会やフォーラムが多く実施され、札幌エルプラザでは、サミット・プロテスト①に関わる集会が中心的に開催されている。また大規模な札幌コンベンションセンターでは、サミット・プロテスト③を中心とする市民サミットが開催されるなど、若干のすみわけがなされているようにみえる。

サミットの空間的・時間的な制約は、サミット・プロテストを客観的に一つの集合的な現象として成り立たせる。しかし、当事者たちが実際に一つのサミット・プロテストというものを実感・経験していることはどう説明すればよいのだろうか。最後にこの点を考察してみたい。

主観的なレベル、実感のレベルで、サミット・プロテストが一つの集合的な現象として立ち現れるのはなぜだろうか。集合的アイデンティティが構築されるからだろうか。メルッチによれば「集合的アイデンティティ」とは、「目標」（運動目標を受け入れている程度）・「手段」（利用できる情報・事務能力などの資源量）・「環境」（歴史的・個人的状況）に関する集団全員の認識の統一を指していた（Melucci 1989=1997: 17）。たしかにサミット・プロテスト①〜④は、それぞれその内部では一つの集合的アイデンティティを形成しうる。反資本主義という集合的アイデンティティ、南北問題に関する集合的アイデンティティ、ローカルの諸問題についての集合的アイデンティティ、ヒエラルキーに関する集合的アイデンティティである。そして、一九七九、八六年のように、「サミット・プロテスト」イコール〈サミット・プロテスト①〉であり、一つの集合的アイデンティティが全体に共有されていたとみなせた時代もあった。その時代には、サミット・プロテストが一つの集合的アイデンティティを構築しているとみなすことは可能だったかもしれない。

だがサミット・プロテスト②③④も並存するようになっている現状では、いずれかの集合的アイデンティティがサミット・プロテスト全体を覆うと考えることは難しい。それぞれ局所的に形成されるにとどまり、全体を覆うものになっていないとすれば、サミット・プロテストが一つの集合的な現象として立ち現れる主観的なメカニズムを、一つの集合的アイデンティティの構築によって説明することは困難である。

他方で、全体に共通する意識・連帯ではないとしても、部分部分で共通する意識・連帯が入れ違いに重なり合うことで全体を覆うということはありえる。たとえば四つのサミット・プロテストそれぞれで集合的アイデンティティを形成し、それらが重なり合うという事態である。いわば「家族的類似性」（家族全体に共通するものはないが母親と息子、父親と娘、姉妹間、兄弟間では共通している部分がある）のようなもので、全体に関する解釈はそれぞれで異なり、多様で、また矛盾しあうようなケースもあるかもしれない。だが、互いに自分の視座から全体を好きに語っているだけだとしても、そしてその実感や経験がじつは部分的なものでしかないとしても、そもそもそのことを正しく指摘できる人も、特定の解釈を正当なものとして全体に押し付けられるようなリーダーも存在していないのである。たしかに互いの物語や経験を突き合わせたときに、登場する人物や出来事がまったく異なれば、自身の経験や実感の部分性に気づくかもしれないが、上述のようにサミット・プロテストは時間・空間的に限定されており、他のサミット・プロテストに従事しているアクターであっても、共通の場にいて共通のものを経験したとみられるアクターとして登場させることができる。ストーリーを壊してしまうほどまったく無関係なアクターでさえなければ、異質な登場人物やハプニング、対立や葛藤も、物語を豊かなものにするのに寄与するだろう。互いの物語や経験を突き合わせたとしても、登場する要素自体がほとんど変わらなければ、根本的なズレは、たいてい争点やアクターの違いや多様性と誤解され、〈まったく別のサミット・プロテストに取り組んでいる〉という可能性が顕在化することはないだろう。

根本的なズレがあったとしても、互いに自分の視座を中心として、共通の舞台や言葉が使用される中で、主観的には、あたかも一つのサミット・プロテストに関わっているように感じられるのである。ここでは、それぞれの視座を中心とした部分的な経験や実感が重なり合ってサミット・プロテスト全体を覆うようになるような状況を、集合的アイデンティティと区別して、新たに「集合的経験」（collective experience）と呼ぶことにしたい。空

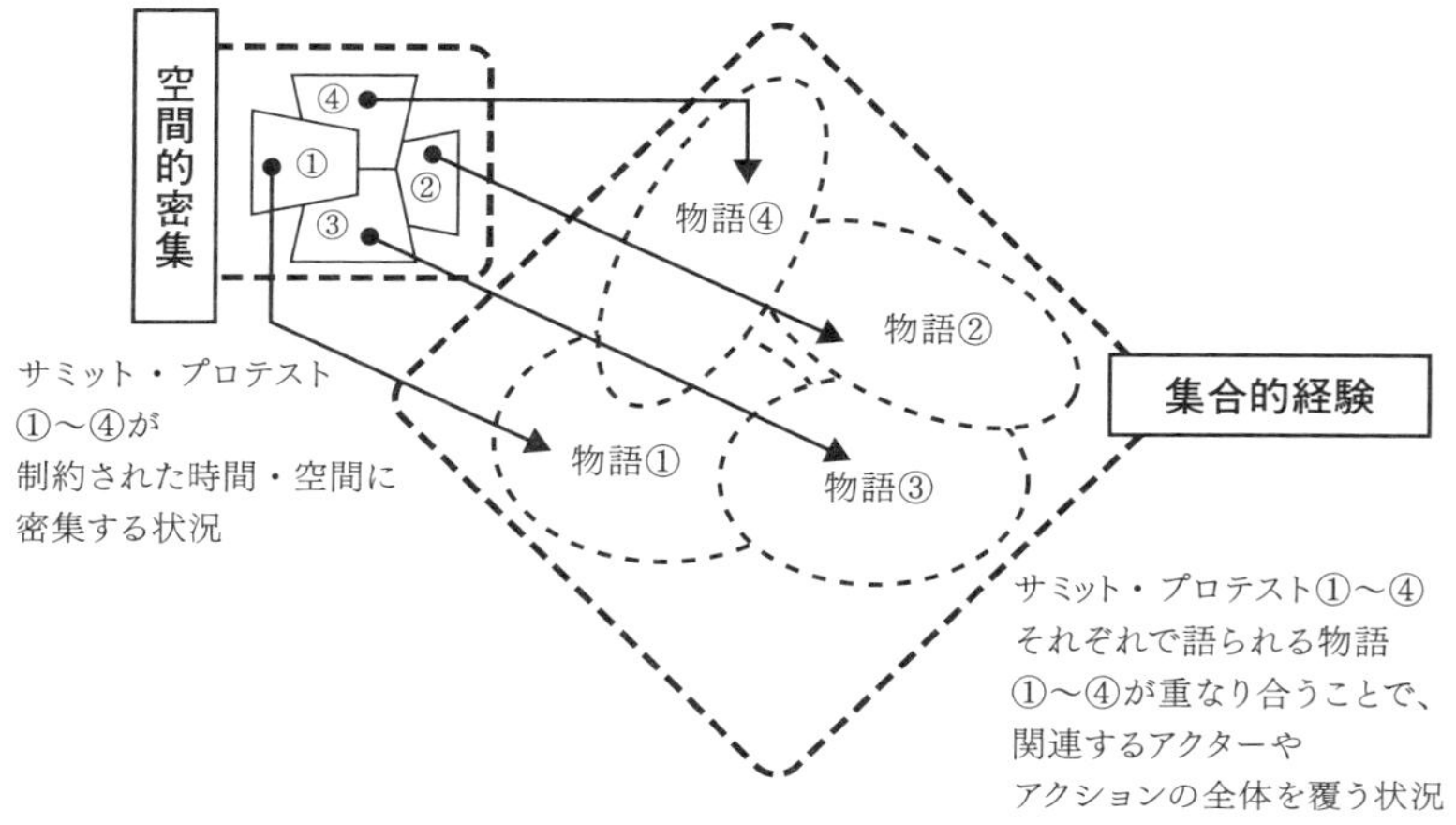

図12　一つの集合的現象として立ち現れるメカニズム

間的密集によって客観的に、同時に、集合的経験によって主観的に、重層化するサミット・プロテストが一つの集合的な現象として立ち現れる——密集・経験モデル——ということである（図12）。

実際、各アクターのサミット後の報告会や報告書によると、いずれも全体を一つの運動と捉えた上で、その内部で活動歴、活動地域、スタイルやイデオロギー、強調点の違いがあるという形で位置づけているようにみえる。二〇〇〇年に登場し、二〇〇八年に本格化した市民メディア、オルタナティヴ・メディアの活動もそういった集合的経験の構築に寄与したと考えられるかもしれない。[*8]

以上、本章では、多様な要素が共在しつつ全体として一つの集合的な現象・運動としての実感・実態をともなうメカニズムについて、サミットの制度構造に応じた四つのサミット・プロテストの分裂と重層化、および空間的密集・集合的経験の観点から、新たな説明モデルを提起してきた。従来的な説明モデルは、対象を〈多様な要素は含んでいるがあくまでも一つの運動、組織・集合行為〉として捉えた上で、資源や共通認識、政治的機会構造との関係性においてそのメカニズムを説明するものであった。だが、それでは、複数の争点とアクターとアクションの複雑な絡み合いについて、ひいては、多様な要素が統制なく共在しつつも一つの運動としての実感や実態をともなうというサミット・プロテストの特性については――議論の前提部分なので――うまく説明することができない。

そこで本章では、まず運動にとっての敵手・標的となる「サミット」というアクターに注目し、そもそも分裂しているサミット・プロテストが、優先順位付で複数の争点を含みつつ重層化することを示した。そこでは、従来、当たり前であった〈対象が一つの運動である〉という前提は採用されていない――反対に〈敵手が一つである〉（多様な側面をもっていることは認めた上で）ことは前提としている。また一つの集合的な現象としての実感・実態が生み出される仕組みについても、空間的密集や集合的経験という概念を導入することで、限られた時間・空間に集結したことによる経験の共有という観点から説明しうることを示した――〈組織―動員論〉から〈敵手―集結論〉へ？

なお、本章で提起した「集合的経験」概念は、トゥレーヌ派の「経験」（Dubet 1994）、「経験運動」（McDonald 2006）、「経験の空間」（Pleyers 2010）などをふまえたものである。

結論

本書の土台にあった問題関心は、仮に現在、従来の組織的なイメージから外れるような運動が増加しつつあるとすれば、理論もそれに適したものへと刷新される必要がある、というものであった。

第Ⅰ部では、行為主義・歴史的仮説を軸にトゥレーヌらの理論を検討し、日本の社会組織・運動に応用することで、その解釈理論を刷新しようと試みた。第Ⅰ部のまとめは章ごとにすでにおこなっているが、ここで改めて簡単に整理しておきたい。

まず第1章では、トゥレーヌ理論の核となる行為主義について検討をおこない、歴史的行為論が伝統的な行為論を引き継ぐものであることを確認した。そして、行為類型として闘争、社会運動、文化運動、危機の行動、反運動、経験運動等の区分、また個人の行為論理として統合・戦略・主体化等の区分がなされていることを示した。続いて第2章では、歴史的仮説について検討をおこなった。産業社会の進歩をめぐる社会運動仮説から、脱産業社会における知識の統制をめぐる社会運動仮説、さらに脱近代化／脱社会状況における個人的主体―文化運動仮説への変化、あるいは後継者らによるグローバル運動仮説への変化を示した。その上で土台にある歴史的経験を相対化することで複合レジームモデルを構築し、トゥレーヌ理論を刷新しうることを示した。第3章では実際に行為類型を、複合レジームモデルを介して組み替え、日本の社会組織・運動の分析に応用した。

トゥレーヌらは、行為主義から理論体系を構築し、同時代状況に関する仮説を定めた上で、実証的な調査をおこない、仮説を修正してきた。また反証結果が数多く得られた場合には、理論体系自体が問い直されることもあった。ただし不足部分の補完や焦点となる水準・局面の変化はあっても理論の中核部分が変わってしまうということはない――たとえば「社会運動」概念の意味は前期から後継者に至るまで完全に一貫している。それに対して本書第Ⅰ部では、理論体系自体を複合レジームモデルによって相対化し、仮説を日本社会に合致するものへと作り直した。実証的調査の結果から仮説を修正するのではなく、理論自体を相対化することで仮説をいわば複数化したわけである。その試みはトゥレーヌ理論を拡張する試みであり、社会学理論、および社会運動の解釈理論の発展にも寄与しうるものである。


つぎに第Ⅱ部では、サミット・プロテストの事例分析を第三のアプローチにもとづいておこない、因果分析の領域においても新たな説明理論を提示しようとした。各章の成果をここでまとめておきたい。

まず第4章では、トゥレーヌ理論を社会運動論として限定的に捉えた上で、方法論的な検討を通して動員論に代わる新たな説明理論の導出へとつなげた。まず社会運動研究における動員論と行為論の系譜の分裂を指摘した上で、動員論の発展の流れを追い、つぎに行為論、とくにトゥレーヌ理論の特徴をメルッチの運動論、批判理論、モダニティ論と比較しつつ示した。それによって、動員論と行為論の方法論的な差異と前提・制約を明らかにし、さらに社会運動の特性そのものの形成・発展・衰退の因果的メカニズムを説明しようとするという第三のアプローチを提起したのである。そしてその具体例として、福祉レジーム類型などの制度構造的要因、運動と敵手の集団・組織関係的要因、運動の現場での相互行為的な要因に分けて特性のメカニズムを説明する研究プログラムを示した。

その上で第5・6章では、サミット・プロテストの有する〈多種多様な要素が含まれつつも一つの集合的現象として成り立つ〉という特性に焦点をあてた。第5章ではまず〈サミット・プロテストが多様な争点・アクター・アクションを含む〉までのメカニズムの説明に取り組んだ。最初に五つのサミット・プロテストのデータ分析にもとづいて多様な争点・アクター・アクションの存在を描き、また争点やアクターが大幅に多様化してきたことを示した。その上で各社会・時代ごとのリスク・制度的受苦の変化と争点・アクター・アクションの配置との間のマクロレベルのメカニズム（複合レジームモデル）を示した。

第6章では、続いて〈要素間で複雑な関係性が形成されつつも一つの集合的現象として成り立つ〉メカニズムの説明に取り組んだ。まず敵手たるサミットの特徴（資本主義・先進諸国・国際問題・ヒエラルキー）に注目し、そこから四つのサミット・プロテストが重なり合いつつ、部分的に連携することによって、複雑な要素の関係性が形成されるというメゾレベルの仕組み（敵手中心モデル）を示した。つぎにやはりサミットの特徴（時間・空間的な制約）に注目し、そこから空間的密集と集合的経験、客観的・主観的に一つの集合的現象が立ち現れるというミクロレベルの仕組み（密集・経験モデル）を提示した。

もちろん、これらのモデルは仮説的なものであり、今後、さらにデータを収集して検証を進め、より精緻なものにしていく必要がある。たとえば第5章についてはより多くの時系列データの分析や複合レジームモデルの精緻化が求められるし、また第6章の空間的密集の分析は、アクション展開の時系列的記録（タイムライン）[*1]の分析や政治地理学・人間生態学との接続が可能だろう。集合的経験の分析においても各団体の報告書の分析や（グループ）インタビュー調査、社会学的介入を実施することができるだろう。

その上で第5・6章において示したのは第三のアプローチの一例でしかなく、各段階で他の選択肢がありえることは指摘しておきたい。たとえば、第4章において第三のアプローチを具体化する際には、制度構造的要因（マクロレベル）、集団・組織関係的要因（メゾレベル）、相互行為的な要因（ミクロレベル）を区別した。だがそれはサミット・プロテストのようなグローバルかつローカルな運動を射程におくために設定したものに過ぎないのであり、別の水準を設けることはもちろん可能である。また第5・6章では、サミット・プロテストの〈多種多様な要素が含まれつつも一つの集合的現象として成り立つ〉特性に焦点をあてたが、サミット・プロテストの別の特性に注目することは可能である。サミット・プロテストの〈組織的〉な特性に焦点をあてることもあってよいし、それぞれの研究関心に沿って選択される必要がある。最後に、第5・6章ではサミット・プロテストの特性を、つまるところ①多様な要素の存在、②要素間の複雑な関係性、③一つのものとしての立ち現れ、という三つの局面に区分けしていた。だが、その区分けは便宜的なものであり、同じ特性に注目する場合でも、異なる局面の分け方をすることは可能である。また、①多様な要素の存在をマクロレベルの複合レジームから、②要素間の複雑な関係性をメゾレベルの運動－敵手の関係から、③一つのものとしての立ち現れをミクロレベルの密集・経験から説明するというこの組み合わせも唯一のものではない。このように本書で示した研究プログラム以外にも、第三のアプローチ的研究にさまざまなバリエーションがありえるということは指摘しておきたい。

最後に第三のアプローチと既存の説明理論（動員論）の関係をあらためて整理しておきたい。動員論が対象全体の外延（外形）と定義の合致を確認した上で、その内部構造や外部環境との相互作用の分析へ進んでいくものだとすれば、第三のアプローチは、まず現象の特徴を捉え、要素間の関係を分析し、最後にそれらの要素を包み込むものとして構築される外延の分析へ進んでいく。

前者は外延が明確な対象に適している。その典型は組織化され、少なくともその活動内では参加者が同定できるほどに成員性が明確で、オーガナイザーや幹部、作業分担などの組織構造を有しているようなさまざまな運動であろう。それらに対しては動員論的な分析はきわめて有効である。だが、外延が不明確で、定義に合致しないような事例やそもそも合致しているかどうかを確かめるのが難しい事例の場合には、たとえごく一部であっても合致する部分だけに焦点をあてるしかなくなり、その結果、重要な部分を見逃してしまうリスクが高くなる。

それに対して後者は、むしろ外延が不明な対象に適している。典型的には、サミット・プロテストやオキュパイ・ウォール・ストリート、アラブの春のように、一時的で匿名的で集結場所のみが決まっているような運動、成員か否かも組織構造も不明な運動である。ある要素・特性に焦点をあてることからスタートする第三のアプローチはこれらの運動に対してむしろ有効であろう。本書で示したように特性をデータにもとづいて分析し、構造的要因、集団・組織的要因、相互行為的要因を実証的に明らかにすることもできるだろう。

長年、運動の因果的メカニズムの研究において、動員論的アプローチだけしか選択肢がないと思われてきた中で、第三のアプローチは、動員論とは異なる一つの選択肢になりえる。目の前の集合的な現象の組織的部分に注目して動員論的アプローチをとることもできるし、運動の独自な特性に焦点をしぼって第三のアプローチを採用することもできるのである。

その上でより根本的なことを言えば、たとえば協同組合やＮＰＯ法人のもつさまざまな側面の中で、社会運動的な側面に注目して、それを「社会運動」と捉えて、その側面に関わるかぎりでのメカニズムの分析をおこなっているのであれば、それは第三のアプローチと重なってくる。つまり、〈定義と合致する部分だけを切り取って分析する動員論的アプローチ〉は、「定義」で示された特性に注目して、そのメカニズムを説明しようとするものであり、第三のアプローチの一事例としても位置づけうるのである。

本書では、トゥレーヌの社会学理論を解釈理論として発展させ、また説明理論へと転換させることで、動員論と行為論の現状を乗り越えようとしてきた。とはいえいまだ新しい解釈・説明理論からなる社会運動理論のおおよその方向性を示せているにすぎない。今後さらに運動の調査研究を進め、さまざまなデータを用いた理論の検証を進めていく必要があるだろう。

あとがき

本書は、二〇一〇年に京都大学大学院文学研究科に提出した博士論文「新しいグローバル運動の社会学——経験運動論とメカニズム」に大幅な加筆・修正をおこなったものである。

この間、つぎつぎに出版されるトゥレーヌの著作、ヴィヴィオルカ、デュベ、マクドナルド、プレイヤー、ホスロハヴァールなど後継者の著作を検討しつつ毎年のサミット・プロテストの分析を進めてきた。並行してデュベの著作の翻訳を企画・刊行し、トゥレーヌ派社会学に関する研究発表依頼等も引き受けてきた。また国際社会学会RC47では、理事として後継者らとトゥレーヌ理論に関する議論や共同研究も重ねてきた。それらの成果をもとに本書では、理論的枠組みを経験運動論からトゥレーヌ理論全体へと拡張するなどの大幅な修正をおこなっている。

私事ながら、本書あるいはその元となった博士論文の背景について、ここで述べておきたい。筆者がトゥレーヌの名前をはじめて聞いたのは、今から一五年近く前だった。当時は、「臨床社会学」という言葉が流行し、(高校時代に国際医療活動に、学部時代には教育倫理に関心をもち論文も執筆していた）筆者も大阪のいわゆる「釜ヶ崎」地域などの地域通貨活動に関わりつつ、その経験を研究につなげていこうとしていた。そこで他大学の先輩方から、筆者のアプローチに近いものとして、トゥレーヌが編み出した「社会学的介入」法があることを教えていただいたのである。また偶然、同じ頃、昔からさまざまな運動に関わってこられた方からもこの方法のことをお聞きする機会があった。筆者にはこの方法が〈まっとうな学術的研究〉と〈少しでもより良い社会を実現するための実践〉とを両立させてくれるもののように感じられ、その学説史的研究を開始したのであった。トゥレーヌよりも、また社会運動よりも、まずもって「社会学的介入」という方法に関心をもったわけである。

当時は、トゥレーヌについての学説研究が日本ではあまりなされていないように思えたし、社会運動研究においてもアメリカ流の資源動員論が支配的になる中で、トゥレーヌは「新しい社会運動」論の一論者として理解されているだけにみえていた。後にそれらの印象は正しいものではなく、少なくともアメリカや、一九八〇年代半ばから二〇〇〇年代にかけての日本に、やや固有の状況であると理解できるようにもなるのだが、(数年、哲学書やブルデュー、ルーマンの理論などを理解することに全力を傾注していた)筆者は、勝手に、「判官びいき」、つまりあえて劣勢に追い込まれているとみえる理論・方法論を擁護してあげたいといった思いをもって「社会学的介入」についての研究を開始するようになったのである。

数年、社会学的介入をさまざまな調査法と比較し、実際に日本の地域通貨活動に対して実施した後で、今度はいよいよトゥレーヌらの研究業績をすべて検討しなおす網羅的な学説研究に取り組むようになった。トゥレーヌの理論を、行為理論、システム理論、資源動員論、批判理論、構築主義やエスノメソドロジーなどと比較しつつ、また(国内では)NPO・社会的企業のネットワーク、(国際的には)国際NGOやサミット・プロテストの調査も開始するようになる。国際学会や海外調査においてトゥレーヌやその後継者らと直接話をするようになったのもこの時期、およそ一〇年前のことである。以来、トゥレーヌから後継者への理論継承の状況や、トゥレーヌを中心とする「学派」内部の関係性についての知識社会学的な検討も「参与観察」的におこなうようになった。その過程で、トゥレーヌらの試みがアクターを中心に、社会や社会システムといった概念を使わずに社会学を構想しようとするオリジナルで重要な試みであるように感じられるようになっていった。世界的に運動やデモが盛り上がり、国家が転覆するような時代、またグローバル化によって「社会」や連帯のもつ意味が失われるような時代にあって、大切な問題に独自の観点からアプローチしているように思えたのである。

もちろん、トゥレーヌらも自覚しているように、そのアプローチは、他のアプローチを否定するものではなく、その理論にも、そこからなされた実証研究にも、不十分なところはある。だがそれゆえに筆者自身もその理論・方法論の修正・発展の作業に関わっていけると考えることができた。本書は、そのような思いから取り組んできた研究の現時点における総括の一つである。

この五―一〇年の間に、日本では脱原発運動や反安保の運動が盛り上がりをみせ、若い世代がその中心を担い、またウェブや音楽、ファッションも含め、最先端のカルチャーを生み出す場ともなりつつある――それは筆者がローマやコペンハーゲン、ピッツバーグで目の当たりにした状況と似ている。日本における盛り上がりの中で筆者がしばしば耳にしたのが、それらが「新しい社会運動」なのかという議論であった。この言葉を考案したトゥレーヌの理論を／も研究する者として、本書がそれらの議論にも寄与するところがあれば幸いである。

なお、本書の元となる研究は、以下の助成にもとづいている。

・文部科学省科学研究費補助金、若手研究（B）、二〇一三～二〇一七年度「国際サミットをめぐるアクターの比較分析と理論構築に関する社会学的研究」研究課題番号：25780328（研究代表者）

・文部科学省科学研究費補助金、研究活動スタート支援、二〇一一～二〇一二年度「サミット・プロテストとアクター連関：ネットワークの数量分析とアクションの空間」研究課題番号：23830115（研究代表者）

・文部科学省科学研究費補助金、特別研究員奨励費（DC1）、二〇〇七～二〇〇九年度「社会変動のメゾレベルの分析：集合的な排除経験、及び自助・支援の集合行為を中心に」研究課題番号：07J07354（研究代表者）

・文部科学省科学研究費補助金、基盤研究（B）、二〇〇八～二〇一〇年度「グローバル社会運動の発生と展開：二〇〇八年洞爺湖G8サミット国際市民運動を通して」（代表：野宮大志郎）研究課題番号：20330109（研究協力者）

・文部科学省グローバルCOEプログラム「親密圏と公共圏の再編成をめざすアジア拠点」（代表：落合恵美子）京都大学（二〇〇八～二〇一二年度）：二〇一〇－一一年度コアプロジェクト研究費「ニダニティ論からみた公共圏の理論的検討」（メンバー）、二〇〇八－〇九年度国際共同研究費「公共圏と『多元的近代』の社会学理論」（メンバー）、二〇一〇年度次世代ユニット研究費「ソーシャル・ガヴァナンスと国際比較」（代表者）、二〇〇九年度次世代ユニット研究費「個々人の経験とオルタナティヴな親密圏／公共圏」（幹事）、二〇〇八年度次世代研究ユニット研究費「東南北アジアの福祉レジームと社会紛争」（幹事）

また、各章の執筆時に部分的に依拠した論文はつぎの通りである。

第1章

濱西栄司、二〇一三、「アクターの回帰とアクシオンの社会学――行為論的アプローチからの展開」『現代社会学理論研究』七：二九―四〇。

濱西栄司、二〇一〇、「社会的排除と「経験の社会学」――三つの論理と接合のワーク」『理論と動態』三：三―一八。

濱西栄司、二〇〇五、「テロリズムへの運動論アプローチ――集合行為論とアクシオナリスム」『現代社会理論研究』一五：四八八―四九六。

濱西栄司、二〇〇五、「集合的アイデンティティから経験運動へ――トゥレーヌ学派モデル／社会学的介入によるLETS・変容の事例分析」『ソシオロジ』一五四：六九―八五。

濱西栄司、二〇〇四、「社会学的介入の理論と実践――アラン・トゥレーヌ、フランクフルト学派、ヴァンセンヌ学派」『現代社会理論研究』一四：一一四―一二七。

第2章

濱西栄司、二〇一四、「後期トゥレーヌの脱近代化論――モダニティをめぐる諸理論と現代アジア」『変容する親密圏／公共圏6モダニティの変容と公共圏』京都大学学術出版会、一九三―二一五頁。

濱西栄司、二〇〇九、「トゥレーヌ社会学における中心的テーゼの確立と展開――「強い」社会運動論の可能性、脱フランス化と日本」『現代社会学理論研究』三：一六三―一七四。

濱西栄司、二〇〇八、「紛争イシューの多様性に関する複合レジームモデル――政治的機会構造、

行為社会学、福祉レジーム、受益／受苦圏」『京都社会学年報』一六：二二一―三五。

第3章

濱西栄司、二〇一二、「「三・一一以後」とアクターの回帰――日米丁サミットとトゥレーヌ理論を通して」『批評研究』一：九七―一一八。

濱西栄司、二〇一一、「自律スペースの現在と〈調整〉――国際サミット時のローマ・コペンハーゲンと日本」『インパクション』一七八：二二一―三三。

濱西栄司、二〇〇九、「新しい社会的リスクと日本型ソーシャル・ガヴァナンス――社会的企業聞き取り調査の分析を中心に」『誰も切らない、分けない経済――時代を変える社会的企業』同時代社、二一二―二二五頁。

第4章

濱西栄司、二〇〇八、「動員論と行為論、及び第三のアプローチ――方法論的差異と社会運動の「質」」『ソシオロジ』一六三：三九―五四。

第5・6章

濱西栄司、二〇一六、「サミット・プロテストの全体像とメカニズム――五つの日本開催サミットにおける争点・アクター・アクションと集合的経験／空間的密集」『サミット・プロテスト――グローバル化時代の社会運動』新泉社、七三―一〇五頁。

本書の執筆にあたっては大変多くの方のお世話になっている。まず京都大学大学院時代に御指導くださった伊藤公雄先生、松田素二先生、落合恵美子先生、宝月誠先生に心から御礼を申し上げたい。また田中紀行先生、太郎丸博先生にもさまざまなアドバイスをいただいた。感謝申し上げたい。

大阪府立大学学部時代の森岡正博先生には、ここでぜひ御礼を申し上げたい。先生がひっぱりあげてくださらなければ、今こうして研究者の道を歩むことはなかった。また同大学院時代の中河伸俊先生には、社会学とその方法論の重要性について深く教えていただいた。

国際的な研究活動、とりわけRC47との関係の場を与えてくださったのは矢澤修次郎先生であり、サミット・プロテストの共同研究という貴重な場に参加させてくださったのは野宮大志郎先生である。この場で心から感謝申し上げたい。

日本語版に記すことに意味はないかもしれないが、マクドナルド教授には毎年のようにアドバイスをいただいてきた。心から感謝の意をお伝えしたい。また京都やローマでトゥレーヌ教授と直接お話しできたことは、やはり決定的な出来事だった。G・プレイヤー、E・トスカーノ、B・ブリンゲルには、トゥレーヌから影響を受けた同世代の研究者として、大いに刺激をもらっている。

大学院時代の先輩方にも、ここには書ききれないほどたくさん恩がある。ただお二人だけ名前を挙げさせていただくなら、西川知亨さんと石原俊さんに心から御礼を申し上げたい。また京都大学社会学教室事務の松居さんにもさまざまにご支援いただいた。

最後に新泉社の竹内将彦さんは、本書をぜひ同社から出版したいという筆者の思いに応えてくださり、貴重なコメントも数多くくださった。心から感謝を申し上げたい。

二〇一六年三月　　濱西栄司

注

序章

*1——「新しい社会運動」という概念そのものは、ハーバマスやオッフェも用いているが、彼らの議論の中心は、運動や紛争よりも「社会」や「システム」にあり、その概念を他の概念と十分に分節化していない。まして中範囲理論へと展開して、実際に実証研究にまでもち込むようなことはしていない。メルッチも、新しい社会運動概念に関してはトゥレーヌの中期理論を、一部を除いてほぼ踏襲しているといってよい。

*2——この方法をめぐってカステルやメルッチ、および社会学的介入調査に参加した当事者など一〇五名によりおこなわれたシンポジウムの議論も書籍化されている（Touraine ed. 1982)。

*3——とくに『モダニティの批判』(Touraine 1992)、『民主主義とは何か』(Touraine 1994)、『われわれはともに生きることができるのか』(Touraine 1997a) の三部作は中国語や韓国語、アラビア語、トルコ語などアジア圏の複数言語にも翻訳されている。

*4——全体を捉える研究は日本ではほぼ存在しない。例外的に杉山（2000）は中期理論を中心に前期や後期、後継者などにもふれていて貴重であるが、初学者向けのテキストであり、また一九九〇年代終わりまでの展開に限定されている。

*5——トゥレーヌは以下のように述べている。「本書は……一つの社会学的手続きの方法への序章となることを意図している。……本書の関心は、過度に野心的な社会学理論を提示することにではなく、ただ、統合された一連の提案を生み出すに至るであろう分析を社会学者が実行できるようにすることにだけある」(Touraine 1973=1977: 12)。

第1章

*1——塩原によれば、トゥレーヌは「社会学の分析視点」(「社会学的分析の基本的方法」「全体化の諸様式」) を（1）マートン、パーソンズに代表される「行為者を制度化された社会諸関係のシステム内に位置づけ、システムの一貫性に焦点をあわせる」機能主義、（2）レヴィ＝ストロースに代表される「社会的相互作用における記号のアンサンブルの論理に焦点をあわせる」構造主義、そして（3）システムや構造が予定され

るのではなく「行為の主体の弁証法」が問題になる自らの行為主義、の三つを区別している（塩原 1975: 20）。

＊2――ここでいう「他の人々」とは、「或る個人や知人のこともあり、不特定多数者やまったく未知の人々のこともある。たとえば、交換における行為者が貨幣を交換財として受け取るのは、将来の交換の際に非常に多くの人間――といっても、未知の不特定多数者――がそれを受け取ってくれるという期待に自分の行為を向けているからである」という（Weber 1921-22=1972: 35）。

＊3――トゥレーヌによれば、一九五〇―七〇年代にフランス社会学において力をもっていたのは、L・アルチュセールやM・フーコー、P・ブルデューらの構造主義的で社会批判的なアプローチであり（Touraine 1984=1988: 6, 15; Dubet 2011=2014: 19）、そこでは、「アクターはシステムに完全に支配されたものとしてあらわれ、システムそれ自身が支配のメカニズム」として捉えられたという（Dubet 2011=2014: 20）。その中で、トゥレーヌがいち早く行為論に取り組んだ背景には、歴史学の学生としてアナール学派の教授らから社会史を学ぶ中で、ウェーバーの経済史・歴史社会学に共感していたこと、一九五二―五三年に米国に留学し、ハーバード大学とコロンビア大学で機能主義社会学者と交わる中でパーソンズのウェーバー理解や機能主義に批判的になり、その後、シカゴ大学の社会学や「草の根」の人々の動きに共感するようになったこと（Touraine 1977=1979: 60-63）、さらに労働社会学者として、「労働」（生産しつつ統制する）をモデルとした「行為」論を展開できたことなどがあったと考えられる。

　当時を振り返ってトゥレーヌは述べている。「数ヶ月ハーバードにいた時には、パーソンズの弟子たちとその著作――黄本と呼ばれていた、パーソンズの周りの社会学者・心理学者・人類学者グループが執筆した『行為の一般理論へ向けて』（1952）――は、パーソンズ個人による『社会体系』（1951）と同じくらいに、若い歴史学上級教員資格取得者の私がフランスでは決して学んでこなかった――社会学教員資格はアロンによって私が教育段階を終えた後の一九五五年に設けられるまで存在しなかった――社会学へ私を導いた」。しかし、その後、パーソンズの社会システム論への批判も強めていく。「反機能主義の感情が強くなればなるほど、私は当時支配的であったパーソンズの思想とはっきり対立するようになっていった。……当時、私は、産業の再建と労働状況の変化と植民地の人々の独立へとつながる解放の精神によって活性化されていたヨーロッパ社会、とりわけフランス社会における運動経験を知的な形にしたかったのだが、秩序についての――おまけに保守的というよりリベラルな――社会学のようにみえたパーソンズの社会学には、私の中のすべてが反抗した。……機能主義は、イギリス功利主義とフランス実証主義から生まれ、社会にとって有益なことが善であり、それに逆機能的なものが悪であるとする道徳科学のように構成され、長い間、社会学の定義そのものであった。だが私の著作の中には、その機能主義全体に対する異議申し立てほど頻繁に存在しているアイデアはもはやない」(Touraine 2000 [1965]: 9)。

＊4――かつて新明は、「行為理論を設定しこれによって社会学理論を基礎付けようとする」行為(論)的アプローチの例として、マッキーヴァー、ズナニエツキ、パーソンズ、ホーマンズ、ミルズとともに、トゥレーヌ(Touraine 1965)を挙げ、そして「社会学をもって社会行為の科学であると定義し、機能主義的・構造主義的分析から区別された行為主義的分析によって労働を出発点としながら産業社会の文明的業績や社会組織の諸形態の考察を試みて、独自の行為的アプローチを示唆」しており、「その企図が独創的でもあり、今後その成果に期待されてよいものである」と評価している(新明 1974: 136)。

＊5――初期トゥレーヌは、フリードマンとの労働調査と併行して、米国の社会階層論を批判しつつ、マルクス、ウェーバー、アルヴァクス、ソローキン、ギュルヴィッチといった階級研究の存在を指摘し、G・ギュルヴィッチの機能主義批判を引き継ぎつつ、北米のシカゴ学派・機能主義者による階層論の批判的検討をおこなった(Touraine 1951)。また、アメリカ産業社会学の「産業主義的な技術」化を批判している(Touraine 1952)。

＊6――トゥレーヌは、機能主義において各水準が密接に結びつき、行為システムの一体性が保証されている点は評価している。「機能主義的分析……はたんに社会的現実の特定のレベルに限定されないというだけではなく、他のいかなる分析よりもしっかりと、文化、社会、パーソナリティ相互を結ぶ強固な絆を確立したのである。／社会システムの概念が機能主義的分析の中心に据えられているというのも、この概念が個別的な三つの行為体系の一体性を保証するからである」(Touraine 1965=1974: 144)。その上で、トゥレーヌは、パーソンズ的機能主義とは別の道を探ろうとするわけだが、ダーレンドルフのような批判ではなく、オルタナティヴを提示することの重要性を強調している。「R・ダーレンドルフは『産業社会における階級と階級闘争』……の中で、T・パーソンズの社会学は闘争の重要性を無視していると批判し、ウェーバーの思想に依拠しつつ、序列化されたすべての組織――支配的結合 Herrschafts-verbande ――内での権威闘争の一般性を強調している。しかし、均衡と同意の強調は、ひとつの社会関係の内部でしか把握できない闘争を理解させてくれる方法論的手続きにすぎない。それとは逆に、闘争が社会体系の機能という概念ではなく、行動の方向づけという概念で考えられるとなると、この批判は根本に関わってくる。要するに、機能主義的分析を改革するのではなく、それが他にも分析のパースペクティヴがあるということを否定しようとする傾向に反対することが重要なのである」(Touraine 1965=1974: 110)。

＊7――――中期トゥレーヌの分析は、具体的な組織や法から文化（価値・規範）への指向性へ遡及するのではなく、まず最上位の社会関係・文化的指向性から「下降」するようにおこなわれる。「歴史家は研究対象・法・経済組織・文献から出発して、社会関係・文化的指向性へと遡及する。我々は、それらを直接に把握し、そこから出発して政治的メカニズムの形成、社会組織の形態へと下降してゆこうとすることができる」（Touraine 1974=1978: 53-55）。

＊8――――梶田（1988）がトゥレーヌ社会学の中心と捉え、「対抗的相補性」という言葉で呼んだのも、そのような相補的で対抗的な「社会関係」であった。

＊9――――もともと労働階層意識に関する指標であったI・O・Tを、後に中期トゥレーヌが集合行為に関する指標として転用している点については、曽良中（2004）も述べている通りである。「Touraine は一九六六年に出版した著書の中で、アイデンティティ、対立、および全体性の三つを労働者の階級《ママ》意識の構成要素だと主張していた……一九七三年以前《ママ》展開される運動理論では、この三つが社会運動を成立させる原理になる。「アイデンティティの原理、対立の原理、および全体性の原理の結合」、それが運動だと定義されるのである」（曽良中 2004: 248）。

＊10――――トゥレーヌは、システムや構造によってすべての行為が支配されるという捉え方に一貫して距離をとってきた。「トゥレーヌの社会学は、社会システム内での位置によって我々の行為が決定されるという考え方に常に反対してきた――社会構造が行為を決定するという考え方は、パーソンズ的機能主義（一九五〇～六〇年代）、社会的世界が支配のシステムだと主張するマルクス主義（七〇～八〇年代）、合理的選択モデル（九〇年代）というように、いくつかの異なる形態をとってきている」（McDonald 2002: 249）。

＊11――――たとえば、病の経験、病の語りに関する現代の医療社会学や医療人類学（Kleinman 1988）では、患者を病の被害者としてだけでなく、疾患を抱えそれにともなうさまざまな支障に悩まされながらもなお、より良く主体的に生きようとするアクターとして捉え、また自分自身のライフスタイルを作り出し、自分独自の（個性的で）一貫した経験を作り出そうとする存在として描くようになっている。トゥレーヌのいう「主体」もそのような見方によって捉えられるものに近い――CADIS第三代所長P・バタイユの癌患者の主体性に関する研究も影響を与えている。近年の人類学的研究も、近代的なセルフの土台に普遍的な自己として個人の単独性・個人性への欲求が存在していると指摘している。「選択と創造のフリーハンドをもった自由で自律した個人に至上の価値を置くセルフ様式は、たしかに西欧近代社会の歴史的産物だが、他者と区分された自己意識をもつ個人、制限された範域で選択と創造の行為をおこなう個人性は、歴史的・文化的変異にもかかわらず、非西欧社会

において も生成されてきた」（松田 2002: 390）。トゥレーヌも人類学者と「主体」概念をめぐって議論をおこなっている（Touraine 2002; Hant 2002）。

＊12――トゥレーヌの新たな原理をめぐっては、すでにハーバマスやテイラー、ロールズ、リクール、フロム、カストリアディスらの社会理論・公共哲学との比較検討がなされている（Arnason 1994; Linkenbach 2000; Ballantyne 2007, 2008, 2010; Tucker 2005; Wilde 2007; Dubet et Wieviorka ed. 1995; Clark and Diani ed. 1996）。なかでも批判理論との比較はよくなされてきた。少し長くなるがおさえておきたい。たとえばゴルツは、トゥレーヌの後期理論とハーバマス、ホネットらの理論の共通点として、①反近代やポスト・モダニズムの拒否、②根本的に解放的なものとしてのモダニティ理解、③ウェーバー的近代論の再定式化、④アクターとシステム、主観的意味と客観的意味の分離の強調、を挙げている。その上で、「非同一性」（das Nichtidentische）概念を参照しつつホネットが注目する「社会的役割・有用性への機能的同一化に抵抗しようとする主体の活動」は、トゥレーヌのいう「主体」に近いと指摘している（Gorz 1996: 279）。ホネット（Honneth 1992）は、批判の根拠を生活世界からアドルノに由来する「非同一性」（Nichtidentische）へとさらに深化させる。ゴルツによれば「非同一性」とは「公的・私的なコミュニケーション的関係を含み、さらには愛情、友情、やさしさ、つまりそれ自身以外の目的のためには道具化されえない審美的な経験」を含み、「主体が社会的役割や社会的有用性との機能的同一化から離れ、抵抗し、拒絶するところの諸活動・関係」を指している（Gorz 1996: 279）。クネーブルもまた、トゥレーヌとハーバマスを比較検討し、「個々人の根本的な差異」を開始点とするトゥレーヌにとって、ハーバマス的な「理想的なコミュニケーション的共同体というイメージ」は「個々人の現実の差異を曖昧にする危険をはらんでいる」がゆえに「問題含み」なのだという（Knöbl 1999: 418）。そして、同じ一九九二年に出版された『モダニティの批判』とホネットの『承認をめぐる闘争』との間の「類似性」を指摘している（Knöbl 1999: 424）。タッカーもトゥレーヌとハーバマスを比較した上で、トゥレーヌ理論が、「ハーバマスのアプローチよりも、パフォーマティブな公共圏に関するより良い理解をもたらす」（Tucker 2005: 43）と評価している。ワグナーも、「自分の個性化を打ち立てようとする」ことにおいて個々人は平等であり、またその内容において個々人は差異も保つことができるのであり、それゆえ、グローバル化・脱近代化の中で平等性と差異性を両立させる新たな原理となりうると認めている（Wagner 1998: 164）。このようなヴァルネラブルだが個性化への欲求と葛藤を抱えた新たな主体像は、近代的な自律した主体像や、「モダニティの徹底化」論の土台となる〈合理化を徹底し、再帰的に自己をモニタリングする主体像〉とは異なるものとして理論化されているのである。前期

トゥレーヌにおける、社会を生産し統御するアクターというイメージに近い。ギデンズ（Giddens ed. 1974）は前期トゥレーヌの『行為の社会学』（Toruaine 1965）を高く評価し、また中期トゥレーヌの「社会の生産」論がギデンズの「再帰的近代化」論に強い影響をあたえているという指摘（Crossley 2007）もある。

　自身のリキッド・モダニティ論と、トゥレーヌの提示する新たな原理とを結びつけるのはバウマン（Bauman 2000, 2001）である。第4章でも後述するように彼は「流動的近代であるいま、坩堝に投げこまれ、溶かされかけているのは、集団的な事業や集団的な行動において、かつて、個人個人それぞれの選択を結んでいたつながりである——個人的生活と、集団的政治行動をつなぐ関係と絆である」（Bauman 2000=2001: 9）と述べ、集合行為自体が成り立ちにくい時代にあるという認識を示している（Bauman 2000=2001: 46）。そして、このような時代においては「個人化」を前提にしつつ、集合行為の再構築へと向かう方途を探る必要があると主張する（Bauman 2000=2001: 49-50）。では具体的にどのような活動に可能性を見出すのか。バウマンは、「類似による統一性か、差異による統一性か」と題する節において、「差異による統一性」という可能な共同体の媒介原理について語っている（Bauman 2000=2001: 230）。とはいえ、彼は新たな統一性の原理が具体的にどこにあるのかについて語ることはせず、その代わりにトゥレーヌに期待しつつ、以下のように述べる。すなわち、「流動的近代にはいった者よ、過去でも未来でも、全体性へのすべての望みは捨てよ。アラン・トゥレーヌが最近おこなったように、「人間を社会的存在として定義し、社会的身分・地位によって、人間を定義する時代は終わった」と宣言するときがきた。かわって、「社会的行動を社会的基準に左右されずに、戦略的に定義する」ことと、「行為者は自分の文化的、精神的特殊性を自分で擁護する」ことをまぜた原理が、社会制度や組織や普遍原理の中でなく、個人の内面にみつけられることになる」（Bauman 2000=2001: 29, 230-231）。バウマンは、合理化と主体化を「まぜた」原理が、「社会」の中ではなく、個々人の内面に見出されるものであることを指摘し、「トゥレーヌは我々の時代の中心的イシューにまっすぐ狙いを定めて取り組んで」（Bauman 2001: 429）いると高く評価するのである。

　バウマンもいうように、トゥレーヌのモダニティ論は、「さまざまな病の診断と、その治療体制の提起に溢れている」（Bauman 2001: 429）。その先にトゥレーヌが見据えるのは、「圧縮された近代」論で有名なキュン－スップ・チャンによれば、脱近代化する西欧を、「恵まれない社会集団と、建設的な批判的知識人と、敏感に反応する国家装置との間のパートナーシップを土台とする新たな「近代化のモード」」へと導くことである（Chang 2012: 5）。「圧縮された近代」論を展開してきたチャンは、『いかにしてリベラリズムを脱するか』（Touraine

1999）に関する書評（Chang 2003）や近年の論稿（Chang 2012）の中で、「世界的に有名な理論家で「新しい社会運動」の提唱者」であるトゥレーヌの「ナショナルなものの社会運動主導での再構築」（Chang 2012: 6）を追求する姿勢を評価している。チャンによれば、韓国における「階級政治から市民権政治への突然の転換を理論的に解明する」際に、ベックとトゥレーヌによる「後期近代あるいは後期資本主義的社会状況の診断」や「新自由主義的かつ／あるいはグローバルな資本主義」についての解釈は、まずもって「相互補完的に」「近年の韓国と他の地域における劇的な社会政治的転換」の説明に寄与する（Chang 2012: 4）。ただし、チャンは、韓国が「第二の近代」の段階に突入していることは認めつつも、そこに住む人々が「（ウルリッヒ・ベックが予想したようには）必ずしも原子化されてこなかった」と指摘する。というのも、現代韓国では「キャンドルライトを持った人々、オンライン抗議者、座り込みの抗議者、アドボカシー・ボランティア、専門的なアクティビストたちが、食の安全、安価な教育、環境保護、多文化主義、そして性的・宗教的他のマイノリティの保護、女性、若者、借家人、外国人労働者他の権利などの多様な社会的関心事に取り組んでいる」（Chang 2012: 5-6）からである。むしろチャンは、「ひどい行政管理システムによって被害者化されてきたＡＩＤＳ患者たちや、ばかげた法律によって困難な状況に陥り、自国に強制的に送り返されてきた滞在許可書のない移民たち、ホームレス状態の家庭、失業者達の災難と闘い」（Chang 2012: 5）という「トゥレーヌが描いたフランスの風景」（Chang 2012: 6）のほうが、「韓国の社会政治的風景」と合致すると述べるのである。

＊13―――以下の文章を参照。「文化的運動には両義的な性格が指摘できる。［つまり］この運動は、しばしば指導エリート、貴族的なサロン、ないしは知識人たちのサークルによって担われる。しかし、それらはまた、階級支配、および不平等と特権といったものの世代をこえた継承という二重の重苦に反対する民衆の権利要求で充たされもするのである。文化的運動は不安定であり、それは早急に分裂する。すなわち一方では、限られた射程しかもたない知的批判の中に逃避する場合を除けば、指導エリートの手から逃れられないような近代主義的潮流が存在する。他方では、異議申し立ての潮流が存在する。後者は、社会的支配の生と死［つまり新しい社会的支配と旧い社会的支配］の両方に対して同時に闘いを挑むゆえに、革命的である。こうした「進歩主義的な」文化的な運動のちょうど対極にあるのが、あらゆる危険の中の行為のように、危機に対して闘い価値の再確立をめざす運動である。過去の文化的モデルは、直接的な社会的表現を見出せないまま、我々の社会の中に漂いながら残存している。それらは、失われた文明の統一性を再発見しようとする過去復古的な集団によって、採用されるかもしれない。こうした過去の文化的モデルは、神という理念であること

もあれば、進歩という理念であることもある。［いずれにせよ］こうした過去の文化的モデルは、危機によって生み出された空白を充たすような原理を再発見しようと渇望する新しい社会運動によって、そしてとりわけ危機の中の行為によって、しばしば再解釈される。この点こそが、危機の行動が、フランスにおいては、とりわけ中間階級においては、宗教的な用語で再解釈される理由である。その結果、戦略および交渉よりもむしろ、終末論的待望に近い政治的参加と交じり合った共同体的運動が、しばしば誕生することになる」（Touraine 1978=2011: 140-141：［ ］内は訳者）。

＊14――このような焦点化は、（歴史学の教授資格をもつ）トゥレーヌによれば、「歴史的人物や社会的実践が各時代の表象であること」を示しつつ、「個人の行動の最も個人的でかつもっとも革新的な面を暴露することに関心がある」「歴史家たちの間でもしばしば見られる」ものである（Touraine 2000b: 905）。

＊15――デュベ（一九四六年生まれ。ボルドー第二大学教授、LASPAC代表、CADIS元副代表、国際社会学会RC47元代表）は、一九七〇－八〇年代にはトゥレーヌの社会運動調査に参加し、その後、排除される若者の調査、小学生、中・高校生、大学生、教員、労働者の調査をおこなってきた（Dubet 1991; Dubet & Martuccelli 1996; Lapeyronnie & Marie 1992）。理論書としては『経験の社会学』（1994）他。大学論（Dubet 2011）、研究史（Dubet 2007）も参照。

＊16――マクドナルドは、メルボルン西部郊外に住む「何年も失業中」の一六～二五歳の若い失業・非正規雇用者の経験を分析している（McDonald 1999: 1）。

＊17――シアトルWTO蜂起の際には一〇〇以上のアフィニティ・グループが形成されたといわれる（della Porta et al. 2006）。かつて日本にも、阿木らによって紹介されたことがあった（阿木 2000）。

＊18――抗議行動に参加したあるアクティビストはいう。「プロテストを組織化するような一つのチームや組織があるわけではない。抗議行動の土台として受け入れられている一つの原理があるわけでもない。そのことに自分は興奮するし、自分を元気づけてもくれる。メディアや警察は、明確な指導者や代表者と話したがるから不満かもしれないが。……みんな関わり方を選ぶ権利をもっている。たいてい皆、他の抗議者の選択を尊重する。抗議行動に関わる際の条件は、他の人の評判を貶めたり、脅かしたり、危険にさらしたり、傷つけたりすることがないことだ」（McDonald 2002: 116）。また別のアクティビストは、そこに参加する個々人が経験するのは、一つのアイデンティティを共有する経験ではなく、それぞれのアクションを調整する経験だと述べる。「一つの共通のアイデンティティがあるわけではないと思う――多くのアイデンティティ、アイデンティティ・ポリティクスがあるだけ。……自分の考えをもち、

異なる考えを一つの鍋に入れて、一緒に動こうとするたくさんの人たちと出会うことができる。意識的に一緒に動こうとしているとは思えない。座って、「了解、私の戦略はこれ、あなたはこれ、あなたはこれ、一緒にできる。まわりからどう見られるかもわかっている」という。その通りなら素晴らしいけど、そう組織されているわけでもない。でも多くの異なる戦略が同時に促進されるということが有機的に起こっている」(McDonald 2002: 118-121)。

また「クレイジー」で何をしているのかわからない、という経験についても参加者は述べている。「クレイジーなおかしな空気。六〇〇人か七〇〇人が四日間集まって、初日にはいつも新顔や、ただ通りかかった人と出会うし、まるで路上フェスティバルのよう。なぜ自分たちがここにいるのかわからない。話ばっかりして、短い間、さすらっている。……何も記録はないし、活動を説明する共通の文章のようなものを作ろうともしてこなかった。バナーさえない。メッセージ、といえば、たくさんのグラフィティだけはあるけど。……おかしな、自分の場所をなかなかみつけられない、そんなところ。自分が何をしているんだろう、と感じてしまうようなところ」(McDonald 2002: 121)。

＊19———参加者は述べる。「路上はダンス・フロアになる。……言語でのコミュニケーションの経験ではなく、身体化されたコミュニケーション。感覚や感情、情熱を通してコミュニケーションがなされる」(McDonald 2002: 121)。

＊20———以下を参照。「みんな自分の思うままにそこにいた。都合のよい時間にやってくるし、どれくらい関わるかも自由に決めているんだ。……みんな、そこに貢献できて、とても力づけられたように感じていた。置かれた境遇への不満や悩みをみんなそこで発散できたんだ。それは本当にもう、世界の現実に不幸を感じている人と、何かが始まりそうなときに実際に関わり仕事や余暇活動よりそれを優先しはじめるような人たちの巨大なネットワークだった」(McDonald 2002: 123)。自分を表現できる道具を自ら作り上げるプロセス自体が重要だとする参加者もいた。「みんなと一緒に……本来的に非暴力的で元気をもらえるもの、自己表現のツールとして使えるものを作り出すプロセス。それ自体にとても実りがあって、みんなを元気づけてくれると思う。誰かと一緒にパンを切ったり、食事をしたりすることだから。誰かと一緒に作っているとき、作り出しているのはその結びつき。本当に素晴らしいことだと思う。……とてもクールだ。楽しいし。それは一人の人格をもった人間になること。この世界の一部として成長することだ」(McDonald 2002: 124)。

＊21———「流帯」概念は、サミットへの抗議活動家の「われわれは連帯ではなく、流帯を創り出しているのだ」という語りに由来するという(McDonald 2002: 121)。

＊22———たとえば、旧共産主義社会やムスリム世界、ラテン

アメリカ社会は（歴史的）「行為者と歴史変動」の関係から捉えられ、学校、家族、病院、メディアなどは（歴史的）「行為者と文化装置」の関わりとして、郊外問題や非正規雇用問題、都市・校内暴力、移民問題、人種差別問題などは（歴史的）「行為者の解体」として捉えられる（ＣＡＤＩＳのＨＰより）。

＊23――第3節で紹介するのは、初期の社会学的介入、つまり闘争の中に、最上位の「(全体）社会（の）運動」の水準の要素が含まれているのかどうかに焦点を合わせた、いわば最もハードな社会学的介入であり、全体として一、二年を要するものである。現在までこの方法は以下のような闘争・問題・制度状況に対して実践されている。（ａ）社会闘争：フランスのアミヨン他の学生運動（Touraine et al. 1978）、フランスのグルノーブル、パリの原子炉建設反対運動（Touraine et al. 1980）、南フランスのオック語地域での文化闘争、言語運動（Touraine et al. 1981）、フランスの家族計画に関する女性運動（未出版）、ポーランド「連帯」による民族運動（Touraine et al. 1982）、フランスのロレーヌ鉄鋼業・リヨン化学産業・パリＩＴ企業他の労働組合運動（Touraine et al. 1984）、トルコの学生運動（Göle 1982）、フランスの時計工労働組合ＬＩＰによる争議（Jacquin 1982）、ベルギーの労働運動（Lapeyronnie & Franco 1990）、ポルトガルの労働運動（Lima et al. 1992）、トルコにおけるスカーフをめぐる女性運動（Göle 1993）、英国マンチェスターの地域通貨活動（North 1998）。（ｂ）社会問題：フランス・ベルギーのマージナルな若者集団（Dubet 1987）、チリのマージナルな若者集団「ポブラドレース」（Dubet 1989）、フランスのマルセイユ他の人種差別と、地域住民・警察・労働者・スキンヘッド集団（Wieviorka et al. 1992）、英国バーミンガムの人種差別とカリブ系黒人グループ（Joly 1998）、オーストラリアのメルボルン郊外のマージナルな若者集団（McDonald 1999）、英国バーミンガムの人種差別（Joly 2001）、フランス・イタリアのテロリスト・メディア（Wieviorka & Wolton 1987）、イタリアのテロリスト「プリマリネア」・スペインのバスク独立運動ＥＴＡ（Wieviorka 1988）、フランスにおける都市の暴力行為（Wieviorka 1999）。（ｃ）制度状況：フランス原子力公社の経営陣、販売・生産・輸送・施設各部門（Wieviorka & Trinh 1989）、フランスの中学校・高校生徒・教員・ＰＴＡ（Dubet 1991）、フランスの大学生・大学院生（Lapeyronnie & Marie 1992）、フランスの小学校における児童・教員・ＰＴＡ・カウンセラー（Dubet & Martuccelli 1996）、ロシア・ポーランド・ルーマニア・チェコ共和国における共産主義後社会（Berelowitch & Wieviorka 1996）、チリの新興企業家（Montero-Casassus 1997）。

＊24――他にも宮島は、「格差社会」（生活保護受給者や非正規雇用者のデータと、主観的な経験や選択の動機）や「階級」（労働者層と美術館来訪者などの相関と、当人の関心事や動機、習慣）などを事例に、二つのアプローチの違いを説明している。

また「脱工業化」についても、トゥレーヌを引きつつ、産業・職業構造の変化だけでなく、意識・行為の変化を捉えることの重要性を指摘し、また「グローバル化」については、国境を越える資本・情報・人のデータだけでなく、人々の実践や行為にも注目する必要性を主張する（宮島 2012: 3-5)。

第2章

＊1――福祉国家とは、基本的に「労働者」（というカテゴリー）に付随するさまざまなリスク（失業・障害・家族の扶養など）を社会共通のもの（社会的リスク）とみなし、国家として補償していく体制のことを指している。他方で福祉国家とは、あくまでも資本主義体制下において国民全体の福祉を達成しようとする国家のことであり、社会主義・共産主義体制とは根本的な対立関係、競争関係にあるといえる。それゆえ、資本主義諸国と社会主義・共産主義諸国の間の東西冷戦体制は、西ヨーロッパにおける福祉国家の発展を促進しつづけた。戦後の西ヨーロッパ諸国において福祉国家の形成・発展の動きが本格化したのは、冷戦期にあって、資本主義体制下でも福祉・平等を実現できることを示す必要があったからである（濱西 2010a)。

＊2――労資協調主義と経済発展がその背景にはあり、その中で、戦争にまつわる傷病者年金や恩給制度、そして失業保険や年金制度、健康保険制度、さらに高齢者・児童・障害者などに対する「社会福祉」制度、家族手当（家族扶養）制度、そして公的扶助制度（貧困者・低所得者への所得保障）など、社会保障制度の体系化が次第に進められていった（濱西 2010a)。

＊3――日本では、前期の業績がほとんど知られていないので、以下に同書の構成を載せておきたい。

『ルノー工場における労務の進化』(Touraine 1955)

ジョルジュ・フリードマンによる序文／前書き／序（1．産業社会学からの最初のフランス調査／2．技術発展の経済的枠組み／3．自動車産業／4．ルノー工場／5．調査／6．結論）／よく使われる略語／工場各部門のリスト

第1部　技術の発展　第1章　工作機械の発展：工作機械の分類／労働の崩壊局面（1．原始的な旋盤機／2．汎用機械の時代／3．機械の専門化）／労働の再構成局面（1．単純な作業再統合形態／2．裁断機械と自動旋盤機／3．専門機械とトランスファ・マシン／4．機械工作の将来）／第2章　職場組織：部門と部品／流れ作業（1．流れ作業の出現／2．労働組織／3．現実の欠陥――続出する在庫と労働／4．激しい往来）／組織と自動機械（1．部門への回帰／2．流れ作業と作業再統合）／第3章　結論：大量生産の一般的特徴

第2部　職業の発展　第1セクション　有資格労働の配置換えと転換　第1章　製造の専門家の衰退：かつての職人（1．製造の専門家の出現／2．手先の器用さ／3．経験主義と伝統

／4．技術的な進取と才覚）／技巧の衰退と消失（1．進展の技術的要因／2．進展の社会的要因／3．消失過程——消尽と破裂）／製造の専門家／第2章　数量データ／第3章　専門労働：上級OS／OS（B局面）／機械化からオートメーションシステムへ／C局面／第4章　設備の専門家：専門家の再統合／設備の技巧の進展（1．製図工－道具工／2．多目的の道具工／3．道具工の専門家／4．設備のプチ専門家とOS）／維持と修理——仕上げ工と電気工／第1セクションの結論／アペンディクス／第2セクション　宣伝と指令　第1章　調整工：調整工と機械部門／調整工と流れ作業／複合的あるいは自動的機械の調整工／第2章　作業場の進展：A局面／B局面／近年の作用場の発展／アペンディクス／第3章　作業場と事務局：作業場の自律性／「非生産者」／以前の図式に関する注記／ユニットへの回帰

結論（1．職業的発展の諸方向と諸段階／2．労働の技術的諸側面と社会的諸側面——それらの諸関係の発展／3．労働の研究）／資料と文献（1．ルノー公社における資料ソースの状況／2．統計／3．非印刷資料／4．印刷資料／5．文献／使用されている主要な技術用語一覧／事項索引／人名索引／写真一覧／図表／目次）

＊4——日本では一九五五年七月に日本社会学会調査委員会（代表：磯村栄一）によって、社会階層・社会移動（SSM）調査としてなされた。データはSRDQ（http://srdq.hus.osaka-u.ac.jp/）上で公開されている。

＊5——小関は、トゥレーヌ（1966）を評価しつつもいくつか批判もおこなっている。すなわち、すべての産業で「回答」が仮説と対応しているわけではないこと、「回答の全体は掲載されていないので」「チェックがむずかしい」こと、「仮説どおりになっていない場合の説明は必ずしも十分ではない」こと、「規模別の説明や労働者の技能水準による説明もとりいれられているが、それらの関連は必ずしも十分とはいえない」こと、「各次元においてとられる分析がかなり異なった理論的接近にもとづいて行われている」こと、「変数についておこなっている定義が若干正確ではない」こと、である（小関 1968: 74）。

＊6——同書も日本ではほぼ知られていないので、以下に構成を載せておきたい。

『労働者意識』（Touraine 1966）

序　労働態度と労働者意識：1．三つの観点：満足、適応、解放　2．観点の関係　3．産業社会のタイプ（A．技術発展と労働態度／B．経済力の性質と労働態度）　4．労働態度と社会表象　5．労働意識研究と職場での人間の研究

第1部　労働者意識の進展　序　産業労働の発展　雇用部門への社会学的視座　産業発展／第1章　労働の専門職システム：1．ビル労働者　2．未成年者／第2章　労働技術体系への参入：専門職的自律性の衰退／第3章　技術体系と階級意識：1．技術体系と専門職　2．収量と階級意識／第4章　経

済的防衛と専門職的防衛／第5章　階級意識：1．労働者の態度、意識、行為　2．階級意識の契機　3．労働者意識概念　4．労働者意識の三側面

第2部　労働者意識と社会の表象　第6章　成功と機会：1．社会的平穏・上昇　2．成功の要因　3．機会と不運　4．分析の三様式／第7章　社会階級：序　1．社会的分析の諸原理（A．社会的判断と道徳的判断／B．プロレタリア的視野／C．階級と社会的水準）2．反資本主義　3．結論／第8章　労働環境：序　1．労働環境と都市環境　2．個人的状況　3．労働者意識と労働環境（A．対人間の選択／B．教育と社会移動／C．専門職的防衛と社会的上昇意欲）

第3部　労働者的行為　第9章　労働者的状態：1．労働者階級（A．労働者、賃労働者、資格労働者／B．孤立と依存／C．技術体系への参入／D．技術体系と大衆社会）2．企業労働者　3．進歩／第10章　連帯：1．合意と連帯　2．集合行為への示唆／第11章　組合主義的行為：1．メンバーシップ（A．搾取に対して／B．組合のために）2．ストライキ　3．政治

結論：1．労働者意識の進展（A．全体性原理／B．同一性原理／C．対立性原理／D．階級意識）2．意識と労働態度　3．労働者意識と労働運動　　質問紙　謝辞　方法論

＊7――学生運動が盛り上がりをみせた理由や意味については諸説ある――ここでは福祉国家との関係性に限定する。戦後の福祉国家は、経済発展のためにも高等教育にまで及ぶ教育機会拡大を目指した。（少なくとも建前としては）教育は貧しい人たちにも成功のチャンスを提供するものであり、とくに公教育は生まれに関係なく誰にも平等に機会を提供することを目指すものとされてきた。教育によって階層は流動化し、平等で公平な社会が到来すると多くの人が考えることができたし、その方向へ向けて高校や大学の門は大幅に広げられたわけである。実際、この時期には先進国ではどこも、かつてない規模の中等・高等教育人口が達成されていた。しかし中等・高等教育人口が増加しても、不平等・格差は是正されていないことが数多くの社会調査から明らかにされていく（Bourdieu & Passeron 1964）。門戸が広がり大衆化していく学生と、伝統的な教育システムを守ろうとする教員・大学機構との間の矛盾も顕在化するようになった。アメリカのベトナム反戦運動や中国の文化大革命の影響もあり、やがて学生たちは既存の体制に異議を申し立てる行動へと進んでいく（Touraine 1968）。その後、環境運動や学生運動、女性運動などさまざまな運動も、「労働者」の運動の一部としてではなく独自に広がりをみせるようになっていった。

＊8――福祉国家が改善・解決を目指してきたのは、主に労働・雇用・リスクの問題であった。それゆえ環境問題、中央と地方の格差、女性や障害者、若者の権利、地域文化の保護、婚姻・家族のありよう、さまざまなライフスタイルをめぐる争点

は労働の問題にとっては副次的なものであり、福祉国家体制においてはあまり重視されていなかったといってよい。また福祉国家は、多数派の人々の生き方のモデル（個人や家族のライフスタイル）を前提として、人生のさまざまな段階ごとに統計的にみて有効なさまざまな社会保障制度が前提とする定めて共通のリスク（傷病、失業、退職後、家族の扶養など）を管理する。逆にいえばそのモデルから外れるような生き方をしている人にはほとんど対応できない。ある一定の生き方（どれくらいの子供を産み育て、何歳で結婚し、退職し、死亡するのか）をいつのまにか人々に押し付け、人々の日常生活、雇用、家族形態、人口・寿命、出生、婚姻、介護などの領域に圧力をかけるものである。またそれは悪くいえば一人ひとりが社会保障の適用対象かどうか調査をおこない、監視し続ける体制であり、適用対象外だと認定された人々を堂々と排除することを正当化する仕組みでもあった（濱西 2010a）。

＊9——福祉国家を日常的に管理・運営するのは、専門的知識や科学・技術を担うような官僚、すなわち「テクノクラート」と呼ばれる人々であった。テクノクラートは、戦時中の軍事的総動員体制や戦後の経済復興・経済政策立案において活躍したが、戦後は福祉国家的諸制度を管理・運営する役割を担った。そして「テクノクラシー」とは、テクノクラートが政治家や政党、経済団体・労働組合の幹部と組みつつ、政策決定に強い影響力をもつようになった体制のことを指す（寿里 1975）。

＊10——中期トゥレーヌは一九七四年から四年間、国際社会学会の副会長をつとめた。またアメリカの大学機構について「行為の社会学」の立場から分析をおこない（Touraine 1974b [1997]）、自伝的著作『歴史への希望』（Touraine 1977）も発表している。

＊11——社会学的介入の実際の流れは日本ではあまり知られていないので以下に構成を載せておきたい（注12も同様）『学生の闘争』（Touraine, Dubet, Hegedus and Wieviorka 1978）

序（1．社会運動の研究の中で／2．出来事）／方法：介入（1．介入の諸段階／2．グループと学生闘争／3．グループの自己分析／4．グループと介入、社会学者）／グループの歴史（1．アミアングループの歴史／2．ボルドーグループの歴史／3．マルリでの出会い）／学生闘争

スパイラルI：内と外（1．侵入／2．反資本主義的言説の批判／3．学生と労働者／4．打ち切られた文化的批判／5．攻撃される大学と守られる大学／6．不可能な［歴史的］行為者）

スパイラルII：葛藤（1．左翼的グループの危機／2．大学を守ること／3．大学のゼネスト／4．組合の拒否／5．学生運動の分析／6．空洞の社会運動）

スパイラルIII：争点（1．重々しい前衛／2．裏工作／3．失敗をこえて／4．争点）／一年後（1．アミアン‐ボルドー／2．さまざまな組織との出会い／3．［歴史的］行為への回

帰）／出来事への回帰（1．教員と学生／2．さまざまな組織）／結論

＊12――『反原子力の予言』（Touraine, Dubet, Hegedus and Wieviorka 1980）

序／第I部　社会運動か　第1章　研究の課題：A．社会運動の誕生／B．あるいは断絶か／C．闘争の作業／D．介入の歴史／第2章　反原子力闘争：A．政治的エコロジーの誕生／B．大規模な原子力政策／C．フランスにおける反原子力闘争の高揚／D．その衰退

第II部　研究の歴史　第3章　断絶：序／A．反原子力的爆発／B．反テクノクラシー的闘争か／C．模範的共同体とユートピア／D．国家の批判／第4章　闘争：A．政治的行為の構築／B．組合との結びつき／C．闘争の試練／5章　運動の研究の中で：A．パリグループの転換／B．グルノーブル－マルヴィルの失敗／第6章　衰退：A．崩壊／B．行動への意思／C．ユートピアの終焉

第III部　分析から行為へ　第7章　永続的社会学：A．自己解釈のミックスグループ／B．闘争への回帰／C．運動の未来／D．ハリスバーグ以後／第8章　一つの闘争のもつ複数の意味　総括の難しさ：A．社会運動の存在／B．闘争の状態／C．反原子力闘争の契機／D．予言的運動

方法ノート――社会学的介入：A．方法の意味／B．介入の諸段階／C．研究者

＊13――一九七八年議会選挙での左派政党敗退後に書かれた『ポスト社会主義』（Touraine 1980）においてトゥレーヌは、国家権力の転覆や企業の国営化を目指すフランスの「古い」社会主義を批判し、左派政党・労働組合の担うべき「新しい」役割が、〈さまざまな新しい社会的闘争と協力しつつ、それらに「政治的表現」をあたえることだ〉と強く主張した――もはや「社会運動」としての役割ではない。出版後、フランスではミッテラン率いる社会党が政権を担うことになるが、新版（一九八三年）あとがきの中でトゥレーヌは、政権の誕生を歓迎しつつ、政権が上述の「新しい」社会主義を目指すよう改めて呼びかけている。

＊14――一九七〇―八〇年代は、二度の石油危機（一九七三、七九年）によって原油価格が急上昇して産業発展にブレーキがかかり、経済状況は悪化して失業者の大幅な増加と税収低下をもたらし、また高齢化による社会保障支出の増大もあって財政赤字が深刻化していった時期である。福祉国家を支えてきた重工業中心の社会は「曲がり角」（Pierson 1991）を迎え、〈福祉国家維持のための重い税金とさまざまな産業・労働者保護規制が自由な企業活動と経済発展を阻害している〉という認識も広がるようになる。

＊15――一九八〇年代には、効率化や行政のスリム化と称して、政府機関や国営・公営企業の民営化が進められ、労働者保護規制もゆるめられていった。福祉国家として長い伝統をもっ

た英国でも、M・サッチャー率いる保守党政権が、新自由主義の名の下、公的サービスの民営化・市場化を進めるようになった。

＊16――一九八九年の東欧革命とマルタ会談、一九九〇年の東西ドイツの統一などによって、冷戦体制が終結を迎えた後、一九九〇年代には国境を越えたグローバル経済市場が形成されるようになった。世界規模の商品市場や金融市場（ニューヨーク、ロンドン、東京など）が形成され、世界貿易機関を中心に輸出入を制限する「関税」をなくす努力・圧力がなされたことで、さまざまな資源や製造物、さらには金融資産、人材・労働者をめぐって、世界的な競争が展開されるようになった（Touraine 1992他）。

＊17――後期理論（Touraine 1992, 1994, 1997a, 1999, 2005, 2007, 2013）は、モダニティ論の文脈では、「モダニティの徹底化」論以降、文化論的次元においてモダニティの再検討をおこなおうとするものとして位置づけられる。ベックやギデンズの「モダニティの徹底化」論（Giddens 1990=1993: 186; Beck 1994=1997: 13）は、基本的に、ギデンズ自身もいうように、「文化論的、認識論的」傾向の強いモダニティ論から、モダニティの「制度分析」への視座の転換に依拠していた（Giddens 1990=1993: 16）。彼ら以前、文化論的モダニティ論において力をもっていたのは、J-F・リオタールやJ・ボードリヤール、T・アドルノ、M・ホルクハイマーらにみられるような〈合理化・進歩・啓蒙をモダニティの根本的な特徴と捉え、それを批判したり、その終焉を指摘したりする議論〉であった。ギデンズやベックはそれを避けて、モダニティの精緻な制度分析（政治システムの分析も含む）へと移行したのである。運動・紛争についても彼らは、文化論的レベルではなく、制度分析のレベルから捉えている（第4章参照）。だが、文化論的モダニティ論から制度分析への移行が有益であったとしても、モダニティ論が制度分析に還元されてしまうわけではない――運動・紛争についてもそうである。文化論的な次元でのモダニティの違いが何らかの理由で制度次元に現れてこない場合もあれば、制度的な制約を受けて具現化された結果、データ上、あたかも〈同じモダニティを共有した上で「圧縮された」「遅れた」だけ〉のようにみえる場合もある。また、モダニティの制度分析が、文化論的次元において時代遅れの理論や問題のある議論を前提としていることもある。たとえば文化論的な次元で合理性や再帰性をモダニティと結びつけることが「モダニティの徹底化」論の前提になっているとすれば、その前提が妥当かどうかはつねに冷静に検討される必要があるだろう。実際、ギデンズは、「進化論的話法」（Giddens 1990=1993: 18）を極力避けようとはしているが、モダニティの文化的方向性を基本的に「再帰性」（「時間と空間の分離」「脱埋め込みメカニズムの発達」「知識の再帰的専有」など）と捉えていると考えられるし（Giddens 1990=1993: 72-74）、またベックも、「再帰的近代化」と

は「合理性の刷新」を意味していると述べ、また「合理性の徹底化」が「抑圧されてきた不確実性を緩和していく」（Beck 1994=1997: 65）とも主張している。それゆえ、「モダニティの徹底化」論は、モダニティの文化論的レベルでの特性を「再帰性」、「合理性の徹底」と捉えていると考えられるのである。それらの前提は、冷静に再検討される必要があるだろう。

「モダニティの徹底化」論以降、文化論的次元においてモダニティの再検討を進めてきたのは、主に多元的近代論者と後期トゥレーヌである。「モダニティ特有の文化的方向性は、諸制度に埋め込まれているが、制度に還元されるわけではない」（Arnason 2002: 65）として、文化論的な次元でモダニティを捉え直し――「文明論的転回」（Eisenstadt 2000: 1; Arnason 2010: 8）――、主に九〇年代以降に「リバイバル」（Arnason 2010: 5）してきたのが、S・N・アイゼンシュタットやJ・アーナソンによる「多元的近代」（multiple modernities）論である。その「根本的な姿勢」は、「一つの中心的な近代化のパターン、一つの中心的なモダニティのパターンがあるという幅広く受け入れられてきた想定との断絶」（Arnason 2002; cf. Ballantyne 2010）にあり、西欧近代を、「数多くの（many）モダニティの中の一つ（One）」（Ballantyne 2010: 1）として、つまり普遍的なものではなく特殊なモデルとして捉える点に特徴がある。多元的近代論によれば、他の「文明」が西欧的モダニティを有し、近代化の同じルートをたどることを前提視する必要はなく、西欧近代を尺度として各文明を位置づける必要性もない。それぞれの文明がどのようなモダニティを有し、相互に影響を与えつつ、いかなる固有の近代化のルートをたどってきたのかを記述・解釈していくのが多元的近代論であり、それは「多様な文明的遺産によって共‐決定されるモダニティの形態の多元性を主張する」点で「過去十年以上にわたって社会理論における最も生産的展開の一つ」（Ballantyne 2008: 220）と評価されている。ただし多元的近代論は、西欧近代を、アクターの相互作用を軸に、周辺・異端の集団による中央への「突破」の結果として、実体的かつシンプルに捉えており（濱西 2009c）、現代の複雑な社会変動を捉える枠組みとして不十分な点もある。

日本やイスラムなど非西欧近代を事例とした分析において力を発揮してきた多元的近代論に対して、西欧近代を事例にその特異性（specificities）を冷静に分析する理論として、多元的近代論者のアーナソン（Arnason 1994）やバランタイン（Ballantyne 2007, 2008, 2010）、そしてクネーブル（Knöbl 1999）、ワグナー（Wagner 1998）、さらにはバウマン（Bauman 2000, 2001）や「圧縮された近代」論のチャン（Chang 2003, 2012）からも高く評価されているのが、後期トゥレーヌのモダニティ論（脱近代化論・個人的主体論）である。バランタインによれば、「西欧的経験の特異性に関するトゥレーヌの原‐解釈学的分析（proto-hermeneutical analysis）は、多元的近代論に対する重要な貢献」(Ballantyne 2008: 220) であり、またクネーブルも「トゥレーヌの九〇年代の主な仕事」は「モダニティの状況に関する新しい洞察をもたらし、ハーバマスとテイラーのような主要な理論家のモダニティ解釈の誤りを訂正し、修正できる」(Knöbl 1999: 403) と評価する。その上で「グローバル化時代には、過剰に西欧文化圏に方向づけられた分析視座はきわめて不都合」であり、トゥレーヌのモダニティ論はモダニティを「制度的に正当化」することはせず、また「社会分化概念や、市場経済、自律的な法体系、専門化された行政機構、民主的組織などに括り付けることをしない」点で、「世界の他地域をモダニティに関する議論へと導く」(Knöbl 1999: 415) 可能性があると期待している。

　モダニティを合理化／主体化の緊張関係から捉える点において、トゥレーヌのモダニティ論は合理性中心の伝統的近代論やその解体を指摘するポストモダニティ論、そして文化論的次元での再帰性や合理性（の徹底化）を前提とする「モダニティの徹底化」論などとは異なる独自性を有している。バランタインも「モダニティの機能主義的イメージを超えるべくウェーバー的主題に取り組む行為理論家」の中で、ハーバマスとギデンズが主体化と合理化のいずれかに依拠するのに対して、トゥレーヌのモダニティ論は「これら二つのダイナミクスが交わる部分を見出そうという体系的な試み」(Ballantyne 2007: 80) であると評価している。多元的近代論のアーナソンも、「二重性・複数性」を重視する「ウェーバー主義者」としてトゥレーヌを位置づけた上で、「ハーバマス的なモダニティ論」から「合理性と主体性の争いとしての近代」を描くトゥレーヌ理論へと移行する必要があると説く (Arnason 2002)。

　H・ヨアスらもトゥレーヌが二つの原理からモダニティを捉えている点を評価している (Joas and Knöbl 2009)。合理化と主体化の結びつきとしてモダニティを捉えるトゥレーヌの見方は、バランタインもいうように、「モダニティの「西欧」モデルの文化的特異性を強調する」ものである (Ballantyne 2008: 220)。クネーブルは、トゥレーヌが「他の時代や文化領域よりも西欧モダニティにより大きく包括的な合理性のポテンシャルを付与して、他の時代から特別に区別するということを全くしていない」ことに注目し、「モダニティの非 - 規範的概念化」(Knöbl 1999: 414) として評価する。トゥレーヌは、西欧近代の歴史を西欧に固有のものとし、また近代を特別な時代とは捉えない。そこから、モダニティの達成度合いにおいて欧米が「先頭を進んでいるわけではない」という彼の主張や、「全面的にモダニティと同一視できる社会は存在せず」、ただ「近代化の英蘭モデル、独仏モデル、米国モデル、中国モデル、日本モデルがあるだけ」(Touraine 2007=2009: 106-108) であるという主張も可能になるわけである。西欧近代の解体（脱近代化）に関する分析は、とりわけバウマンから評価されている。彼は『われわれはともに生きることができるのか』(Touraine

1997a）に対する書評（Bauman 2001）の中で、同書の出版が「きわめて重要な出来事」であり、「広く読まれ、議論されることを希望しよう」と述べる。バウマンによれば、トゥレーヌのいう「近代化」とは「合理的な生産と主体の内的自由という二重性を管理するために国民・社会の観念を使用すること」を、また「脱近代化」は「パーソナルな自由と集合的効率性を結合する結びつきの破壊」（Bauman 2001: 428）をそれぞれ意味している。そして、「個々人の生活から世界状況まで、我々の経験の全体を通り抜ける」「道具的世界と象徴的世界の間の断絶、技術と価値との間の断絶」（脱近代化）によって、「我々の経験はばらばらにされる」という。そして、トゥレーヌの言葉をほぼそのまま引用しつつ、「この変化する世界において不動の準拠点を見出すこと」はますます「悲惨で困難な作業」になっており、「秩序の時代は終わりに差し掛かっている——変化の時代の幕開けだ」と主張する。脱近代化論の帰結を、自身のリキッド・モダニティ論と重ね合わせ評価するバウマンは、トゥレーヌによる新しい原理（パーソナルな主体）の理論化の試みをとりわけ高く評価している（第1章注12参照）。ちなみにバウマンは以前からトゥレーヌに注目しており、書評（Bauman 1983）でもポーランド「連帯労組」調査（Touraine et al. 1982）の革新性を評価している。

＊18——第1章でも少しふれたが、Y・ル・ボは、「サパティスタ」（一九九四年にメキシコ・チアパス州で蜂起し反新自由主義のネットワークを創り出した先住民族〔支援〕運動）のマルコス副司令官への聞き取り調査などを実施して、文化運動論から分析をおこなっている（Le Bot et Marcos 1997=2005）。ヴィヴィオルカは人種差別の経験を、P・バタイユは癌患者の経験を、パーソナルな主体性の観点から研究している。

＊19——近年、ヨーロッパ（北欧も含め）では、人種・国民、民族、言語集団、宗教集団間などでの差別や不平等が、反ユダヤ主義、イスラム排斥、外国人排斥（ゼノフォビア）などの運動とつながり、さらには極右・排外主義政党への支持につながっている。ヨーロッパ連合（EU）内での人の自由な移動を再び禁止しようという動きも広がりをみせている。差別される側も、対抗的な運動を展開するようになり、ごく一部は原理主義や過激派の運動、民族的な自律や領土的な分離を要求する分離主義運動とも結びついていく（Touraine 2013他）。

＊20——著名な経営者や政治的指導者が経済的グローバル化を推進すべくスイスのダボスに毎年集まる「世界経済フォーラム」に対抗して、世界の貧困や格差の状況を共有し、環境問題、正義、公平さ、人権などをグローバル化しようと世界中から国際協力NGOや途上国の人々が集まり議論をおこなう。

＊21——ヴィヴィオルカ（一九四六年生まれ）は、都市計画や消費者運動の研究からはじめ、M・カステルとトゥレーヌの指導を受けて博士論文を執筆後、トゥレーヌの社会運動調査に関わるようになった。当時のフランスにおけるユダヤ人運動か

ら政治的暴力に関心が移る中で、元テロリストのグループにコンタクトをとるようになったという（Wieviorka 1986)。そして八〇年代からテロリズム（Wieviorka et Wolton 1987; Wieviorka 1988, 1995）や人種差別や外国人排斥の運動、都市の暴力行為などの社会学的介入調査を実施するようになる（Wieviorka 2004; Wieviorka et al. 1992)。フランス国立社会科学高等研究院・研究指導教授。二〇〇六—一〇年度国際社会学会会長。

＊22——ヴィヴィオルカ（2005）は、一九八〇—九〇年代のNPOやNGO、サードセクターを、制度化・商業化と否定的に論じているが、本来はマイノリティを守る「文化運動」として位置づけられるべきである。

＊23——マクドナルド（McDonald 2006）によれば、運動のグローバル化を西欧中心に捉え、国家レベルから国際レベルへのたんなる「スケールシフト」として理解すれば、引き続き西欧的な運動理解が支配的なパラダイムとなり、個人的経験と集合的経験の関係性、「社会的なもの」の理解、自由・自立・エージェンシーのモデルからの行為の概念化もそのまま引き継がれる。そして、それに合致しないような非西欧的な運動はしばしば無視されることになる。

＊24——多元的近代論の主唱者であるアイゼンシュタット（Eisenstadt 2000）によれば、一九五〇年代の「機能主義的進化論的な近代化論」は、「近代への進歩の不可避性に対する政治的産業的文化的な確信」にもとづいて、近代化・産業社会の「収斂」に関する研究をおこなった——制度比較の焦点は構造分化や生態学的諸要因におかれた。しかし、六〇年代以後、各社会の「象徴的・制度的な多様性」が確認される中で、「近代は一つの特徴的な新しい文明の出現」として、いわば数多くの文明の一つとして分析されるようになる——制度比較の焦点は社会生活の構造的側面と規制、解釈のコンテクストとの結びつきに置かれるようになった。アイゼンシュタットは、制度構造の中心的側面——職務・制度構造、教育・都市構造、政治制度——において、非常に強い収斂が種々の近代社会で発展してきたが、対処の様式、問題の展開にともなう制度的ダイナミクスは、文明間で非常に異なるとして近代化論を批判する。その際、彼はアクターのエージェンシー、活動、文化的創造性を重視し、さまざまな既存のヘゲモニーに対する異端、人々の異議、批判、そして紛争や対立、運動を、理論の根幹に位置づけている。たとえば、枢軸文明を制度化する「第一の突破」とは知識人の小集団の運動によって引き起こされ、また近代を形成する「第二の突破」は周辺の異端勢力の活動によるものであるというように。その近代の多元性とは、近代の再解釈や中心への抗議、異なるビジョンの提示といったような、アクターの対応の仕方自体の多様性によって示されるものとなっている。こういった、いわば運動論的な分析、アクターについての分析が中心をなしている点が、人口動態や経済変動など、いわばアクターの置か

れている状況に焦点をあてる通常の近代化論とは根本的に異なる。理論枠組み全体がアクターを中心としたものであり、おなじくアクターを社会理論の中心におくH・ヨアス（Joas 1996）やトゥレーヌらが多元的近代論に注目するのは不思議なことではない（McDonald 2006: 39）。

＊25――多元的近代論は近代の始まりやその伝播については説明ができても、より複雑な現状を分析し、評価する枠組みを有しているとは言い難い。とくに西欧近代自体のグローバル化の中での変容・解体という事態は、西欧「近代」を諸文明の一つとしつつも、それがさまざまなかたちで広がっていく結果として多様な「近代」を論じる傾向のある多元的近代論では扱うことができない。モダニティ論で著名なP・ワグナーもまた多元的近代論の「二つの弱点」として、「モダニティの典型的特徴と文化的プログラムというただ二つの概念にもとづいている」こと、そして「文化的プログラムが所与のモダニティの形態の強い安定性」を前提としていることを指摘している（Wagner 2012: 24-25）。

＊26――「統制的労働組合」（Touraine 1966）もこの穏健派労働組合に含まれるといえる。

＊27――津田（2012）によれば、二〇〇五年データにおいてEUには二四万の組合が存在し、組合員は一億四〇〇〇万人（EU市民の半分）で、三七〇万人分の雇用を生み出している。共済組合への参加者は一億二〇〇〇万人（二三・七％）に及ぶという。スペインにおいては、協同組合企業「モンドラゴン」（一〇六組合一二九子会社、生産事業高六五億ユーロ、流通事業高九〇億ユーロ）が世界的に有名であり、スイスでは二つの協同組合で小売業の五〇％を占めているという。イタリアでは四万三〇〇〇の協同組合が存在し、生協はイタリア最大の小売業（一二六億ユーロ、小売業の一七・八％）である。とりわけエミリア・ロマーニャ州には一万五〇〇〇の組合が存在し、州人口四〇〇万人の五七％（とくに州都ボローニャの人口三分の二）が組合員となり、州GDPの三〇％を生み出している。

＊28――例外的に、デッラ・ポルタは、グローバル運動における争点について語るときに、後期トゥレーヌの理論を参照している。背景には、社会構造の変化についての彼女の考察がある。すなわち、従来の社会構造とは、「新しい社会運動」と「脱物質主義的諸価値」の関係性や「経済的不平等についての紛争の鎮静化と、新しいテクノロジカル社会に対する個々人の自由の防衛と結びついた新しい要求の発生」を強調するものであった（della Porta 2007: 20）。「社会変動を分析する学者たちは一九六〇年代初期に新しい社会運動……と脱物質主義的諸価値……について語る事から始め、経済的不平等についての紛争の鎮静化と、新しい技術主義社会に対する個々人の自由の防衛と結びついた新しい要求の発生とを強調した。新しい中産階級は、「階級」への訴えかけにもとづかずに新しい諸価値――あるいは新しいコード――の共有にもとづく、新しい運動にとっ

ての主要な社会的基盤とみなされた」(della Porta 2007: 20-21)。

しかし、新しいグローバル運動は新たな構造に挑戦しているのだという。「グローバル・ジャスティス運動は、我々の諸社会における紛争の構造的基盤に関するいくつかの仮説にも挑戦する。……福祉配分についての紛争はそれゆえ鎮静化の動きをみせなかった――少なくとも欧州諸社会に一九六〇年代から公言されたように――代わりに、福祉配分は再び政治的議論の中心になっていった。この意味でグローバル化についての運動が提起するものは、もはや単に脱産業的なものとはみなしえない社会における紛争の構造的性質に関する学問的議論を再開させる挑戦なのである」(della Porta 2007: 20-21)。

そして、あらたなストレーンと中心的紛争について語っていく。「ネオリベラリストと福祉国家支持者の伝統的亀裂は、保護主義者とコスモポリタンとの亀裂と相互作用する。これらの新しいストレーンがどのように新しい紛争に動員されるのかは、我々の研究が焦点を当てる主要なイシューである。／この運動はもはや古い紛争にもとづいて組み立てられるだけでなく、新しい挑戦に直面しているのである。そもそも、ポスト・フォーディスト社会は、労働運動の社会的基盤の特有の分裂をともなう伝統的アイデンティティの弱体化としてみなされてきた。(とりわけ一九九〇年代の)不安定でプレカリアスな仕事の広がりによる労働市場の規制緩和は、さらに、社会的なプロテストのための潜在的な準拠基盤を寸断した」(della Porta 2007: 21-22)。

この文脈で、後期トゥレーヌの理論がでてくるわけである。「アラン・トゥレーヌ……が指摘してきたように、「重要な点は、もはやある文化や文明の普遍的な価値を認識することではない。まったく変わってしまっており、各々が自身のパーソナルなあるいは集合的な生活の経験の中で、さまざまな市場や技術の世界への参加と、特定の文化的アイデンティティとを結び付け接合させる、個々人の権利を認識することである」。それゆえ、同一化と承認との諸過程は、この運動の分析のための新しい証明書を求めているのだ。そこでは所属感の構築がメンバーシップの複雑性と複数性を採用せざるを得ないから。自律性、創造性、自発性、自己実現といった価値が中心的役割を引き受け……、集合行為と互換的にされざるをえない。……この運動は、古いイシューと新しいイシューを、異なる国々で異なる色調をともなって混ぜ合わせる。そして、ポスト・フォーディストの「フレキシブル」(あるいはプレカリアスな)社会という新しい挑戦と、新しいアイデンティティ構築の個人化トレンドに起因する諸機会とに対応する」(della Porta 2007: 21-22)。

このように各々が自身のパーソナルなあるいは集合的な生活の経験の中で、「さまざまな市場や技術の世界への参加と、特定の文化的アイデンティティとを結び付け接合させる、個々人の権利」や個人の「自律性、創造性、自発性、自己実現といった価値」が「中心的役割」を果たすようになっていると述べる(della Porta 2007: 21)。このようにトゥレーヌ理論に依拠しつつ、個々人のレベルでの新しい紛争が、脱産業社会や脱フォーディズム社会の状況に起因することを指摘するのである。ただしこのような参照は、筆者が知るかぎり、例外的なものである。

第3章

＊1――組織ネットワークの分析は別稿でより詳細におこなっている(濱西 2009b, 2010a,b)。

＊2――日本以外のアジア社会においても、リスク・受苦の重層化は起こっていると考えられる。たとえば、現代韓国のさまざまな運動は、脱近代化と対応するかぎりにおいては、トゥレーヌのいう「主体」を守る文化運動として捉えうるものである。しかしチャンもいうように、韓国は「民主主義の制度的かつイデオロギー的に幼稚な特質と長期にわたる国家権威主義の蔓延した遺産」ゆえに、知識人と活動家が今なお「民主主義の深化」や「第二の民主化」を呼びかけているという独自性(Chang 2012: 6)を有している。それゆえ近代化過程と対応させて運動を理解すべき側面、すなわち古いリスクと福祉国家をめぐる労働運動/新しい社会運動として捉えるべき側面も存在している。

＊3――日本社会は福祉国家形成が不十分だったために、もともと企業と自助組織・家族が社会保障を肩代わりするソーシャル・ガヴァナンス的な状況が構築されていたと捉えることもできるかもしれない。だが、それは量的な面で負担を担っていた部分が大きかったというだけであって、連携のとれた一つのセクターとして成り立っていたわけではない。企業はそれぞれで動き、労働組合は企業別であったし、協同組合は縦割り行政の中で横の連携を大きく阻害されてきた。

＊4――ファーロングとカートネルによれば、現代社会において、「若者の人生経験は、非常に大きく変容している」(Furlong and Cartmel 1997 [2007]=2009: 9)。「家族関係、友人関係、教育機関や労働市場、余暇における経験、ライフスタイル、さらには自立した大人として一人前になるために必要な能力など、さまざまな事柄がこうした変化の影響を受ける。その直接的な背景にあるのは多くの場合、労働市場の再編、「教育ある」労働者への需要の高まり、雇用の柔軟化、さらには、若者の家族(親元)への依存期間を長期化させる社会政策などであろう。その結果、若者たちは今日、彼らの親たちも大部分は知らない一連のリスクを、乗り切っていかなければならなくなっている。これは、彼らの社会的背景やジェンダーにかかわりない真実だ。さらにいえば、こうした諸々の変化が比較的短期間に生じているため、これまで社会のスムーズな再生産を補完していた、わかりやすい道しるべが見えづらくなっている。それに代わって、

増大する不確実性が、ストレスや危険性として感受されがちである」（Furlong and Cartnel 1997［2007］=2009: 9–10）。そしてとりわけ「日本の若者たちの前にある仕事の機会は、多くの西ヨーロッパ諸国に比べ、はるかに不安定で無秩序状態にあるように見える」（Furlong and Cartnel 1997［2007］=2009: 4-5）と述べている。

＊5――「二〇〇五年一一月、私達はヨーロッパにおける「社会的経済」の最も主要な推進者でもあるT・ジャンテ氏をお招きし、フォーラムを開催しました。……このフォーラムでは、新しい社会の担い手として大きな期待を集めている非営利・協同セクターが一堂に会しました。NPO・協同組合・共済組織・市民組織・労働組合等に代表される日本の非営利・協同セクターは、これまで必ずしも相互の連携と協同が十分ではありませんでした。しかし、昨年の……フォーラムをきっかけに課題の共有が着実に図られ、緩やかなネットワークが構成されています。こうした流れの中、私たちは、これらの成果をさらにつなげながら、「非営利の価値」を基盤にした二一世紀の社会デザインを模索していきたいと考え、「フォーラムA」を結成いたしました。他者への共感が主導する、「市場主義に対峙する人間主体の経済のあり方」を考え、またそれぞれの地平における実践へとつなげてゆきたいと考えています。」（フォーラムAの設立総会での宣言文［抜粋］）

＊6――二〇一〇年日韓社会的企業セミナー報告によれば、韓国では、ノ・ムヒョン政権以前の失業率は一二一万人（五％）、実質は四六一万人（一五％）とされ、社会福祉費もOECD諸国平均の半分から三分の一であり、GDPは上昇するが、家計所得は低下していた。そこで、ノ・ムヒョン政権下（二〇〇三―〇八年）において、市民団体（労働者所有企業、協同組合、反失業運動など）が社会的経済連帯会議を結成し、その活動が政権の「生産的福祉」の方針と合致したところから、「社会的企業育成法」の制定（二〇〇六年一二月／〇七年七月施行）へとつながったとされる。この法律は英国のCICをモデルとしており、「脆弱階層」（障害者、下層若者……）を雇用するか、サービス提供する場合にコンサルタント料や人件費の支給の形で支援を受けることができるという法律であった。社会的企業を育成するために、アカデミーが民間・大学院などに設けられ、互いに競い合うコンペも数多く開催されている。続くイ・ミョンバク政権（二〇〇八―一三年）において、社会的企業育成法はいったん危機に陥るが、金融危機を経て社会的企業支援は維持され続けた。ただし人件費は抑制され、また一部で指定取り消しをうける団体も現れてきた（キャンドルデモへの参加団体等）。規模は、二〇〇九年一一月において二五二団体、二〇一〇年六月に三一九、そして一〇月に四〇六団体へと増加している（半分はソウル市）。一つの団体は平均三〇人程度から構成されている。団体の活動は、脆弱層の雇用創出目的のものが七〇・三％、脆弱層へのサービス提供目的のものが四

一・八％であり、現在、社会的企業団体はGDPの〇・〇一％を生み出し、有給雇用一万一一七七人を生み出している。月に一〇〇―一六〇万ウォンが脆弱階層六〇〇〇人一人ひとりに支払われているという（以上、セミナーにおけるチャン・ウォンボン教授［聖公会大学社会的企業研究所］の報告より）。日本では少なくとも「NPO法人四万（事業NPO：四〇〇〇）。労働者協同組合三万人五〇〇億円規模。農村・女性の協同組合九〇〇〇団体、そして共同連の社会的事業所が活動をしている。それらは合計一〇万人一〇〇〇億円規模となっている」といわれている（セミナーにおける協同総研理事の指摘）。

＊7――①関西の事業団体（フォーラムA構成団体）二〇〇八年一〇月一八日　団体C代表［障害者／家族、若者、就労］／一〇月二八日　団体代表［部落地域、障害者、地域支援］／一一月一一日・二五日・一二月一六日　団体D理事長・事務局長［野宿者、単身高齢者、就労支援］／一二月九日　団体代表［野宿者、若者、事業支援］　②関東の事業団体（ネットワークB構成団体）一二月二〇日　団体前代表［一時保育、シングルマザー、家族支援］／一二月二一日　団体理事長・専務理事［介護、地域支援］／一二月二一日　団体代表［途上国支援・主婦・DV被害者支援］／一二月二一日　団体理事長［一時保育、シングルマザー、障害者支援］　③全国的中間支援組織、市民シンクタンク　二〇〇九年一月二九日　シンクタンク事務局長／中間支援組織・シンクタンク専務理事／一月三〇日　中間支援組織　理事長・専務理事／一月三〇日　シンクタンク所長・事務長　④調査報告会 兼 シンポジウム　二月二一日　パネリスト九名。

＊8――これらは各イベントのセッションタイトルとその紹介文、出版された書籍タイトルの分析から抽出されたキーワードである。イベントの趣旨は、競争と対比される「共生・包摂・連帯」、市場経済や営利企業に対比される「社会的経済・事業」、そして「地域」と「実践者」中心だったということである。

＊9――一般会員メーリング・リスト（ML）と運営委員MLでのやりとりを分析すると、運営委員団体の中心性が浮かび上がることになる。すなわち、運営MLの盛り上がりと、一般MLの盛り上がりは相関をみせているが、必ず前者が先行している。先に運営MLでのやりとりがなされ、決定がなされた後で、一般MLに通知がなされている実態と符合している。つまり、MLでのやりとりがボトムアップで運営委員会に投げかけられるというかたちではなく、トップダウンで方向性が決められ、その宣伝やアナウンスの場として一般MLが存在している。このような実態は、きわめて多様なアクターのネットワークであるフォーラムの運営にあっているし、イベントを企画・実施するという活動にも適合的である。運営委員の所属団体および団体の組織形態を年度ごとに整理すると、古株の団体と新しい団体が混在していることがわかる。ただし開始時期の新しい団

体であってもその代表や事務局長の活動のルーツは古い。それゆえ団体レベルを超えた個人的な関係性が運営委員の選出にも絡んでいると考えられる（濱西 2010b）。

＊10———具体的な分析は、各団体ウェブサイトの活動の「目的」欄について、イシューに関するキーワードを抽出する形でおこなった。また要素を見出した上で、その要素をどれだけ多様に含んでいるかによって、ネットワークの中での中心的な団体を析出した。こうしたウェブサイトの分析から一五のキーワードを抽出した。四つ以上のウェブサイトで該当したのは①「労働」九、②「障害」六、③「ホームレス」四、④「事業」四（および⑤「調査研究」七）であり、三つは「高齢者」「市民」「協同」、二つは「生活」「福利福祉」「若者」、一つが「女性」「被災」「人権」であった。ここから、「労働」「障害」「ホームレス」「事業」などが（とくに「労働・就労」）、運営委員団体にもっとも共通するキーワードであるということがわかった。その上で、それら四つのキーワードに絞って、より多くあてはまる団体を選び出すと以下の順番となった。（1）団体C①②④と団体D①③④、（2）団体①④、団体①④、団体①⑤、（3）団体③④、団体④⑤。ちなみに毎月の運営委員会への出席者は、これらの団体の代表者と一致している（濱西 2010b）。

＊11———生協やワーカーズのいう「市民」が女性・主婦を指している可能性はあるが、「シングルマザー」やDV被害女性ではなくて、たんに女性、たんに主婦が排除・差別されている、という認識がシンポジウムで共有されることはなかった。

＊12———自由主義ソーシャル・ガヴァナンスも、さまざまな構造的文脈にある個々人を「起業家」「消費者」「ビジネス」へと一元的にエンパワメントしているといえる。

＊13———運動・紛争について大規模な国際比較（一三六カ国）が可能な唯一のデータであり、データ源は新聞および専門文献。

＊14———筆者は、東アジアの自主管理社会センター（的試み）のネットワークに関する調査プロジェクトの組織化やイタリア・ローマの自主管理社会センターに関するローマ大学のプロジェクトに加わり、若いイタリア人研究者（兼自主管理社会センターの元アクティビスト）とともに分析を進めてきた。またローマの自主管理社会センター（アクロバックス、フォルテ・プレネスティーノ、カサパウンドL38など）がオルタ・グローバル化運動に関わる過程についても、ラクイラG8サミットやピッツバーグG20サミットなどの参与観察等から把握している。

＊15———革新自治体や左派政党との間に特殊協定（わずかな家賃・電気代支払いなど）を結んだり、協力者と一緒に建物を買い上げたりして合法化を進めているところも多い。イタリアの場合、一九九六年の協定を拒否したものはわずかな例外（L38など）を除いて停止している。フォルテ・プレネスティーノ(Forte Prenestino）のように、文化イベント等を通して地域住

民と非常に良好な関係を維持しているところも多い。

＊16――中国・武漢で自律スペースを運営するMさんへの聞き取りより（二〇〇九年七月京都）。

＊17――筆者のおこなった現地調査（二〇〇八年七月ローマ、二〇〇九年七月ローマ、ラクイラ、二〇〇九年一二月コペンハーゲン）によれば、現在、イタリア国内に自主管理社会センターは一〇〇カ所以上、首都ローマだけでも三〇カ所ほど存在している――一時的な占拠を入れれば数はもっと多くなる。コペンハーゲンにも少なくとも数十カ所存在している。ローマでの空間的配置を確認すれば、自主管理社会センターが中心駅テルミニの周辺、地下鉄沿線、トラム沿線に広がっていることがわかる。ラクイラG8サミットの際に海外アクティビストの受け入れを承諾したのは、地下鉄A線沿線の「アクロバックス」と「L38」、およびトラム沿線の「フォルテ・プレネスティーノ」の三つの自主管理社会センターであった。

　またカサパウンド・イタリア（CasaPaund Italia : CPI）は、反グローバリズム、市場批判、民営化批判を主張しつつ、経済的には「再国有化」を主張し、移民に対しては極右の立場をとる社会センターである。土台にムッソリーニのイデオロギーを置くナショナリスト、「極右」集団であり――名前はムッソリーニ支持者の詩人エズラ・パウンドに由来――、二〇〇三年にローマ駅近くの政府所有ビルを占拠した。ローマを中心に各地に支部があり、一五人の地方議会議員が支持し、メンバーは五〇〇〇人とされる（二〇一一年一一月）。二〇一一年一二月一三日にフィレンツェで、メンバーがセネガル人の殺傷事件を起こしている。

　つぎに、コペンハーゲンの自律スペースについていえば「一九七〇―八〇年代には占拠もデンマーク全体で一〇〇はあった」（ローズガード教授）とされ、現在も数多くの自律スペースが存在している。二〇〇九年一二月にはCOP15の際には、数千人が寝泊まりできる施設（テグルホルメン、ラグンヒルデガード）が準備され、また情報拠点としてコペンハーゲン駅近くの「ラフセット／ラフス」、移民の多いノアブロー地区の「フォルケット・フス」（人民の家）、自主管理社会センター「ストベリエ」、リーガルオフィス、メディア用拠点などが準備された。そして元「海軍基地」の巨大な「自治区」クリスチャニアが数千人のアクティビストを受け入れた（濱西 2011）。

＊18――日本でもかつては主に「大学占拠」として展開されたが、東大安田講堂陥落以後、都市での占拠は困難となり、地方でのコミューン運動へと展開した。

＊19――ローマの自主管理社会センターは、現在では政治・制度との関係性において、「ディスオベディエンティ」（Disobedienti）系とそれ以外とに大きく二つに分かれる。二〇〇一年のジェノア・プロテストの中心となった「ジェノア社会フォーラム」（GSF）は、①「ATTACイタリア」と②環境平和諸団体の「リリパット・ネットワーク」、そして社会セン

ター関連の③穏健派ネットワーク「白いつなぎ」（身を守るための防衛的な装備・暴力は良しとしている）と、④ラディカル派の「グローバルな諸権利のためのネットワーク」から構成された。③「白いつなぎ」は、「ヤ・バスタ」系の自主管理社会センター、ミラノの自主管理社会センター「レオン・カヴァッロ」を中心に一九九八年に結成されたネットワークであり（伊藤 1997）、結成後は政治制度・政党（Greens や共産主義再建党［RC］）との相互作用を強めていく。「協定」を結び象徴的なリース代を支払うことでCSAへと「合法化」されつつ、政党の選挙応援や議員推薦などもおこなった。二〇〇一年のジェノアG8サミットの際には、「白いつなぎ」系だけで一万人を動員することに成功しているが、その後、解散した（della Porta et al. 2006: 55）。他方、④「グローバルな諸権利のためのネットワーク」は、「協定」から距離を置くラディカルな自主管理社会センターと草の根労組「コバス」（Cobas）（ラクイラG8サミットの抗議活動の中心の一つ）などから構成された。ジェノア後、このネットワークの一部の自主管理社会センターは、元「白いつなぎ」の自主管理社会センター、「ラディオ・シャーウッド」、RCの若者グループなどとともに「ディスオベディエンティ」を結成する。このようにして、ローマの自主管理社会センターは、「ディスオベディエンティ」（ほぼすべてCSA）とそれ以外の自主管理社会センター（多くがCSA）に分かれる形で現在に至る。ラクイラG8サミットの際は、ジェノアで主力となった「白いつなぎ」「ディスオベディエンティ」系の自主管理社会センターは、政府や自治体からの圧力もあってG8に対する抗議活動やアクティビスト受け入れをすることができなかった。開催地がラ・マッダレーナ島から大震災が起こったラクイラに急遽、変更されたこと、ラクイラに数万人の被災者が生活していることなどの影響もある。またそれはジェノアの反省と〈調整〉の結果だといえる。その結果、外国からのアクティビストの活動に協力した自主管理社会センターは、アナキズム系やアンティファ系のフォルテとアクロバックスとL38に限定された。このようにローマの自主管理社会センターはこれまで政治・制度と相互作用しつつ維持されてきた。ラクイラの際に多くの自主管理社会センターが抗議活動に参加しないこと、外国からのアクティビストの受け入れを拒否したこと、さらに大量逮捕後は救援活動に本格的に動き出したこと、それらの一つひとつの判断が自分たちの中で徹底的な話し合いを通して導かれたものであり、一概に制度化や保守化といった言葉で片付けられるものではない。

コペンハーゲンの自主管理社会センターやアナキスト・ハウスもそうである。一九七一年に若者たちがクリスチャニアを占拠した際には、市議会の二議員が支援を表明し、正式に新しい自治の実験として三年間の使用が認められた。しかし返還時期が来ても返還せず、警察との間で衝突が起こり、さらに一九八〇年代に厳しい弾圧があった。その後、一九九〇年代以降は、クリスチャニア、政府司法省、防衛省、警察機構、クリスチャンハウン地元住民、アムネスティ・インターナショナル、メディア、法律家との話し合いが開始される。建築物の改築や麻薬捜査を受け入れるなど柔軟な対応もおこなってきた。一九九一年には政府と「枠組み協定」を結び、一九九二年から一人七〇〇クローネ（一万円強）を政府に賃料として支払っている（現在は一五〇〇クローネ）。武器を持ち込ませない、ハードドラッグ禁止、バイカーギャングを入れない、車を入れない（路上駐車が過去問題となった）、これ以上人を増やさない、といったルールを策定しており、それらを記した看板がクリスチャニアのあちこちに建てられていた。ここでもやはり政治・制度との相互作用が重要である（濱西 2011）。

＊20——イタリアやデンマークには労働組合と左派政党の強力なネットワークが存在しており、自主管理社会センターやアナキストハウスの持続・発展はそれらを前提としたものである。労働組合からの支援をうけたり、事務所を共有したりすることもある。政党や労働組合と自律スペースは共存しており、支え合っているとさえいえる。それゆえイタリアやスペインのような労働組合や協同組合、左派政党が強力な社会において自主管理社会センターは発展すると示唆する分析もある（della Porta 2007: 16-17）。もちろん、労働組合や協同組合、政党と、アナキズムやアウトノミア等の考え方は厳密にいえば異なる部分をもっているようにみえる。ではなぜ、デンマークやイタリアでは協力が可能なのか。一つ重要な点は、両者において担っている人々の世代が異なるということである。自律スペースはおもに若者が運営しているが、労働組合や政党、自治体議員などはより年配世代が担っている。そして三〇歳くらいを境目に前者から後者へ移る人が多く、今度は若者を支援する側にまわる。このような「左派」のライフコース、再生産の仕組みがある程度確立されているのだ（濱西 2011）。たとえば社民主義の強いコペンハーゲンの住民にはアナキズムを嫌う人が少なくない。しかし、「若い子たちのやっていること」に対して十分、寛容な態度をとっている。COP15で若い直接行動派を中心に四〇〇人の拘禁者が出たことに対しても、「親たちはおそらく黙っていない。人権団体、アムネスティとして動くだろう」（ローズガード教授）といわれていた。世代的な連帯関係、世代での役割分担、再生産がなされているわけである。それに対して、現在でも日本の運動・左派は「世代」「家族」「親子」「若者」「年配者」という関係性をしばしば嫌っている。「アレルギー」をもっている（伊藤 1997）。

デンマークやイタリアの状況のさらに背後にあるのは若年失業率の高さである。イタリアやデンマークにおける一九七〇―八〇年代の若年失業率は日本よりもはるかに高い。OECDによれば、若年失業率はデンマークが一九八三年に一八・九％、イタリアが一九九〇年に三一・五％である。若者たちは本当に生活に困る中で占拠を始めたのであり、周囲の人々もある程度同情的であった。その点は世代を越えた連携にプラスに働く。それに対して当時、日本での若年失業率は五％以下（一九八三年四・五％）であり、食べていくための制度改革、労働者協同組合、政党をつくるという主張にはあまり説得力がなかった。そのような試みは多くの場合、若者によっても忌諱されたのである（濱西 2011）。コミューンはどちらかといえば、イデオロギー先行のものとなり、あらゆる制度・組織からの自律といった純化指向が強くなっていった（著者不明 1973）。しかし日本においても、イデオロギー的には両立不可能なものが世代・時間軸を介して両立することは不可能ではない。二〇〇〇年代後半から次第に日本的な自主管理社会センターの試み――若者自身の手によって何の支援もなく不法占拠ではなく合法的に――が大阪や東京、札幌などの都市でみられるようになっている。武漢、インドネシアなどアジアの自律スペースとの連携・ネットワークも深まっている。それらがかつてのコミューンと違うどのような道をたどるのか注目する必要がある。日本における若年失業率の増加は、逆に自主管理社会センター的なものを再び生み出していくチャンスともなりえる。その際、政治・制度との相互作用（調整）はその活動の維持・発展のために欠かせない。周囲の対応もまた問われている。コペンハーゲンやローマにみられたように、協同組合や労働組合、政党、諸団体は、「年配」世代として、たとえイデオロギー的にズレがあったとしても、十分寛容に、具体的な資源面、そして救援面で若者の活動を温かく支援する必要があるだろう（濱西 2011）。

＊21――日本型ソーシャル・ガヴァナンスの実現のために、政府は、①まずいわゆる「第三の道」（ブレア、ギデンズ）と同じく、「労働」の再定義（生産主義からの決別）を土台として、労働の創造（技術革新・教育訓練）と労働保護（連帯・組合）の両立を進め、②つぎにそれに加えて受苦・リスクの構造的重層化・極大化に対応した特別な（経済的法的）支援を実施する必要がある――それは社民主義（第二の道）と「第三の道」の間にあり、「二・五の道」（Touraine 1999=2001: 143-169）と呼ばれる。

具体的には、①において重要なのが社会的企業や事業運動などであり、それらの連携を深めるためには、政府は、新しい「労働」概念の下、事業ＮＰＯから協同組合、営利企業など多様なアクターにとって利用可能なインフラ・法制度（「社会的企業育成法」など）を整備する必要があるだろう。また②若者の自主管理社会センターに対する支援も必要であるが、「支援」というと、若者の非制度的・自主管理の努力を利用・管理・制度化しようとするものだと批判を受けるかもしれない。実際、それはセンターの目指すところと矛盾する。必要なのは、若者の試みをもっとしやすくする間接的な支援である。たとえば、既存の行政法人などの土地や団地、空いている土地・建築物、大学などを市民・住民・若者に開放し、欧州ではよくあるように「よりうまく使うなら占拠して使ってもいい」とする法改正、アパートなどの家賃を下げる支援、財産権の改定、不動産業者による土地買い占め・野ざらしなどに対する規制などが求められる（濱西 2011）。

第4章

＊1――研究委員会（ＲＣ）とは、ＩＳＡ内の国際共同研究のための集まりを指す。ＩＳＡの分科会ではなく、個別の専門学会（各国学会と同じ議決権）のような位置づけとなる。テーマグループ（ＴＧ）として始まり、二五人以上集まるとワーキンググループ（ＷＧ）へ発展し、ＷＧとして四年以上活動でResearch Council が承認すればＲＣを設立できる。二〇一五年現在、五五のＲＣがある。ＲＣ47は一九九〇年にＷＧ、一九九二年にＲＣとして認められ、ＲＣ48は一九九二年にＷＧ、一九九四年にＲＣとなった。

＊2――両系譜をどのように呼ぶかという点にすでに論者の立場性が表れている。たとえば、「新しい社会運動論」（「新しい社会運動」論）という用語は行為論や批判理論を一括して呼ぶために動員論者が用いはじめたものであり、行為論者（メルッチも含め）は自分たちの理論をそうは呼ばない。逆もまたそうである。本書では、当事者が自分たちの理論を呼ぶのに用いている名称（〔資源〕動員論や行為〔経験〕の社会学）に近い、「動員論」と「行為論」という用語を用いることにする。

＊3――これらの点は日本の社会運動論者には理解しにくいかもしれない。というのも日本の社会運動論は、国際的にみても例外的なほど北米と欧州の社会運動論の双方に関する研究の積み重ねがあるからである。

＊4――日本の社会運動論は、かつてはマルクス主義運動論と集合行動論（塩原 1967; 似田貝 1975）について、その後は行為論（梶田 1988; 伊藤 1993a）と動員論（長谷川 1985, 1990他）について各々研究を蓄積してきた。片桐（1985）や大畑（2004）の研究はそれらの蓄積の上に初めて可能になったものである。

＊5――少し背景を振り返ると、まず北米における運動論の始まりは、シカゴ学派によって欧州の群衆論が一九二〇年代に輸入され、集合行動論（Park & Burgess; Blumer）が生み出された時期としてよいだろう。第二次世界大戦（一九三九－四五年）以降、マッカーシズムが吹き荒れた四〇年代後半には、集合行動論（Blumer; Meadows）に加えて、大衆運動論（Kornhauser）や相対的剥奪論（Cantril）が展開された。また、欧州からの亡命者によって古典的社会運動論（Stein; Marx）が導入され、社会主義・労働運動にとどまらない多様な運動・対抗運動にもその議論が適用されていった（Heberle; Vander-Zanden）。やがて一九五〇年代からの公民権運動や六〇年代のベトナム戦争反対運動が盛り上がり、闘争理論（Coser）や機能主義的集合行動論（Smelser）が勢いをもった。また併行して、政治経済学の領域では、集合行為論（Olson）が生み出され、そしてその集合行為論の影響をうけるかたちで、一九六〇年代から七〇年代にかけて、心理的な要因を重視する大衆運動論・相対的剝奪論を批判しつつ、社会経済的要因を重視する資源動員論が現れることになる。

＊6——曽良中は、大衆社会論、心理学的運動論、（相互作用論的・機能主義的）集合行動論について、それぞれ特徴を挙げてわかりやすく説明している（曽良中 1967: 14-16）。「相対的剝奪論」については以下を参照（松本 1985）。

＊7——オバショールや長谷川の説明にすでに（フレーミングを除いて）それらの変数の存在が示されてはいるが、明確な意図をもってその領域の本格的な実証研究が開始されるようになったということである。

＊8——「集合行為の達成は、それらの資源の利用可能性に依存している、というのが集合行為論の主要な命題の一つ」であり、「テロリズムのような集合的暴力の組織化された活動」であっても同じである。この活動は「公衆の目を避けなくてはならないし、法的処罰の境界の外に位置するので強い資源依存性の制限をうける」のである（Boyns & Ballard 2004）。

＊9——以上のプロセスは、政府当局の国家テロや対テロ活動の戦略にもあてはまるという。（a´）「国家間の紛争では、兵士の権利、傷病者、捕虜の扱い、民間人の保護が約束される。無数の暴力があったが自己利益などから暴力をおさえていた。しかし、民間人の戦争、反乱、共同体内の暴力、そしてテロリズムにおいてはより少ない規制しかない」。「彼らは小さな集団で、隠れて活動する。それゆえ、すべてのターゲットを守ることは不可能」であり、不満が鬱積する。（b´）そこで「警察と軍隊は、刑事裁判システムが、テロリストを扱うのに、そして最も狙われる標的としての自分たち自身を守るのには、完全に不適切だと信じるようになる」。そしてまた、自分たちが、誰がテロリストか、誰がテロリストの熱心な支持者か、ということを知っていると信じるようになる。（c´）それゆえ警察や軍隊は、「テロリストとその支持者に対して、そしてやがては政府に反抗すると疑われるすべての人々に対して、「死の部隊」による秘密裏で非合法な手段、たとえば拷問、暗殺、報復を選ぶ誘惑に駆られる」。警察や軍隊は、すでに豊富な資源を有しているのでその組織力には問題がない。また、「民主的な政府であっても、テロリズムに直面すると」、法律の厳格化・厳罰化、人権を抑圧するような法制度の整備など、「過激な社会的コントロールの手段をとる」誘惑に駆られ、そのための世論の動員をはかる。（d´）実際に暴力が噴出するためにはさらに特定の状況が必要である。「遅かれ早かれ、テロリストのある者は逮捕され、拘禁される。彼らを自由にするために、テロリストは当局との交換のために、銀行家、会社員、たんなる民間人の拉致をおこなう」。また「やがて資金が底をついたとき、彼

らは銀行強盗をおこない、麻薬取引に参加するようになる」。それゆえ、彼らに対する「死の部隊」の攻撃や過激なコントロールが開始される。また民主主義的対策も暴力をエスカレートさせうる。たとえば「イギリス政府がIRAとプロテスタント双方のテロリストに対処するためにおこなった通常の刑事裁判システムの変更」（情報提供者には法廷で匿名性保護、被疑者の予備的拘留許可、「拷問」の許容など）は、テロリストにとっての「最大の脅威」である「裏切り者の潜入や元活動家、近隣住民などによる当局への情報提供」を比較的容易にする。それゆえ「自己防衛のために、テロリストは、そのようなスパイと協力者、たんなる被疑者を暗殺しようとする」。また「暴力は、紛争の政治解決のための反テロ的な計画をもつ集団内の穏健派に」向かい、「テロリスト内の派閥争いによる暴力がなされるようになる」（Oberschall 2004: 29-30）。

＊10———一九七〇年からトゥレーヌのもとに留学し博士課程を過ごしたメルッチは、トゥレーヌから大きな影響をうけたことを告白している。「トゥレーヌのアプローチは、マルクス主義の伝統における経済主義と機能主義イデオロギーの両方の欠点を免れていると思いました。社会的行為の重要性と自律性を強調していて、私はこの後ずっとこのアプローチからインパクトを得ています。学問的にはトゥレーヌによって展開された社会運動のテーマのおかげで、ようやく紛争や階級に関するそれまでの研究と折り合いをつけられるようになったのです」（Melucci 1989=1997: 239）。博士論文では、「一九世紀フランスの企業家のイデオロギーと行動」を扱っている。

＊11———日本におけるメルッチ論（伊藤るり 1993a; 長谷川 1999; 渡邊 1998）も参照。

＊12———ただメルッチがより高いレベルを射程に入れていると読める部分もある。彼は、「複合社会の中心的な運動を捜し求めているわけではないが、複合システムの論理そのものに影響を与える敵対的な集合行為は存在すると、私は考える」とも述べているからだ。もちろん、「この型の行為を特定するためには、多元的な機能要因を含む分析（機会／限界／反応）が必要であり、運動とは形態学的に所与の「実体」であるという前提を捨て去らなければならない」という留保つきではあるが（Melucci 1989=1997: 81-82）。トゥレーヌも、メルッチが集合行動の二つの定義、すなわち「パーソナルな経験を再構築し豊かにしようとするもの」という定義と、「あらゆる支配と操作の形態への抵抗を強化するというより紛争に満ちた定義」の間で、「揺れているようにみえる」と指摘している（Touraine 1997b: 265）。

＊13———ミラノ調査の後半部分（一九八一－八二年半ば「部分的には一九八四年まで」）にあたる「実験段階」では、トゥレーヌの社会学的介入を、特徴的連帯・集合的アイデンティティの形成に焦点を置いて組み替えた方法が用いられることになるが、その最大の特徴はトゥレーヌであれば対立性や全体性の

再現に関わる場面設定（外部との対話の場面やフィードバック〔ビデオ撮影〕にもとづく自己分析の場面）とみなすものであっても、連帯・アイデンティティの形成にとっての条件として位置づける点にある（他にも調査倫理、状況統制、観察視座など、いくつかの点で修正がなされている）。

＊14――バウマンがその際、後期トゥレーヌ（1997a）に言及している点は興味深い。

＊15――Touraine（1984）を参照しつつ、梶田は、「「新しい社会運動」とは、一九六〇年代後半以降に噴出してきた新しいタイプの社会運動群、すなわち女性解放運動、地域主義運動、反原子力運動、エコロジー運動等に対して、フランスの社会学者アラン・トゥレーヌ（Alain Touraine）が与えた言葉である」（梶田 1985: 211）と述べているが、実体概念として理解すると大きな誤りを生む。

＊16――もちろん、それ以前からさまざまな抗議・暴動・一揆など自体は存在していた。アイゼンシュタットによれば、そもそも「文明」――「近代」もまた諸文明の一つに過ぎないと主張する――というものはその形成過程において〈中心に対する周辺の諸集団による異議申し立て〉を必ず含んでいた（Eisenstadt 2000）。ただ諸文明の中心部に対する異議申し立て活動がそのまま「社会運動」だというわけではない。

＊17――以前、片桐（2003）が、社会運動定義の拡張ではなく、「非営利型社会活動」（ＮＰＳＡ）という新たな概念の必要性を訴えたのも、そのためであろう。

＊18――政治的機会構造論は、運動と政治的環境の一般的関係についての知見を積み上げ、政治的機会構造の状況と運動のタイプの間に関連があることは明らかにしているが（Kriesi et al. 1995: 20）、そこでいわれる運動タイプとは、「用具的な」運動／「サブカルチャー的」運動／「カウンターカルチャー的」運動といったスタイルのことであり（Kriesi et al. 1995: xv）、争点の内実に関係するものではないのである。

＊19――もちろん、福祉レジーム・福祉国家のようなナショナルな制度総体論は、個別の制度をめぐる集合行為・紛争の説明には部分的にしか有効ではない。たしかに、一国家の内部で個別の制度がまったく自律性をもつということは考えにくいが、完全に同一というわけでもないし、ナショナルな制度総体と個別制度の間にあるズレそれ自体も運動を生み出す制度問題となりうる。またナショナルレベルの議論は、ローカル、あるいはグローバルな制度（制度総体あるいは個別制度）をめぐる集合行為・紛争に関しては全般的傾向しか説明できない。地方自治体などのローカルな制度とナショナルな制度の関係性、Ｇ８やＷＴＯのようなグローバルな制度とナショナルな制度の関係性など考察されるべき制度問題は多い。

第5章

＊1――たとえば以下は、ロイター電子版に掲載された主な事例である（記事では暴力的な場面が強調されている）。
「一九九九年一一―一二月、米国・シアトル：WTO会議に抗議する反グローバル化デモがなされた。外出禁止令がだされ、五二〇人が逮捕された。／二〇〇〇年一月、スイス・ダボス：二〇〇〇人ほどの反自由貿易デモが毎年の世界経済フォーラムを「殺人者たちの会合」と批判した。車のフロントガラスを破壊しマクドナルドの窓を割ったが、警察の防衛線を壊すことには失敗した。／二〇〇〇年九月、チェコ・プラハ：抗議者たちがIMFとWBの年次会合が開かれた会議センター近くで警察と衝突。警察推測では一万から一万二〇〇〇人の抗議者が参加していた。／二〇〇一年四月、カナダ・ケベック：警察と反グローバル化アクティビストの三日間の衝突がおこった。三四カ国のリーダーが参加したアメリカ大陸のサミットを止めることは失敗した。多くの抗議者たちは平和的であったが、黒服をまとったアナキストたちは――多くが自分たちをブラック・ブロックと呼んだ――鉄条網を乗り越えようとして約四〇〇人が逮捕された。／二〇〇一年六月、スウェーデン・ヨーテボリ：反EU、反米国、反グローバル化の多くのグループからのアクティビストが、EUサミットの間に集まった。その数は、警察の二五倍にあたる二万五〇〇〇人に上る。大通りを約千人の抗議者が暴れまわり、警察は銃撃。三人のアクティビストが負傷した。／二〇〇一年七月イタリア・ジェノア：数千の反資本主義デモがG8サミット中のジェノアを埋めつくした。イタリア人抗議者一人が警察により射殺された。約二年におよぶ暴力的な反グローバル化抗議活動での最初の死者であった。二三一人以上の抗議者が負傷し、二八〇人以上が逮捕された。多くがその後警察の無法ぶりを訴えた。二〇〇八年一一月、法廷でサミット時に抗議者たちを殴った一三人の警察官が罪に問われたが、他の一六名は無罪となった。／二〇〇三年、フランス・エヴィアン：数百人の黒ずくめの抗議者たちが道を封鎖し、毎年のサミットのためにG8首脳たちが集まったジュネーブの湖の店を荒らしまわった。／二〇〇五年、スコットランド・グレンイーグルス：G8サミットをめぐるしばしば暴力的な衝突の跡、警察が九一名を逮捕し、数百の武器を押収した。つぎの日、警察はグレン・イーグルスの南三二キロ（二〇マイル）のスターリングにある抗議者たちのキャンプサイト周匝に保安非常線を張った。サミット期間中、ロンドンの交通システムに自爆者が身を投げ、五二人を殺害し、約七〇〇人が負傷した。／二〇〇六年七月、ロシア・サンクトペテルブルグ：G8サミット中に、「ノーG8」のスローガンとポスターを掲げて道を短時間封鎖した二二人の反グローバル化の抗議者たちを、ロシア警察が拘

束した。／二〇〇七年六月、ドイツ・ハイリゲンダム：警察が三名が乗ったグリーンピースの高速艇をG8サミット会場近くのバルト海での追跡後、止めた。バナーには「G8、今こそ行動を」と書かれていた。三万名のデモが警察のコントロールを巧みに逃れることに成功し、ベルリンの北二五〇キロ（一五〇マイル）にあるサミット会場の設置された制限区域に入り込んだ。サミット終わりまで三日間、村への陸上の道路を封鎖した。／二〇〇八年七月、北海道：抗議者たちが日本の北部でのG8サミットにより近づくために警察の防衛線を押し通ろうとしたが、容易に押し戻された。北海道の二万一〇〇〇人の警察は、わずか数回のもみ合いとわずかな逮捕者で抗議者たちを簡単に封じ込めた」(David Cutler: London editorial reference unit より作成［ロイター電子版二〇〇九年三月二七日　http://www.reuters.com/article/idUSTRE52Q3TU20090327］)。

＊2――国際NGO調査（二〇〇四年四月―二〇〇八年七月）：団体E、中間支援組織F、アジア開発銀行（ADB）対抗市民フォーラム調査。洞爺湖G8サミットに向けたさまざまなNGO連携の調査。

＊3――二〇〇八年洞爺湖G8サミット調査　事前調査：ウェブサイトの分析、二〇〇八年二月二日G8関連シンポジウム、準備会、総括会（大阪）、五月「シビルG8」(京都)。現地調査（二〇〇八年七月一―一〇日）：札幌市内のコンバージェンス・センター、札幌大通り公園での集会、当別キャンプ、札幌市内での合同デモ、札幌市内での市民サミット、洞爺湖近辺の豊浦キャンプ。事後調査：二〇〇八年八月―一二月市民フォーラム北海道報告会（札幌一〇月四日）、G8を問う連絡会報告会（東京八月二四日）、G8サミットNGOフォーラム報告会（東京・大阪一〇月一一日）、キャンプ参加報告会（大阪七月一五日）、オルタメディア報告会（京都九月一三―一五日）。追加調査（札幌）：二〇一〇年一月札幌ATTIC、札幌キャンプ実行委員会、Aさん。

二〇〇九年ラクイラG8サミット調査　事前調査：ウェブサイトの分析。現地調査（二〇〇九年七月一―一一日）：ローマ市内の自主管理社会センター（アクロバックス、フォルテ・プレネスティーノ、L38）、およびその中心人物たちへの聞き取り（Marco, Lozardo など一〇名）、ローマ中心でのNGOフォーラムイベント、ローマ市内での直接行動（無許可デモ、道路封鎖、テルミニ駅乱入他）、ローマ救援活動（刑務所前・アイデンティファイセンター前での救援抗議活動、ローマ自主管理劇場においてメディアを招いての逮捕の不当性を訴える上映会）、ラクイラでの合同デモ、ローマでの報告会（メディア・アクティビストの映像上映）。ローマ大学教授A・ファッロ教授、E・トスカーノ氏への聞き取り調査。事後調査（―現在）：社会センターのメーリングリスト・ウェブサイトの分析。

二〇〇九年ピッツバーグG20サミット調査　事前調査：ウェブサイトの分析。現地調査（二〇〇九年九月二一～二七日）：

ピッツバーグ市内のコンバージェンス・センター、市内の反戦団体かつ市民団体共同事務所（トーマス・マートン・センター［TMC］）、インディメディアセンター（TMC内に臨時設営）、市民フォーラム（ピープルズフォーラム：労組や先住民団体他）、直接行動（無許可集会とデモンストレーション）、直接行動（夜間の破壊行動、暴動など）、合同デモ（TMC主催のピッツバーグ中心街への許可デモ）。事後調査（－現在）：メーリングリスト・ウェブサイトの分析。

二〇〇九年コペンハーゲンCOP15調査　事前調査：ウェブサイトの分析。現地調査（二〇〇九年一二月一〇－一七日）：コペンハーゲン市内の自治区（クリスチャニア）、社会センター（フォルケット・フス、ラフスなど）、インフォ・ポイント、インディメディアセンター、市民フォーラム（クリマ・フォーラム）、合同デモ（議会前からCOP会場へ：約一〇万人）、農業関係デモ、平和関係デモ。コペンハーゲン大学教授ローズガード教授への聞き取り調査。事後調査（－現在）：メーリングリスト・ウェブサイトの分析。

＊4――海外事例の分析は『ニューヨークタイムズ』誌などを用いておこなうことができる。

＊5――新聞名を記していないものは『朝日新聞』を指す。

＊6――朝日新聞によれば、「七年前の労働サミットでは、国際自由労連に一括加盟している同盟と、共産党系グループを抱えた総評の間で不協和音もあった。しかし、総評も去年の運動方針で国際自由労連との交流強化を正式に打ち出すなど西側外交に転換している」という（一九八六年四月二〇日朝刊）。

＊7――一九九三年のサミットではまず経済分野の議題として、世界経済、ロシア支援、ウルグアイラウンドの年内合意、途上国との関係強化、地球環境問題（一九九三年六月一八日朝刊）が掲げられ、その後、政治問題の討議テーマとして核兵器など大量破壊兵器の不拡散問題、国連の機能強化問題、旧ユーゴスラビアなどの地域問題（一九九三年六月二九日朝刊）が示された。

＊8――その後の記者会見で「会談に臨む首相の姿勢は真剣味に欠け、国際儀礼に反する。厳重に抗議したい」「首相は握手を拒否した。敵対的な対決宣言だ」と議長は批判した。「各国代表の質問の最中にも、首相は「そんな質問にいちいち答えなければいけないのか」と発言。同席した村上正邦労相がとりなす一幕も」あったという（一九九三年七月三日朝刊）。一九八六年の労働サミットでも中曽根首相に申し入れがなされ、丁重に扱われている（一九八六年四月二〇日朝刊）。

＊9――六月一四日には群馬県JA代表者集会において「米市場開放阻止、水田農業政策・価格要求実現、今年米全量集荷推進に関する決議」がなされた。背景には「東京サミット後に、ガット（関税貿易に関する一般協定）のウルグアイ・ラウンド交渉が本格的に再開」されることがあり、決議では「例外なき関税化を拒否し、従来の交渉姿勢を貫く」「米の国内自給の堅

持を基本とした米穀政策・価格の確立に向けた施策の実現」「米の不正規流通の監視体制の強化」を政府などに要請することが示され、東京で「全国ＪＡ代表者会議」を開き、さらに「関係閣僚らに働きかける」とした（一九九三年六月一五日朝刊群馬）。

＊10――六月二四日には国際商業会議所会長らが宮澤喜一首相を訪ね、「今年末までにラウンド全体を最終合意にする目標を持って交渉する」ことを求めた（一九九三年六月二五日朝刊）。

＊11――「ＮＧＯ合同プレスセンター」の事務局を務めたのは環境団体「地球の友」であったし、また田中幸夫事務局長も「政府首脳による会議であるサミットに合わせてＮＧＯが活動を始めたのは、地球環境が本格的に議題として取り上げられた一九八九年のパリ・アルシュサミットから」だとして環境問題の重要性を述べている（一九九三年六月二六日朝刊）。

＊12――参加したのは「「地球の友」「ＴＯＥＳ／ＪＡＰＡＮ会議」「グリーンピース・ジャパン」「原子力資料情報室」など、環境や人権、軍縮・平和、核問題に取り組んで来た国内九団体、海外六団体」である（一九九三年六月二六日朝刊）。

＊13――世界銀行やＩＭＦが、融資の代わりに「構造調整プログラム」（Structural Adjustment Program）を求めるようになり、それによって発展途上国では、さまざまな経済問題（失業など）が発生し、社会が混乱に陥る状況がみられるようになったといわれる。この頃から、「サミットと並行した会議であるいわゆるオルタナティブ・サミットの開催も見られるようになる。先駆けは、一九八一年の七月には、オタワ・サミットにあわせて、軍縮や環境問題に関心を持つ団体により開催された「民衆サミット（popular summit）」であり、一九八四年からは、「もう一つの経済サミット（The Other Economic Summit：TOES）」も開催されるようになった。一九八八年からしばらくの間、ＴＯＥＳはサミットごとに開催されるようになった」（川西 2008：7）。ＴＯＥＳはその後二〇〇四年まで開始され、自由主義的経済とは異なるサステナブル経済のありようが議論された。また一九八八年ベルリンでのＩＭＦ／世銀サミットに対して反対運動が起こった。

＊14――インド、ブラジル、スーダン、米国など一三カ国・地域の活動家二一人が参加し、「開発途上国に向けての主要先進国、国際通貨基金（ＩＭＦ）、世界銀行が推し進める「援助」が「南」の人たちを逆に苦しめている」として、「「南」に債務の返済を強いる「構造調整プログラム」システムなどの実態を証言」した（一九九三年七月八日朝刊）。

＊15――提言は「環境と社会にダメージを与えない開発を進めるための世界銀行の改革や、地球環境基金（ＧＥＦ）の改革など、九つの柱」からなり、「世界銀行や地球環境基金の情報公開、世銀融資プロジェクトに対して市民団体からの訴えを受け止める機関の設置など、国際機関・組織の民主的な運営」を

まず求めるものであった（一九九三年七月七日朝刊）。

＊16――「弁護士約四百人でつくる自由法曹団東京支部（寺村恒郎支部長）は五日、東京サミットの警備について、「基本的人権を侵害するような過剰警備はしないでほしい」と文書で警視庁に要請」した（一九九三年七月六日朝刊）。

＊17――世界的には一九八〇年代半ば以降、国際協力等に関わるNGOが力をもつようになる。川西によれば「一九七五年に開始されたサミットは、しばらくの間NGOとの関係をほとんど持たなかった。まず、変化が現れたのは、一九八一年である。この時期になると、サミットの影響力が認識されはじめ、各国政府へのサミット前のロビーイングなども行われるようになった」（川西 2008: 7）という。その背景には、主要国首脳会議が、IMFや世銀、WTOやOECDの方向性を左右するとみられるようになったことがある。一九七九年にIMFが「内政不干渉の原則」から「政策改善」の条件（Conditionality）融資へ舵を切り、世界銀行も七〇年代から国内監視業務の重視へ移行するようになったことがある。

＊18――「主要議題となる経済・社会分野」では「科学技術の発展が新しい産業と雇用に結びつくための環境整備」「失業者、高齢者ら社会的弱者への配慮」「途上国の世界経済への統合」「地球環境の改善」などがテーマとなり、政治分野では「紛争予防の具体的な手法」がテーマとされた（一九九九年八月一八日朝刊）。その後、「感染症対策や遺伝子組み換え食品の安全性」といった「社会問題」も別枠で集中討議されることになった（二〇〇〇年六月一八日朝刊）。

＊19――大阪でも五月一八日に「全港湾大阪支部、建設支部や全日本建設運輸連帯労組関西生コン支部など二十五団体」によって「規制緩和に反対する労働者サミット・関西実行委員会」が結成され、「沖縄サミットを撃つ」講演集会や「グローバリゼーションの正体―WTO・沖縄サミットと規制緩和」学習討論会が開かれた（『労働新聞』二〇〇〇年六月一五日）。

＊20――実行委員会は、全国労働組合連絡協議会（全労協）を中心に全日本港湾労組などに加え、海外から韓国の全国民主労働組合総連盟やロシア労働組合連合、台湾、香港などの労組代表で結成された（二〇〇〇年六月八日朝刊）。

＊21――全労連委員長や全港湾沖縄地方本部委員長、フィリピン、韓国、台湾、香港の労働組合活動家が報告をおこなった。香港工盟は「規制緩和のスローガンの下、労働者の大量解雇が行われた。経済の悪化によって政府が貧困層への社会保障をカットした結果、貧富の差が広がった」と規制緩和の弊害を訴えた（『沖縄タイムス』七月二日朝刊）。

＊22――「サミットに反対する革マル派や全日本学生自治会総連合（全学連）の学生によって組織された」という（『西日本新聞』二〇〇〇年七月八日夕刊）。

＊23――京都では七月四・六日に「市民フォーラム」などによるセミナーが開催され、フィリピン大のウォルデン・ベロー

教授や「市民フォーラム２００１」の佐久間智子事務局長がグローバル化の問題点やナショナリズムの高揚について議論をおこない、学生ら約六〇人が参加した（二〇〇〇年七月一五日朝刊）。七月五・七日には福岡において、「アジア開発銀行（ＡＤＢ）福岡ＮＧＯフォーラム」の主催で、カナダ人評議会共同議長やマレーシア第三世界ネットワークによる講演がおこなわれ、「経済のグローバル化などの問題を考える上でカギを握る世界貿易機関（ＷＴＯ）についてＮＧＯの立場から」話がなされた（二〇〇〇年七月五日朝刊・福岡）。

＊24――一九八四年から「サミットに合わせて開催国で」開催されてきた（二〇〇〇年四月二六日朝刊）。

＊25――二〇〇〇年を前に先進諸国による途上国へのさまざまな資金援助による債務の拡大をふまえ、ＩＭＦ・世銀誕生五〇年を機に「五〇年はもうたくさんだ」（50 years is enough）ネットワークが立ち上がり、ＩＭＦ・世銀会合（スペイン・マドリッド）に対して抗議を起こした。以下を参照 http://www.50years.org/。すでに一九九九年五月の英国・バーミンガムＧ7サミット――以後、地方開催がつねとなる――に対しても抗議活動がおこなわれている。その際、同年開始された「ジュビリー２０００」を中心としたデモ（七万人）も初めておこなわれ、その結果、一九九九年六月ケルン・サミットではジュビリー２０００の要求が正式に取り上げられた（川西 2008: 94）。

＊26――債務帳消しキャンペーン日本実行委員会の代表は白柳誠一枢機卿（カトリック東京大司教区）・鷲尾悦也（日本労働組合総連合会会長）・北沢洋子（ＩＭＦ・世銀を問う連絡会）である。参加・賛同団体（二〇〇〇年一月現在）はまず「労働組合」が日本労働組合総連合会／全日本自治団体労働組合／日本教職員組合。つぎに「宗教団体」でカトリック大聖年準備特別委員会／日本カトリック正義と平和協議会／日本山妙法寺／日本キリスト教協議会国際関係委員会／ＮＣＣキリスト教アジア資料センター／日本クリスチャン・アカデミー／日本キリスト教婦人矯風会／（財）日本キリスト教女子青年会（日本ＹＷＣＡ）／（財）日本キリスト教青年会同盟（日本ＹＭＣＡ同盟）／カリタス・ジャパン。また「消費者団体」として日本消費者連盟／生活クラブ生協連合会。「女性団体」として退職婦人教職員全国連結協議会／アジア女性資料センター／日本婦人会議／北京ＪＡＣ。そして「ＮＧＯ」がアジア太平洋資料センター／ア・シード・ジャパン／アーユス＝仏教国際協力ネットワーク／ＡＰＥＣモニターＮＧＯネットワーク／ＮＧＯフランシスカンズ・ジャパン／草の根援助運動／グローバル・ヴィレッジ／シャンティ国際ボランティア会／地域自立発展研究所／関西セミナーハウス／地球の友ジャパン／日本国際ボランティアセンター／ＰＨＤ協会／日本ネグロス・キャンペーン委員会／日本インドネシアＮＧＯネットワーク／「環境・持続社会」研究センター／ヒューメイン・インターナショナル・ネットワーク

／名古屋ＮＧＯセンター／ＮＧＯ活動推進センター（ＪＡＮＩＣ）／ジュビリー２０００福岡である（http://www.jyunrei.net/nets/jubilee.htm：二〇一三年九月一九日閲覧）。

＊27――「二〇〇〇年に入ってからほぼ毎週のように大蔵省に面会を求め、債務の担当官と会議」をもち、「最終的には大蔵省の中にＮＧＯの担当が置かれるまでになった」。「外務省や内閣府への働きかけもおこなった。外務省の場合は、蔵相会議が行われる一ヶ月前の六月に外務大臣と担当官で会合を持ち、債務削減に関して詰めた議論もおこなった。さらに、サミット前に小渕首相にも面会した」。「他にも議員への働きかけがある。一九九九年五月「最貧国の自立と債務帳消しを考える議員連盟」が結成された」。「ジュビリー２０００ジャパンのキャンペーンとしては、年賀葉書キャンペーンが挙げられる。これは、日本の首相に世界各地から年賀葉書を送るというものである。首相宛に送られたものなので正確な数字は明らかではないが、最終的に一〇〇万通程度は届いたと考えられる。また、継続的に署名を集める活動もおこなっていた。最終的には五〇万の署名が集められ、首相に届けられた」。「さらに、デモもおこなっている。二月の半ばより財務大臣会合までの間、毎週大蔵省周辺で二〇名〜三〇名程度の人数が集まり、一時間程度のデモをおこなった」（林 2007: 3-4）。

＊28――「先進国への債務返済で途上国の子どもたちの医療や教育費が奪われている」と主張し、サミット蔵相会議に向けて、「最大の債権国でサミット議長国でもある日本は、貧困根絶のための債務帳消しにイニシアチブの発揮を」と約二百人のデモ隊の代表が大蔵省に申し入れた」（二〇〇〇年七月七日朝刊）。

＊29――「亡くなった子どもたちの弔いと平和への祈りを込めた約三百本の白い花や、債務帳消しへの願いを日本語・英語で書いた七夕の笹（ささ）などを手に、福岡市博物館まで五キロほどの道のりを歩」き、「申入書を、大蔵省の溝口善兵衛・国際局長に手渡した」（二〇〇〇年七月八日夕刊）。

＊30――「沖縄サミット開催時直前の（七月一九、二〇日）には、那覇でジュビリー２０００沖縄国際会議が開かれ、債務問題が話し合われた。この会議には国内外のＮＧＯから四〇団体、合計三〇〇人ほどの人々が集まった。この場で、ジュビリー２０００の最終的な提言書が合意された」。「その後、「Ｇ７首脳に対する要請文」は二一日、ジュビリー２０００のキャンペナー数名によって当時の森首相に手渡しで渡された」（林 2007: 3-4）。

＊31――「（１）貧しい人たちを犠牲にするすべての債務の帳消し、（２）債務救済と構造調整の分離、（３）帳消しの過程を公平で透明なものにするため、債務国や市民社会も参加させること」を求める要請文であった（二〇〇〇年七月二一日朝刊）。

＊32――六月六日に福岡では財団法人国際開発高等教育機構と国際交流基金の主催でサミットを記念した「国際シンポジウ

ム「二一世紀の展望」」が開催された（二〇〇〇年六月七日朝刊）。

＊33――七月四・五日の京都でのイベントでフェアトレード（公正な貿易）を唱える八団体がサミットへ向けて声明を出し、「すべての国の人々に等しく利益をもたらす貿易ルールを生み出す必要がある」とした（二〇〇〇年七月一五日朝刊）。

＊34――七月一五日に沖縄で「地雷廃絶日本キャンペーン」（JCBL）がシンポジウムを開催し、「サミットの宣言文に地雷被害を広げない具体策を盛り込むよう要請し、一六日には「クリントン大統領にあてた地雷廃絶を要請するはがきを配り、参加を呼びかけた」（二〇〇〇年七月一七日夕刊）。

＊35――「ADB福岡NGOフォーラム」「ジュビリー2000福岡」など「福岡県内で活動する四つの非政府組織（NGO）と個人」（二〇〇〇年五月八日朝刊）から形成された「連絡調整協議機関」である。

＊36――「市民の立場から見たサミットやNGOに関する資料、小学生が描いたサミットの絵などを展示するほか、参加団体がそれぞれの立場から、問題提起や呼びかけをする。リストラで仕事を失った人たちが東京で開いた居酒屋「りすとらん」の店長も駆けつけ、臨時「りすとらん」を開店する」（二〇〇〇年五月二三日福岡・朝刊）。

＊37――那覇市内で「地元の三十四団体が沖縄開催を受けて結成した」（二〇〇〇年四月二六日朝刊）。

＊38――主催は「沖縄サミットに反対する実行委員会」で、呼びかけ人の一人は知花昌一（『沖縄タイムス』五月一六日朝刊）。

＊39――東京と沖縄の市民団体やNGO「FOCUS」が共催し、約一〇カ国・地域から約一〇〇人の研究者や学生、NGOメンバーらが参加した（二〇〇〇年七月一日朝刊）。「軍事基地の撤去や核実験の中止、軍事予算の削減などを求める宣言文をまとめた」（二〇〇〇年七月二日朝刊）。

＊40――基地移設反対の市民団体は「「ピース・ウエーブ実行委員会」をつくり、サミット期間中、市内に展示場」を設けた（二〇〇〇年七月一一日朝刊）。沖縄で「体やかばん、車に赤い布やリボンを付けて「米軍基地ノー」を訴える運動」も広がり（二〇〇〇年七月一五日夕刊）、大阪でも「サミットを通じた基地押しつけは許さない！沖縄・嘉手納基地包囲行動に連帯しよう！七・一七関西集会」が開かれた。

＊41――共同代表・佐久川政一沖縄大学教授ら六人が呼びかけた。「離島を含めた県内全域からの参加者は、……午後二時に基地内、午後二時半には基地の外側に向かって手を結ぶ。午後三時には、内側に向けた「人間の鎖」で波をつくった」。「これまで嘉手納基地を二回包囲（八七年、九〇年）。市街地の真ん中に位置し、周辺住民の生活を脅かしている普天間飛行場を九五年、九八年の二度、取り囲んだ」（『琉球新報』二〇〇〇年七月二〇日）。

＊42――二〇日に「沖縄嘉手納基地包囲に連帯し、厚木基地撤去をめざす神奈川集会」が開催され、「平和団体や労組など三十五団体、約三千七百人」が「基地撤廃を願う沖縄県民との連帯と厚木基地撤去を訴え」「厚木基地周辺をデモ行進した」（二〇〇〇年七月二一日朝刊）。福岡市でも二〇日に「平和運動グループや労働組合で作る「人間の鎖　連帯行動・福岡実行委員会」が、国内からの米軍基地撤退などを求めるデモ行進などをした」（二〇〇〇年七月二一日福岡・朝刊）。

＊43――二〇日には名護市内で「シュプレヒコールもせず」「団体で旗を持つことや、集団行動」もしない「ファミリー・ピース・ウオーク」が実施された（二〇〇〇年七月一九日夕刊）。松山では「九州・沖縄サミット開催に合わせて、百万人署名運動県連絡会のメンバー約十人」が駅前でチラシを配り、沖縄の米軍基地の全面撤去を求める署名活動をした（二〇〇〇年七月二三日愛媛・朝刊）。

＊44――「東アジア－アメリカ国際女性ネットワーク」などが主催で（二〇〇〇年六月二五日朝刊）、「平和や基地問題に取り組む東アジアと米国の非政府組織のメンバーや研究者ら二十団体の九十五人が集まった」（二〇〇〇年七月八日朝刊）。

＊45――六月二四日の公開シンポジウムには米韓、プエルトリコ、フィリピンから訪れた「四十人のほか、国内から二百人余りが参加」（二〇〇〇年六月二五日朝刊）した。

＊46――環境大臣会合（四月七－九日）の期間に滋賀県大津のホテルで「地球環境国際議員連盟」の世界総会が開催され、「水素エネルギーの活用推進や森林保護のための貿易ルールの構築、循環型社会に向けた法整備など、メンバーの各国議員が今後取り組む五つの行動計画を採択して閉会した。参院議員の堂本暁子総裁は会見で「京都議定書の二〇〇二年発効を、七月の九州・沖縄サミット（主要国首脳会議）に対しても働きかける」と述べた」（二〇〇〇年四月一一日滋賀・朝刊）。

＊47――「サミット会場」の近くを「違法伐採が続くロシアから木材を運び」つつ抗議をおこなった（二〇〇〇年七月二一日夕刊）。

＊48――二〇〇八年G8サミットは、七月七－九日に北海道で開催された。関連大臣会合は五－六月に大阪、京都、神戸、東京などさまざまな場所で開催され、年初から日本の国際NGOや左派運動、労組、みどりの党などがサミットに関わるいくつかのイベントやネットワークを組織化してきた。

＊49――フランス民主労連は「短期契約やパート契約の強要による不安定な雇用が増えた」と指摘した。ドイツでもワーキングプアが生まれ、「所得格差が急拡大している」（ドイツ労働総同盟）という（二〇〇八年五月一二日朝刊）。

＊50――「「持続可能な社会」の実現に向け、仕事と生活の調和（ワークライフバランス）や「ディーセント・ワーク」（働きがいのある人間らしい仕事）、環境に配慮した「グリーン・ジョブ」の推進も明記した」（二〇〇八年五月一四日朝刊）。

＊51――JR新潟駅近くでは「勤め先を解雇された若者や支援団体のメンバーら県内外の二五人が「生きさせろ」などと書いたプラカードや横断幕を手にデモ行進した」（二〇〇八年五月一二日朝刊）。

＊52――集会が開かれ、「フランスの女性活動家スーザン・ジョージさんが「世界は新たな食糧危機に直面している。その責任を先進国が負っていると、一人ひとりが声を上げていく必要がある」と訴えた」（二〇〇八年七月五日朝刊）。

第6章

＊1――同時に、サミットの「制度的危険」として二点を挙げている。一つ目は、一国ナショナリズムがグローバリズムを破壊する危険であり、首脳の個性・思想が過大に影響力をもってしまうことでグローバルなレベルでの協力体制が危機に陥るという。対処としては、政策の国際協調の範囲を広げ、国同士の相互依存を深めることだと高瀬（2000）は述べている。二つ目は、反対にグローバリズムが各国のデモクラシーを破壊する危険であり、国内の政治過程が軽視され、意味をもたなくなってしまうという危機に陥るという。対処としては、各国の議会や市民のもつ影響力を拡大し、また各国のNGO（途上国）を重視することだとする。松浦（1994）は、一九九二年のミュンヘンサミットと一九九三年東京サミットを中心に紹介しつつ、サミットに対する批判も紹介しているが、反サミットの立場の人々は一部であり、大半はサミットをより強化せよという意見だと述べている。

＊2――この点は、実際に、筆者がおこなった洞爺湖G8サミットやラクイラG8サミット、ピッツバーグG20サミット、コペンハーゲンCOP15へのフィールドワークでも感じられた。わかりやすくいえば、政治的な左派の指向性をもつグループ（①）と、海外に目を向ける国際協力NGO（②）、開催地域の問題・利害を重視する人々（③）、さらにアナキズムに近い指向性をもつ人々（④）が混ざり合っているという実感である（濱西 2010b; Hamanishi 2010）。

＊3――たとえば二〇〇九年に当初予定されたラ・マッダレーナ島（後にラクイラに変更）では、その島が長年米軍基地として利用されようやく返還された歴史を世界に訴えようという動きがあった。

＊4――まず一九九四年一月にNAFTA執行に合わせてメキシコ・チアパス州でサパティスタ民族解放軍（EZLN）の蜂起が起こり、一九九五年一月一日にGATTに代わり、WTO（自由［関税低減など］、無差別［最恵国待遇など］、多角的通商体制）が設立されたことで（閣僚会合は最低二年に一回）、一九九六年に、EZLN大陸間会議においてスペインや南米のアナキスト系のネットワークとして People's Global Action

（PGA）が誕生した。一九九八年一月にはPGA第一回会議が開かれ、五月ジュネーヴWTO閣僚会議に合わせて抗議活動がおこなわれた。一九九九年一一―一二月の第三回シアトルWTO閣僚会議に対しても大規模な抗議活動が実施された。

＊5――「タイムライン」（出来事を時系列に並べたリスト）によれば以下である。「七／五　一三：〇〇　チャレンジ・ザG8サミット、札幌市大通西八丁目広場、約三〇〇〇人の参加で開始。七／五　一五：〇〇　チャレンジ・ザG8サミット、約六〇〇〇人でデモンストレーションを開始。七／五　一五：二二　サウンド・デモの部隊がデモ行進を続ける。部分的に小競り合いはあるが、クラウンアーミー、マーチングバンド、パペットなどさまざまなグループが続く。七／五　一五：四五　サウンドデモのDJ一名がトラック場で拘束。七／五　一六：〇〇　デモ隊と同数以上の機動隊、私服警官がデモ隊を囲むという異常な過剰警備が続く。七／五　一六：〇五　サウンドカーが解散地点の中島公園前で止められて、運転手ともう一名が拘束。窓ガラスが割られた上、トラックが機材ごと押収される。七／五　一七：〇〇　デモ参加の有志グループが、四人が拘留されている警察署へ抗議行動に向かう。」

＊6――G20サミットの参加国／地域は、従来のG8（日本、米国、英国、ドイツ、フランス、イタリア、カナダ、ロシア）、EU議長国（スウェーデン）、そして新興経済国一一カ国（メキシコ、中国、インド、ブラジル、南アフリカ、韓国、オーストラリア、インドネシア、サウジアラビア、トルコ、アルゼンチン）である。もともと財務大臣・中央銀行総裁会合として一九九九年より毎年開かれてきたが、二〇〇八年より首脳会合が開催されるようになった。

＊7――引用元：http://therearenosunglasses.wordpress.com/2009/09/21/schedule-of-events-for-g20-protests-in-pitsburgh/

＊8――二〇〇八年七月四日にはマス・メディア用に「北海道洞爺湖サミット札幌プレスワーキングルーム」（二〇〇八年七月五日朝刊）、五日には「国際メディア・センター」が開所された（二〇〇八年七月六日朝刊）。市民メディア、オルタメディア、メディア・アクティビストのためのメディアセンターも北海道大学クラーク会館内「市民メディア・センター北海道大学」（cmc）など、札幌市内三カ所に設置され、二〇カ国五〇団体九七人が利用した（京都メディフェスでの報告〔二〇〇八年九月一二・一三日〕）。「市民メディアは、マス・メディアが伝えない市民レベルの動きや活動を発信するのが目的で、担い手は一般市民や市民団体が中心。インターネットの普及で欧米でのサミットでは一般的になりつつある。洞爺湖サミットでは、国内外約三〇〇人の「記者」が札幌や洞爺湖周辺に集結」した（二〇〇八年七月九日朝刊）。

＊1――たとえば一九九九年シアトルＷＴＯについては、WTO History Project のウェブサイト（http://depts.washington.edu/wtohist/timeline.htm）を参照。タイムラインだけでなくさまざまなインタビュー記録なども保存されている。同様の記録は他のサミット・プロテストのケースでも残されていることが多い。

Wilkinson, P., 1997, "The Media and Terrorism: A Reassessment," *Terrorism and Political Violence,* 9(2): 51-64.

Woodward, J., 1965, *Industrial Organization: Theory and Practice,* NY: Oxford University Press

矢澤修次郎，2003，「社会運動と社会学」，矢澤修次郎編『講座社会学 15 社会運動』東京大学出版会，pp. 57-102.

山本英弘，2005，「社会運動の発生と政治的機会構造――ゲーム理論的モデルによる考察と国際比較分析」，数土直紀・今田高俊編『数理社会学入門』勁草書房，pp. 147-167.

Yves, D, 1996, "Dubet: Sociologie de l'expérience," *Revue française de pédagogie,* 116(1): 143-145.

Soziologie. I §1.（＝1972，清水幾太郎訳『社会学の根本概念』岩波文庫）

White Overalls, 1998, *Charter of Milan [Carta di Milano].*（http://www.ecn.org/leoncavallo/26set98）

Wieviorka, M., 1986, "L'intervention sociologique," Guillaume, M. ed., *L'État des sciences sociales en France,* Paris: La Découverte, pp. 159-161.

———, 1988, *Sociétés et terrorisme,* Paris: Fayard.（＝1993, *The Making of Terrorism,* Chicago: University of Chicago Press.）

———, 1995, *Face au terrorisme,* Paris: Liana Levi.

———, 1998, *Le Racisme: une introduction,* Paris: La Découverte.（＝2007，森千香子訳『レイシズムの変貌――グローバル化がまねいた社会の人種化，文化の断片化』明石書店）

———, 1999, *Violence en France,* Paris: Seuil.

———, 2001, *La Différence,* Paris: Balland.（＝2009，宮島喬・森千香子訳『差異――アイデンティティと文化の政治学』法政大学出版局）

———, 2003, "Un autre monde est possible," Wieviorka, M. ed., *Un autre monde …: Contestation, dérives et surprises dans l'antimondialisation,* Paris: Balland, pp. 15-54.

———, 2004, *La Violence,* Paris: Balland.（＝2007，田川光照訳『暴力』新評論）

———, 2005, "After New Social Movements," *Social Movements Studies,* 4(1): 1-19.

Wieviorka, M., ed., 2003, *Un autre monde…: Contestations, dérives et surprises dans l'antimondialisation,* Paris: Balland.

Wieviorka, M. et S. Trinh, 1989, *Le Modèle EDF: essai de sociologie des organisations,* Paris: La Découverte.

Wieviorka, M. et D. Wolton, 1987, *Terrorisme à la une: média, terrorisme et démocratie,* Paris: Gallimard.

Wieviorka, M., Bataille, P., Jacquin, D., Martucceli, D., Petalva, A. et P. Zawadzki, 1992, *La France raciste,* Paris: Seuil.

Wilde, L., 2007, "The Ethical Challenge of Touraine's 'Living Together'," *Journal of Global Ethics,* 3(1): 39-53.

原子力運動の社会学——未来を予言する人々』新泉社）
————, 1981, *Le Pays contre l'État,* Paris: Seuil.（＝1984，宮島喬訳『現代国家と地域闘争——フランスとオクシタニー』新泉社）
Touraine, A., Dubet, F., Strzelecki, J. et M. Wieviorka, 1982, *Solidarité,* Paris: Fayard.
Touraine, A., Dubet, F. et M. Wieviorka, 1984, *Le mouvement ouvrier,* Paris: Fayard.
津田直則，2012,『社会変革の協同組合と連帯システム』晃洋書房.
Tucker, K., 2005, "From the Imaginary to Subjectivation: Castoriadis and Touraine on the Performative Public Sphere," *Thesis Eleven,* 83(1): 42-60.
Turner, C., 1998, "Touraine's Concept of Modernity," *European Journal of Social Theory,* November 1998(1): 185.
Urry, J., 2000, *Sociology Beyond Societies: Mobilities for the Twenty-First Century,* London: Routledge.
牛山久仁彦，1991,「都市社会運動と政治——A・トゥレーヌとM・カステルの間」『明治大学大学院紀要［政治経済学篇］』28：181-196.
————，2006,「社会運動と公共政策——政策形成における社会運動のインパクトと「協働」政策の課題」『社会学評論』57(2)：259-273.
歌川令三，1978,『先進国首脳会議（入門新書—時事問題解説 no. 10)』教育社.
Wagner, P., 1998, "Editor's Introduction: Symposium Sociology and Modernity in the Work of Alain Touraine," *European Journal of Social Theory,* 1(2): 163-164.
————, 2012, *Modernity: Understanding the Present,* Cambridge: Polity Press.
渡邊洋之，1998,「社会運動における「我々」の形成と展開」『ソシオロジ』43(1)：55-72.
渡辺勉，2000,「社会運動の国家間比較——政治的機会構造概念の有効性」『理論と方法』15(1)：135-148.
————，2001,「社会運動の発生——国際比較分析への応用」，鹿又伸夫・野宮大志郎・長谷川計二編『質的比較分析』ミネルヴァ書房，pp. 95-112.
渡邊頼純，2007,『GATT・WTO 体制と日本——国際貿易の政治的構造』北樹出版.
Weber, M., 1921-22. *Wirtschaft und Gesellschaft, Grundriss der verstehenden*

———, 1994, *Qu'est-ce que la démocratie?*, Paris: Fayard. (=1997, *What is Democracy?*, Boulder: Westview.)

———, 1996, "A Sociology of the Subject," Clark, J. and M. Diani ed., *Alain Touraine*, London: Falmer Press, pp. 291-342.

———, 1997a, *Pourrons-nous vivre ensemble?: Égaux et différents*, Paris: Fayard. (=2000, *Can We live Together?: Equality and Difference*, California: Stanford University Press.)

———, 1997b, "Book Review of Challenging Codes and the Playing Self," *American Journal of Sociology*, 103(3): 763-765.

———, 1999, *Comment sortir du libéralisme ?*, Paris: Fayard. (=2001, *Beyond neoliberalism*, Cambridge: Polity Press.)

———, 2000a, "A Method for Studying Social Actors," *Journal of World-Systems Research*, 6(3): 900-918.

———, 2000b[1965], *Sociologie de l'action: essai sur la société industrielle (nouvelle edition, entierement revue)*, Paris: Seuil.

———, 2002, "From Understanding Society to Discovering the Subject," *Anthropological Theory*, 2(4): 387-398.

———, 2005, *Un nouveau paradigme: Pour comprendre le monde aujour'hui*, Paris: Fayard.

———, 2006, *Le monde des femmes*, Paris: Fayard.

———, 2007, *Panser autrement*, Paris: Fayard. (=2009, *Thinking Differently*, Cambridge: Polity Press.)

———, 2013, *La fin des sociétés*, Paris: Seuil.

Touraine, A. ed., 1982, *Mouvements sociaux d'Hier et d'Aujourd'hui. Acteurs et Analystes*, Paris: Éditions Ouvrières.

Touraine, A. et E. Verley, 1950, "Enquête francaise de sociologie industrielle," *Cahiers Internationaux de Sociologie*, 7: 72-89.

Touraine, A., Dubet, F., Hegedus, Z. et M. Wieviorka, 1978, *Lutte étudiante*, Paris: Seuil.

———, 1980, *La Prophétie antinucléaire*, Paris: Seuil. (=1984, 伊藤るり訳『反

――――, 1968, *Le Mouvement du Mai ou le communisme utopique,* Paris: Seuil.（＝1970, 寿里茂・西川潤訳『現代の社会闘争――五月革命の社会学的展望』日本評論社）

――――, 1969, *La société post-industrielle: naissance d'une société,* Paris: Denoel-Conthier.（＝1970, 寿里茂・西川潤訳『脱工業化の社会』河出書房新社）

――――, 1973, *Production de la société,* Paris: Seuil.（＝1977, *The Self-Production of Society,* Chicago: University of Chicago Press.）

――――, 1974a, *Pour la sociologie,* Paris: Seuil.（＝1978, 梶田孝道訳『社会学へのイマージュ――社会システムと階級闘争の理論』新泉社）

――――, 1974b, *The Academic System in American Society,* NJ: Transaction Publishers.

――――, 1977, *Un désir d'histoire,* Paris: Stock.（＝1979, 杉山光信訳『歴史への希望――現代フランスの知的状況から』新曜社）

――――, 1978, *La voix et le regard,* Paris: Seuil.（＝2011, 梶田孝道訳『声とまなざし』新泉社）

――――, 1980, *L'Apres-socialisme,* Paris: Grasset.（＝1982, 平田清明・清水耕一訳『ポスト社会主義』新泉社）

――――, 1981, "Une Sociologie sans Société," *Revue Francaise de Sociologie,* 22: 3-13.

――――, 1984, *Le retour de l'acteur,* Paris: Fayard.（＝1988, *Return of the Actor: Social Theory in Postindustrial Society,* Minnesota: University of Minnesota Press.）

――――, 1985, "An Introduction to the Study of Social Movements," *Social Research,* 52: 760-774.

――――, 1989, "Is Sociology Still the Study of Society?," *Thesis Eleven,* 23: 5-34.

――――, 1991, "Commentary on Dieter Rucht's Critique," *Research on Social Movements. The State of the Art in Western Europe and the USA,* Boulder: Westview, pp. 385-391.

――――, 1992, *Critique de la modernité,* Paris: Fayard.（＝1995, *Critique of Modernity,* Cambridge: Blackwell.）

畑裕嗣監訳『社会運動の力——集合行為の比較社会学』彩流社）
————, 2005, *The New Transnational Activism*, Cambridge: Cambridge University Press.
Tarrow, S. and D. McAdam, 2003, *Scale Shift in Transnational Contention*, paper prepared for the conference on "Transnational Processes and Social Movements," at the Villa Serbelloni, Bellagio, Italy, July 22-26th, 2003.
Taylor, C. L. and D. A. Jodice, 1986, *World Handbook of Political and Social Indicators III: 1948-1982* [CD file].
Taylor-Gooby, P., 2004, "New Risks and Social Change," Taylor-Gooby, P. ed., *New Risks, New Welfare: The Transformation of The European Welfare State*, Oxford: Oxford University Press, pp. 1-27.
寺田良一，1982，「トゥレーヌ社会理論における関係性の二重性——脱産業社会論の批判的展望」『社会学論考』3：75-97.
Tilly, C. and S. Tarrow, 2007, *Contentious Politics*, Boulder: Paradigm Publishers.
Toscano, E., 2012, "The Sphere of Action of the Alterglobal Movement: A Key of Interpretation," *Social Movement Studies*, 11(1): 79-96.
Touraine, A., 1951, "Classe sociale et statut socio-économique," *Cahiers Internationaux de Sociologie*, 11: 155-176.
————, 1952, "Ambiquite de la sociologie industrielle américaine," *Cahiers Internationaux de Sociologie*, 12: 131-146.
————, 1953, "Le Statut social comme Champ d'action," *Actes du 2e Congres mondial de Sociologie*, 2: 353-357.
————, 1954, "Le traitement de la société globale dans la sociologie américaine contemporaine," *Cahiers Internationaux de Sociologie*, 16: 126-145.
————, 1955, *L'Évolution du travail ouvrier aux usines Renault*, Paris: CNRS.
————, 1960, "Contribution a la sociologie du mouvement ouvrier: le syndicalisme de controle," *Cahiers Internationaux de Sociologie*, 28: 57-88.
————, 1965, *Sociologie de l'action*, Paris: Seuil.（＝1974，大久保敏彦・石崎晴己・菅原猛・長沢孝弘訳『行動の社会学』合同出版）
————, 1966, *La conscience ouvrière*, Paris: Seuil.

Stein, L., 1850, *Geschichte der sozialen Bewegung in Frankreich von 1789 bis auf unsere Tage*, Leipzig.
杉山光信，1977，「訳者あとがき」『歴史への希望――現代フランスの知的状況から』新曜社，pp. 290-310.
――――，1983，『現代フランス社会学の革新』新曜社.
――――，1990，「トゥレーヌと現代」『現代社会学群像』恒星社厚生閣.
――――，2000，『アラン・トゥーレーヌ――現代社会のゆくえと新しい社会運動』東信堂.
――――，2007，「「停滞」と「分裂」のなかの社会運動論？――アラン・トゥーレーヌの仕事の理解をめぐって」『明治大学心理社会学研究』2：13-33.
成元哲・角一典，1998，「政治的機会構造の理論射程――社会運動を取りまく政治環境はどこまで操作化できるのか」『ソシオロゴス』22：102-123.
寿里茂，1970，「訳者あとがき」『社会学の現代的課題』青木書店.
――――，1975，『産業社会の転換』早稲田大学出版部.
――――，1984，『現代フランスの社会構造――社会学的視座』東京大学出版会.
田川光照，2007，「訳者あとがき」『暴力』新評論，pp. 359-363.
高橋徹，1952，「フランスに於ける労働社会学の一動向」『社会学評論』2(3)：89-99.
高瀬淳一，2000，『サミット――主要国首脳会議』芦書房.
――――，2001，『リージョナリズムの国際政治経済学』学陽書房.
Tarrow, S., 1988, "National Politics and Collective Action: Recent Theory and Research in Western Europe and the United States," *Annual Review of Sociology*, 14: 421-440.
――――, 1995, "States and Opportunities: The Political Structuring of Social Movements," McCarthy, J., McAdam, D. and M. N. Zald, *Opportunities, Mobilizing Structures and Framin: Comparative Applications of Contemporary Movement Theory*, Cambridge: Cambridge University Press, pp. 147-248.
――――, 1996, "Social Movements in Contentious Politics: A Review Article," *American Political Science Review*, 90: 874-883.
――――, 1998[1994], *Power in Movement: Social Movement and Contentious Politics*, second edition, Cambridge: Cambridge University Press.（＝2006，大

Press, pp. 33-54.
Royal, S. et A. Touraine, 2008, *Si la gauche veut des idées*, Paris: Grasset & Fasquelle.
Rucht, D. ed., *Research on Social Movements: The State of the Art in Western Europe and the USA*, Boulder: Westview, pp. 17-44.
佐藤慶幸，1976,『行為の社会学——ウェーバー理論の現代的展開』新泉社.
Scott, A., 1991, "Action, Movement, and Intervention: Reflections on the Sociology of Alain Touraine," *Canadian Journal of Sociology*, 28(1): 30-45.
————, 1996, "Movements of Modernity: Some Questions of Theory, Method and Interpretation," Clark, J. and M. Diani ed., *Alain Touraine*, London: Falmer Press, pp. 77-92.
Sheppard, H. L., 1966, "Review: Sociologie de l'action," *American Sociological Review*, 31: 722.
嶌信彦，2000,『首脳外交——先進国サミットの裏面史』文藝春秋.
新川敏光，2005,『日本型福祉レジームの発展と変容』ミネルヴァ書房.
————，2007,「新自由主義を超えて」『幻視のなかの社会民主主義』法律文化社, pp. 225-248.
新明正道，1974,『社会学における行為理論』恒星社厚生閣.
塩原勉，1967,「社会変動における運動過程——集合行動と社会運動の理論」，辻村明・塩原勉・見田宗介『今日の社会心理学６　変動期における社会心理』培風館，pp. 3-145.
————，1975,「理論社会学における若干の基本問題」『社会学評論』25(4)：17-36.
————，1976,『組織と運動の理論——矛盾媒介過程の社会学』新曜社.
曽良中清司，1967,「社会運動論の系譜と若干の問題——米国の社会学部門を中心に」『社会学評論』68：2-24.
————，1998,『社会運動の基礎理論的研究』成文堂.
————，2004,「社会運動論の回顧と展望」，曽良中清司・長谷川公一・町村敬志・樋口直人編『社会運動という公共空間——理論と方法のフロンティア』成文堂，pp. 230-258.

の総合理論をめざして』日本評論新社）

Peace, T., 2009, "Un antisémitisme nouveau?: The debate about a 'new antisemitism' in France," *Patterns of Prejudice*, 43(2): 103-121.

Pecaut, D., 1996, "Politics, the Political and the Theory of Social Movements," Clark, J. and M. Diani ed., *Alain Touraine*, London: Falmer Press, pp. 159-172.

Pickvance, C. G., 1993, "Social Movements in the Transition from State Socialism," Musil, J. ed., *Urban Planning and Environmental Policy in the Context of Political and Economic Changes in Central Europe*, Prague: Institute of Sociology, pp. 200-212.

Pierson, C., 1991, *Beyond The Welfare State?*, Oxford: Basil Blackwell.（＝1996, 田中浩・神谷直樹訳『曲がり角にきた福祉国家――福祉の新政治経済学』未來社）

Pleyers, G., 2010, *Alter-Globalization: Becoming Actors in the Global Age*, Cambridge: Polity Press.

Pongratz, H. J., 2011, "Das Subjekt der Kritik. Ein arbeitssoziologischer Kommentar zu Dubets 'Ungerechtigkeiten'," *Mittelweg 36*, Heft 2, April/Mai 2011: 20-31.

Potthast, J., 2011, "Soziologie der ausbleibenden Kritik," *Mittelweg 36*, Heft 2, April/Mai 2011: 32-50.

Putnam, R. D. and N. Bayne, 1984, *Hanging Together: The Seven-Power Summits*, London: Royal Institute of International Affairs.（＝1986, 山田進一訳『サミット［先進国首脳会議］』TBS ブリタニカ）

Reynaud, J.-D. et P. Bourdieu, 1966, "Une sociologie de l'action est-elle possible?," *Revue française de sociologie*, 7(4): 508-517.

Rose, M., 1996a, "Alain Touraine: Sociologue du Travail, Proudhonian, Pessimist," Clark, J. and M. Diani ed., *Alain Touraine*, London: Falmer Press, pp. 17-32.

————, 1996b, "Skill, Flexbility and Effort in a Post-Factory World: Evidence from Britain," Clark, J. and M. Diani ed., *Alain Touraine*, London: Falmer

al Politics," *Social Research,* 52(4): 817-868.

荻野達史，2006，「新たな社会問題群と社会運動――不登校、ひきこもり、ニートをめぐる民間活動」『社会学評論』57(2)：311-328.

小熊英二，2012，『社会を変えるには』講談社.

小倉利丸，2008，「G8サミットとグローバル化する治安警察」『インパクション』162：45-50.

大橋正明・越田清和・小倉利丸，2008，「（座談会）G8の何が問われているのか――私たちはどのように行動するのか」『インパクション』162：6-33.

大畑裕嗣，1994，「関わりについて――韓国での日記から」，社会運動論研究会編『社会運動の現代的位相』成文堂，pp. 267-288.

――――，2004，「モダニティの変容と社会運動」，曽良中清司・町村敬志・長谷川公一・樋口直人編『社会運動という公共空間――理論と方法のフロンティア』成文堂，pp. 156-189.

大畑裕嗣・木下康仁，2006，「特集によせて――社会運動の「消滅」と社会運動論の「分裂」を超えて」『社会学評論』57(2)：220-222.

大久保敏彦・石崎晴己・菅原猛・長沢孝弘，1974，「訳者あとがき」『行動の社会学』合同出版，pp. 353-356.

Oommen, T. K., 1996, "Social Movements in a Comparative Perspective: Situating Alain Touraine," Clark, J. and M. Diani ed., *Alain Touraine,* London: Falmer Press, pp. 111-126.

Outhwaite, W., 1996, "Social Action and the Production of Society," Clark, J. and M. Diani ed., *Alain Touraine,* London: Falmer Press, pp. 251-261

Parsons, T., 1951, *The Social System,* NY: The Free Press.（＝1974，佐藤勉訳『社会体系論』青木書店）

――――, 1961, "Introduction to Part Four (Culture and the Social System)," Parsons, T., Shils, E., Naegele, K. D. and J. R. Pitts ed., *Theories of Society: Foundations of Modern Sociological Theory,* NY: Free Press.（＝1991，丸山哲央訳『文化システム論』ミネルヴァ書房）

Parsons, T. and E. Shils ed., 1951, *Toward a General Theory of Action,* Cambridge: Harvard University Press.（＝1960，永井道雄・作田啓一・橋本真訳『行為

Modern & Contemporary France, 23(2): 280-281.

Montero-Casassus C., 1997, *La revolución empresarial chilena,* Santiago: Dolemen.

森千香子，2007，「訳者あとがき」『レイシズムの変貌――グローバル化がまねいた社会の人種化、文化の断片化』明石書店，pp. 184-190.

牟田和恵，2006，「フェミニズムの歴史からみる社会運動の可能性――「男女共同参画」をめぐる状況を通しての一考察」『社会学評論』57(2)：292-310.

中野秀一郎，1999，『タルコット・パーソンズ――最後の近代主義者』東信堂.

仲田教人，2008a，「会議と革命――オルター・グローバリゼーション運動のはかりかた」『VOL03 ANTI-CAPITALISM/ART NO!G8』以文社，pp. 110-114.

――――，2008b，「「G8サミットを問う連絡会」は何を目指すのか」『インパクション』162：60-72.

中澤秀雄，2005，『住民投票運動とローカルレジーム――新潟県巻町と根源的民主主義の細道、1994-2004』ハーベスト社.

――――，2012，「ポスト３・11（災間期）の社会運動と地域社会の再生」『大原社会問題研究所雑誌』647号：1-14.

似田貝香門，1975，「社会運動論の系譜――理論的系譜と現代の運動論」『現代のエスプリ』93：25-42.

North, P., 1998, "Exploring the Politics of Social Movements through 'Sociological Intervention': A Case Study of Local Exchange Trading Systems," *Sociological Review,* 46: 564-583.

Oberschall, A., 1978, "Theories of Social Conflict," *Annual Review of Sociology,* 4: 291-315.（＝1989，鵜飼孝造訳「崩壊理論から連帯理論へ」，塩原勉編『資源動員と組織戦略――運動論の新パラダイム』新曜社，pp. 59-91）

――――, 2004, "Explaining Terrorism: The Contribution of Collective Action Theory," *Sociological Theory,* 22(1): 27-37.

OECD, 2008, *Jobs for Youth: Japan,* OECD.

Offe, C., 1984, "Reflections on the Welfare State and the Future of Socialism. An Interview," *Contradictions of the Welfare State,* Cambridge: The MIT Press, pp. 252-300.

――――, 1985, "New Social Movements: Challenging the Boundaries of Institution-

之内靖・貴堂嘉之・宮崎かすみ訳『現在に生きる遊牧民——新しい公共空間の創出に向けて』岩波書店）
———, 1996a, *The Playing Self: Person and Meaning in a Planetary Society*, Cambridge: Cambridge University Press.
———, 1996b, *Challenging Codes: Collective Action in the Information Age*, Cambridge: Cambridge University Press.
Melucci, A. ed., 1984, *Altri codici: Aree di movimento nella metropolis*, Bologna: Mulino.
Metrica, 2007, *Make Poverty History Media Analysis Report*.
道場親信，2006，「1960-70年代「市民運動」「住民運動」の歴史的位置——中断された「公共性」論議と運動史的文脈をつなぎ直すために」『社会学評論』57 (2)：240-208.
Minguet, G., 1980, "Les mouvements sociaux, la sociologie de l'action et l'intervention sociologique: Apropos de deux ouvrages d'Alain Touraine," *Revue Francaise de Sociologie*, 21(1): 121-133.
水上英徳，2004，「再分配をめぐる闘争と承認をめぐる闘争——フレイザー／ホネット論争の問題提起」『社会学研究』76：29-54.
宮島喬，2012，『社会学原論』岩波書店.
宮島喬・森千香子，2009，「訳者あとがき」『差異——アイデンティティと文化の政治学』法政大学出版局，pp. 257-264.
宮本太郎，1999，「福祉多元主義の理論と現実」，川口清史・富沢賢治編『福祉社会と非営利・協同セクター——ヨーロッパの挑戦と日本の課題』日本経済評論社, pp. 179-241.
———，2001，「比較福祉国家論の可能性——21世紀モデルへの視界は拓けたか」『社会政策学会誌』6：5-22.
———，2005，「ソーシャル・ガヴァナンス——その構造と展開」，山口二郎・宮本太郎・坪郷實編『ポスト福祉国家とソーシャル・ガヴァナンス』ミネルヴァ書房，pp. 1-23.
———，2008，『福祉政治——日本の生活保障とデモクラシー』有斐閣.
Mondon, A., 2015, "Le Front national entre extrémisme, populisme et démocratie,"

松本康，1985，「相対的剥奪と社会運動——相対的剥奪論の再生は可能か」『思想』737：102-123.

松浦晃一郎，1994，『先進国サミット——歴史と展望』サイマル出版会.

McAdam, D., Tarrow, S. and C. Tilly, 2001[2003], *Dynamics of Contention*, Cambridge: Cambridge University Press.

McCarthy, J. D. and M. N. Zald, 1977, "Resource Mobilization and Social Movements: Partial Theory," *American Journal of Sociology*, 82(6): 1212-1241.（＝1989，片桐新自訳「社会運動の合理的理論」，塩原勉編『資源動員と組織戦略——運動論の新パラダイム』新曜社，pp. 21-56）

McDonald, K., 1994, "Alain Touraine's Sociology of the Subject," *Thesis Eleven*, 38: 46-60.

————, 1999, *Struggles for Subjectivity: Identity, Action and Youth Experience*, Cambridge: Cambridge University Press.

————, 2002, "L'Intervention sociologique after Twenty-Five Years: Can It Translate into English ?," *Qualitative Sociology*, 25(2): 247-260.

————, 2003, "Global Movements: From Social Movement to Experience Movement," Paper Presented at ISA RC 47 Conference, Tokyo (July 3-4, 2003).

————, 2004a, "After Collective Identity: Movement As Music," The Australian Sociological Association 2004 Conference Proceedings, pp. 1-5.

————, 2004b, "Oneself as Another: From Social Movement to Experience Movement," *Current Sociology*, 52(4): 575-593.

————, 2006, *Global Movement: Action and Culture*, South Victoria: Blackwell.

Melucci, A., 1975, "Sur le travail théorique d'Alain Touraine," *Revue française de sociologie*, 16(3): 359-379.

————, 1980, "The New Social Movements: A Theoretical Approach," *Social Science Information*, 19(2): 199-266.

————, 1985, "The Symbolic Challenge of Contemporary Movements," *Social Research*, 52: 781-816.

————, 1989, *Nomads of the Present: Social Movements and Individual Needs in Contemporary Society*, Philadelphia: Temple University Press.（＝1997，山

of Minnesota Press.

栗原康，2008，『G8 サミット体制とはなにか』以文社.

Lapeyronnie, D. et B. Franco, 1990, *Les deux morts de la Wallonie sidérurgique,* Brussels: Artel.

Lapeyronnie, D. et J. L. Marie, 1992, *Campus blues: Les étudiants face àleurs études,* Paris: Seuil.

Le Bot, Y. et Marcos, 1997, *Le Réve zapatiste,* Paris: Seuil.（＝2005，佐々木真一訳『サパティスタの夢――たくさんの世界から成る世界を求めて』現代企画室）

Lelievre C., 2003, "Dubet (François). Le déclin de l'institution," *Revue française de pédagogie,* 143(1): 147-148.

Lima, M. P. de, J. G. de Oliveira, L. Oliveira, M. C. Cerdeira, M. T. S. Rosa and P. M. Alves, 1992, *A acção sindical e o desenvolvimento,* Lisboa: Salamandra.

Linkenbach, A., 2000, "Anthropology of Modernity: Projects and Contexts," *Thesis Eleven,* 61: 41-63.

Maheu, L., "The Sociology of Alain Touraine: A Modernist Look at Post-Industrialization and the Ambivalence of Social Movements," Clark, J. and M. Diani ed., *Alain Touraine,* London: Falmer Press, pp. 93-110.

Mallet, S., 1963, *La nouvelle classe ouvrière,* Paris: Seuil.

————, 1969, "L'itinéraire d'Alain Touraine," *Homme et la société,* 12(1): 195-210.

Martel, L. and N. Stammers, 1996, "The Study of Solidarity and the Social Theory of Alain Touraine," Clark, J. and M. Diani ed., *Alain Touraine,* London: Falmer Press, pp. 127-144.

Martiniello, M., 1998, "Wieviorka's View on Multiculturalism: A Critique," *Ethnic and Racial Studies,* 21(5): 9-11.

Martuccelli, D., 1996, "Alain Touraine's Conceptions of Modernity," Clark, J. and M. Diani ed., *Alain Touraine,* London: Falmer Press, pp. 235-249.

松田素二，2002，「個人性の社会理論序説――非西欧的セルフ像をめぐって」『フォーラム現代社会学』1：33-42.

松本和良，1997，『パーソンズの社会学理論』恒星社厚生閣.

片桐新自，1985，「戦後日本における運動論の展開——理論的観点からの整理」『思想』737：200-220.

————，2003，「非営利型社会活動（NPSA）の理論的検討」，片桐新自・丹辺宣彦編『現代社会学における歴史と批判(下)近代資本制と主体性』東信堂，pp. 57-81.

川西昌大，2008，「G8サミットへのNGO・市民社会の関与」『レファレンス』平成20年5月号：89-109.

Kitschelt, H. P., 1986, "Political Opportunity Structures and Political Protest: Anti-nuclear Movements in Four Democracies," *British Journal of Political Science*, 16: 57-85.

Klandermans, B., 1986, "New Social Movements and Resource Mobilization: The European and the American Approach," *International Journal of Mass Emergencies and Disasters*, 1: 13-37.

————, 1991, "New Social Movements and Resource Mobilization: The European and American Approach Revisited," D. Rucht ed., *Research on Social Movements. The State of the Art in Western Europe and the USA*, pp. 17-44.

Kleinman, A., 1988, *The Illness Narratives: Suffering, Healing, and the Human Condition*, NY: Basic Books.（＝1996，江口重幸・五木田紳・上野豪志訳『病いの語り——慢性の病いをめぐる臨床人類学』誠信書房）

Knöbl, W., 1999, "Social Theory from a Sartrean Point of View: Alain Touraine's Theory of Modernity," *European Journal of Social Theory*, 2(4): 403-427.

国際交流インフォセンター／キャンプ札幌実行委員会編，2008，『オルタナティヴ・ヴィレッジ〜私たちの小さな村のこころみ（洞爺湖サミット国際交流インフォセンター／キャンプ（札幌・当別）報告集)』同委員会発行.

小関藤一郎，1968，「アラン・トゥレーヌ著「労働民の意識」(Alain Touraine; La conscience ouvrière) 1966」『日本労働協会雑誌』10(1)：71-75.

高祖岩三郎，2009，『新しいアナキズムの系譜学』河出書房新社.

Kriesi, H., Koopmans, R., Duyvendak, J-W. and M. Giugni, 1995, *New Social Movements in Western Europe: A Comparative Analysis*, Minnesota: University

Joas, H., 1996, *The Creativity of Action*, Chicago: University of Chicago Press.

Joas, H. and W. Knöbl, 2009, *Social Theory: Twenty Introductory Lectures*, Cambridge: Cambridge University Press.

Johnston, H., 2002, "Verification and Proof in Frame and Discourse Analysis," Klandermans, B. and S. Staggenborg, ed., *Methods of Social Movement Research*, London: University of Minnesota Press, pp. 62-91.

Joly, D., 1998, "Ethnicité et violence chez les jeunes Antillais: Une intervention sociologique a Birmingham," *Cahiers internationaux de Sociologie*, 105: 383-413.

———, 2001, *Blacks and Britannity*, Burlington: Ashgate Publishing Company.

Juris, J., 2007. "A New Way of Doing Politics?: Global Justice Movements and the. Cultural Logic of Networking," *Recherches Sociologiques et Anthropologiques*, 38(1): 127-142

角一典，2002，「受益圏／受苦圏概念に関する省察――可能性と課題」，第２回環境社会学会研究例会，2002年５月.

貝沼洵，2000，『批判的な社会理論の復権』アカデミア出版会.

———，2003，「グローバリゼーションと社会学――ホモ・ソシオロジクスの終焉を超えて」『人間環境学研究』1(2)：41-50.

———，2004a，「「共生」の可能性――道徳と政治の間で」『人間環境学研究』2(2)：21-34.

———，2004b，「「社会的なもの」の終焉と「主体」の定位――失われた変革主体を求めて」『名古屋大学社会学論集』25：233-258.

梶田孝道，1974，「行為主義社会学の確立をめざして［解題］」『思想』602：1160-1162.

———，1980，「社会関係の持続と変化――Ａ・トゥレーヌの脱産業社会論の整理のために」『年報社会心理学』21：133-157.

———，1985，「新しい社会運動――Ａ・トゥレーヌの問題提示をうけて」『思想』737：210-237.

———，1988，『テクノクラシーと社会運動――対抗的相補性の社会学』東京大学出版会.

平林豊樹，2003,「新自由主義に対する社会理論家」『慶應義塾大学大学院社会学研究科紀要』56：21-33.

Honneth, A., 1992, *Kampf um Anerkennung: Zur moralischen Grammatik sozialer Konflikte,* Suhrkamp Verlag.（＝2003，山本啓・直江清隆訳『承認をめぐる闘争——社会的コンフリクトの道徳的文法』法政大学出版局）

星野智，1985,「現代における危機と正当化——クラウス・オッフェの理論を中心に」『思想』730：238-258.

保城広至，2015,『歴史から理論を創造する方法——社会科学と歴史学を統合する』勁草書房.

稲葉奈々子，2004,「排除社会と社会運動論——八〇年代以降のトゥレーヌ学派」『社会学研究』76：75-98.

伊藤公雄，1997,「空間の政治学に向けて——シチュアシオニスト，アウトノミアからレオンカヴァッロへ」『アンテルナシオナル・シチュアシオニスト』第3巻解説，インパクト出版会.

————，2007,「「家族・親密圏」をめぐるポリティックス」『アソシエ21ニューズレター』2007年12月号：2-5.

伊藤昌亮，2011,『フラッシュモブズ——儀礼と運動の交わるところ』NTT 出版.

伊藤るり，1984,「社会学的介入とフランス反原子力闘争に関する若干の補足説明」『声とまなざし——社会運動の社会学』新泉社，pp. 311-322.

————，1993a,「社会学的介入」森岡清美・塩原勉・本間康平編『新社会学辞典』有斐閣，p. 603.

————，1993b,「〈新しい社会運動〉論の諸相と運動の現在」，山之内靖ほか編『岩波講座 社会科学の方法8 システムと生活世界』岩波書店，pp. 122-157.

Jacquin, D., 1982, "Lip 73-81: Une analyse sociologique," Ph. D thesis, Paris: Ecole des Hautes Etudes en Sciences Sociales.

Jary, D. and Y. Lebeau, 2009, "The Student Experience and Subject Engagement in UK Sociology: A Proposed Typology," *British Journal of Sociology of Education,* 30(6): 697-712.

Jenkins, J. C., 1983, "Resource Mobilization Theory and the Study of Social Movements," *Annual Review of Sociology,* 9: 527-553.

花田昌宣，1995，「現代フランスの青年問題――社会・経済の再編成と国家政策(上)」『社会関係研究』1(1)：61-93.

Hant, K., 2002, "Comment on Touraine," *Anthropological Theory*, 2(4): 399-400.

Hardt, M. and A. Negri, 2004, *Multitude: War and Democracy in the Age of Empire*, UK: Penguin Books.（＝2005，幾島幸子訳『マルチチュード――〈帝国〉時代の戦争と民主主義（上・下）』日本放送出版協会）

Hartmann, M., 2011, "Kritik des Verteilungsparadigmas. Die Gerechtigkeitstheorien Axel Honneths und François Dubets im Vergleich," *Mittelweg 36*, Heft 2, April/Mai 2011: 8-19.

長谷川秀樹，2000，「アラン・トゥレーヌの90年代後半の社会理論――フランス社会とリベラリズムを背景に」『日仏社会学会年報』10：41-59.

長谷川啓介，1999，「声とまなざし・再考――アルベルト・メルッチの「社会運動の社会学」」，庄司興吉編『世界社会と社会運動――現代社会と社会理論：総体性と個体性との媒介』梓出版社，pp. 206-227.

長谷川公一，1985，「社会運動の政治社会学――資源動員論の意義と課題」『思想』737：126-157.

――――，1990，「資源動員論と「新しい社会運動」論」，社会運動論研究会編『社会運動論の統合をめざして――理論と分析』成文堂，pp. 3-28.

橋口昌治，2011，『若者の労働運動――「働かせろ」と「働かないぞ」の社会学』生活書院.

Haug, C., Rucht, D. and T. Simon, 2013, "A Methodology for Studying Democracy and Power in Group Meetings," della Porta, D. and D. Rucht ed., *Meeting Democracy: Power and Deliberation in Global Justice Movements*, Cambridge: Cambridge University Press, pp. 23-46.

林明仁，2007，「G8サミットを巡るNGOのネットワーキングと政府・NGO関係についての調査」平成19年度NGO専門調査員調査・研究報告書，外務省.

林信明，1975，「アラン・トゥレーヌ論-1-テーゼとしてのルノー工場研究」『花園大学研究紀要』6：49-74.

――――，1977，「アラン・トゥレーヌ論-2-創造と統制の弁証法的「行為」概念の形成過程」『花園大学研究紀要』8：45-72.

ワーク、「自由」の公的保障』，京都大学グローバル COE「親密圏と公共圏の再編成をめざすアジア拠点」，pp. 7-20.

————，2010b，「新しい社会的リスクをめぐるネットワークの組織構造と連携のロジック——イベント／ウェブサイトの数量分析と聞き取り調査から」，濱西栄司編『GCOE ワーキングペーパー　次世代研究　新しい社会的リスクと若者，日本型ソーシャル・ガヴァナンス——若者の自律スペース、年配世代の事業運動ネットワーク、「自由」の公的保障』，京都大学グローバル COE「親密圏と公共圏の再編成をめざすアジア拠点」，pp. 44-65.

————，2010c，「社会的排除と「経験の社会学」——３つの論理と接合のワーク」『理論と動態』3：3-18.

————，2010d，「洞爺湖 G8サミットをめぐるグローバル運動の「俯瞰」——受苦受益，被害加害の観点から」，青空大学連絡会編『青空大学——パペットをつくろう！論考集』（URP GCOE Report Series, no. 5），大阪市立大学都市研究プラザ，pp. 18-25.

————，2011，「自律スペースの現在と〈調整〉——国際サミット時のローマ・コペンハーゲンと日本」『インパクション』178：22-33.

————，2012，「「３・11以後」とアクターの回帰——日米丁サミットとトゥレーヌ理論を通して」『批評研究』1：97-118.

————，2013，「アクターの回帰とアクシオンの社会学——行為論的アプローチからの展開」『現代社会学理論研究』7：29-40.

————，2014，「後期トゥレーヌの脱近代化論——モダニティをめぐる諸理論と現代アジア」，田中紀行・吉田純編『変容する親密圏／公共圏６モダニティの変容と公共圏』京都大学学術出版会，pp. 193-215.

Hamanishi, E., 2010, “Los Movimientos Sociales Japoneses vistos a traves de la Configuracion de Actores en torno a la Cumbre del G8, 2008,” *Veredas: Revista del Pensamiento Sociologico*, 21: 199-214.

Hamel, J., 1998, “The Positions of Pierre Bourdieu and Alain Touraine Respecting Qualitative Methods,” *The British Journal of Sociology*, 49(1): 1-19.

————, 2001, “The Focus Group Method and Contemporary French Sociology,” *Journal of Sociology*, 37(4): 341-353.

――――，2005a，「集合的アイデンティティから経験運動へ――トゥレーヌ学派モデル／社会学的介入による LETS・変容の事例分析」『ソシオロジ』154：69-85.
――――，2005b，「社会運動の個人化――社会的排除・ホームレスギャング・拒食症・落書き・エスニシティ―― Kevin McDonald, *Struggles for Subjectivity: Identity, Action and Youth Experience*, 1999」『京都社会学年報』13：115-125.
――――，2006，「社会運動論の方法論的レパートリーの拡充――エスノメソドロジー・構築主義・分析的括弧入れによる運動研究」『京都社会学年報』14：59-74.
――――，2008a，「動員論と行為論，及び第三のアプローチ――方法論的差異と社会運動の「質」」『ソシオロジ』163：39-53.
――――，2008b，「紛争イシューの多様性に関する複合レジームモデル――政治的機会構造、行為社会学、福祉レジーム、受益／受苦圏」『京都社会学年報』16：21-35.
――――，2009a，「トゥレーヌ社会学における中心的テーゼの確立と展開――「強い」社会運動論の可能性、脱フランス化と日本」『現代社会学理論研究』3：163-174.
――――，2009b，「新しい社会的リスクと日本型ソーシャル・ガヴァナンス――社会的企業聞き取り調査の分析を中心に」，共生型経済推進フォーラム編『誰も切らない、分けない経済――時代を変える社会的企業』同時代社，pp. 212-225.
――――，2009c，「多元的近代とアクター――アイゼンシュタットの文明論的分析と日本の抗議運動」『GCOE ワーキングペーパー　国際共同研究「公共圏と「多元的近代」の社会学理論」』，京都大学グローバル COE「親密圏と公共圏の再編成をめざすアジア拠点」，pp. 17-30.
――――，2010a，「若者：雇用／失業問題（社会的包摂・労働統合）を超えて――若者の自律スペース：日本、ローマ、コペンハーゲン」，濱西栄司編『GCOE ワーキングペーパー　次世代研究　新しい社会的リスクと若者、日本型ソーシャル・ガヴァナンス――若者の自律スペース、年配世代の事業運動ネット

Giddens, A., 1990, *The Consequences of Modernity,* Cambridge: Polity Press. （＝1993，松尾精文・小幡正敏訳『近代とはいかなる時代か？――モダニティの帰結』而立書房）

――――, 1991, *Modernity and Self-Identity: Self and Society in the Late Modern Age,* California: Stanford University Press. （＝2005，秋吉美都・安藤太郎・筒井淳也訳『モダニティと自己アイデンティティ――後期近代における自己と社会』ハーベスト社）

Giddens, A. ed., 1974, *Positivism and Sociology,* London: Heinemann.

Glaser, B. and A. Strauss, 1967, *The Discovery of Grounded Theory: Strategies for Qualitative Research,* Chicago: Aldine Publishing Company.

Göle, N., 1982, "Ingenieurs en Turquie: Avant-garde revolutionnaire ou elite modernisatrice?" Ph. D thesis, Paris: Ecole des Hautes Etudes en Sciences Sociales.

――――, 1993, *Musulmanes et modernes: Voile et civilisation en Turquie,* Paris: La Découverte University.

Gorz, A., 1996, "Modernity, the Subject and the Subversion of Sociology," Clark, J. and Diani, M. ed., *Alain Touraine,* London: Falmer Press, pp. 275-290.

Graeber, D., 2002, "New Anarchists," *New Left Review,* 13: 61-73.

――――, 2009, *Direct Action: An Ethnography,* Oakland: AK Press.

Grazioli, M. and G. Lodi, 1984, "Giovani sul territorio urbano: l'integrazione minimale," Melucci, A. ed., *Altri codici: Aree di movimento nella metropolis,* Bologna: Il Mulino, pp. 63-126.

Habermas, J., 1981, *Theorie des kommunikativen Handelns,* Bde. 1-2, Suhrkamp Verlag, Ehm. （＝1985，河上倫逸他訳『コミュニケイション的行為の理論(上)』／1986，藤沢賢一郎他訳『コミュニケイション的行為の理論(中)』／1987，丸山高司他訳『コミュニケイション的行為の理論(下)』未來社）

Habermas, J., D. Schnapper et A. Touraine, 2001, "Débat: la nation, l'Europe, la démocratie," *Cahiers de l'URMIS,* 7|juin 2001.

濱西栄司，2004,「社会学的介入の理論と実践――アラン・トゥレーヌ、フランクフルト学派、ヴァンセンヌ学派」『現代社会理論研究』14：114-127.

の世界——比較福祉国家の理論と動態』ミネルヴァ書房）

————, 1999, *Social Foundations of Postindustrial Economies,* Oxford: Oxford University Press.（＝2000, 渡辺雅男・渡辺景子訳『ポスト工業経済の社会的基礎——市場・福祉国家・家族の政治経済学』桜井書店）

Esping-Andersen, G., Gallie, D. Hermerijk, A. and J. Myers, 2002, *Why We Need a New Welfare State,* Oxford: Oxford University Press.

Evers, A. and J-L. Laville ed., 2004, *The Third Sector in Europe,* UK: Edward Elgar Publishing.（＝2007, 内山哲朗・柳沢敏勝訳『欧州サードセクター——歴史・理論・政策』日本経済評論社）

Eyerman, R., 1982, "Consciousness and Action: Alain Touraine and the Sociological Intervention," *Thesis Eleven,* 5(6): 279-288.

Farro, A., 1986, *Conflitti sociali e città: Napoli 1970-1980,* Milano: Franco Angeli.

————, 2000, *Les mouvements sociaux: Diversité, action collective et globalisation,* Montréal: Les Presses de l'Université de Montréal.

————, 2004, "Actors, Conflicts and the Globalization Movement," *Current Sociology,* 52(4): 633-637.

Farro, A. ed., 2006, *Italia Alterglobal: Movimento, culture e spazi di vita di altre globalizzazzioni,* Milano: Franco Angeli.

Farro, A. L. and P. Rebughini ed., 2008, *Europa alterglobal: Componenti e culture del movimento dei movimenti' in Europa,* Milano: Franco Angeli.

Fine, R., 1998, "The Fetishism of the Subject?: Some Comments on Alain Touraine," *European Journal of Social Theory,* 1: 179-184.

藤田厚子, 1980,「A・トゥレーヌの社会運動論」『社会学年誌』21: 99-116.

船橋洋一, 1980,『サミットの思想』朝日新聞社.

Furlong, A. and F. Cartnel, 1997[2007], *Young People and Social Change: New Perspectives,* Buckingham: Open University Press.（＝2009, 乾彰夫・西村貴之・平塚眞樹・丸井妙子訳『若者と社会変容——リスク社会を生きる』大月書店）

Gamson, W. A., 1983, "Review of 'The Voice and the Eye'," *American Journal of Sociology,* 88(4): 212-214.

———, 1991, *Les lycéens,* Paris: Seuil.

———, 1994, *Sociologie de l'expérience,* Paris: Seuil. (＝2011, 山下雅之監訳・濱西栄司・森田次朗訳『経験の社会学』新泉社)

———, 2004, "Between a Defense of Society and a Politics of the Subject: The Specificity of Today's Social Movements," *Current Sociology,* 52(4): 693-716.

———, 2007, *L'expérience sociologique,* Paris: La Découverte.

———, 2011, *À quoi sert vraiment un sociologue?,* Paris: Armand Colin. (＝2014, 山下雅之監訳・濱西栄司・渡邊拓也訳『教えてデュベ先生、社会学はいったい何の役に立つのですか？』新泉社)

Dubet, F. et M. Wieviorka ed., 1995, *Penser le sujet: Autour d'Alain Touraine,* Paris: Fayard.

Dubet, F. and M. Wieviorka, 1996, "Touraine and the Method of Sociological Intervention," Clark, J. and M. Diani ed., *Alain Touraine,* London: Falmer Press, pp. 55-75.

Dubet, F. et D. Martuccelli, 1996, *A l'ecole: Sociologie de l'expérience scolaire,* Paris: Seuil.

Dubet, F., Caillet, V., Cortéséro, R., Mélo D. et F. Rault, 2006, *Injustices: L'expérience des inégalités au travail,* Paris: Seuil.

Duprez, D., 1988, "Dubet François, La galère: jeunes en survie," *Revue française de sociologie,* 29(2): 372-375.

Dutercq Y., 1996, "Dubet (François). —Sociologie de l'expérience," *Revue française de pédagogie,* 116(1): 143-145.

Eder, K., 2000, *Kulturelle Identität zwischen Tradition und Utopie: Soziale Bewegungen als Ort gesellschaftlicher Lernprozesse,* Frankfurt am Main: Campus Verlag.

Eisenstadt, S. N., 2000, "The Civilizational Dimension in Sociological Analysis," *Thesis Eleven,* 62: 1-21.

Esping-Andersen, G., 1990, *The Three Worlds of Welfare Capitalism,* NJ: Princeton University Press. (＝2001, 岡沢憲芙・宮本太郎監訳『福祉資本主義の三つ

Clark, J. and M. Diani, ed., 1996, *Alain Touraine,* London: Falmer Press.

Claude, L, 2003, "Dubet (François)-Le déclin de l'institution," *Revue française de pédagogie,* 143(1): 147-148.

Cohen, D., 2006, *Trois leçons sur la société post-industirlle,* Paris: Seuil. (=2009, 林昌宏訳『迷走する資本主義――ポスト産業社会についての３つのレッスン』新泉社)

Cohen, J. L. and A. Arato, 1992, *Civil Society and Political Theory,* Cambridge: MIT Press.

Crossley, N., 2007, "Alain Touraine," Scott, J., ed., *Fifty Key Sociologists: The Contemporary Theorists,* NY: Routledge.

Crowley, J., 1992, "Immigration, racisme et intégration: Recent French Writing on Immigration and Race Relations," *Journal of Ethnic and Migration Studies,* 19(1): 165-173

Darnton , A., 2006, "Make Poverty History End of Year Notes From the 'Public Perceptions of Poverty' Research Program," manuscript, 25, April, 2006.

Delanty, G., 2003, *Community: Key Ideas,* London: Routledge.

della Porta, D., 2007, "The Global Justice Movement: An Introduction," della Porta, D. ed., *The Global Justice Movement: Cross-National and Transnational Perspectives,* London: Paradigm Publisher, pp. 1-28.

della Porta, D. ed., 2007, *The Global Justice Movement: Cross-National and Transnational Perspectives,* London: Paradigm Publisher.

della Porta, D., Andretta, M., Mosca, L. and H. Reiter, 2006, *Globalization from Below: Transnational Activists and Protest Networks,* Minnesota: The University of Minnesota Press.

Derouet J.-L., 1992, "Dubet (François) Les lycéens," *Revue française de pédagogie,* 98(1): 111-112.

Dines, N., 1999, "Centri sociale: occupazioni autogestite a Napoli negli anni novanta," *Quaderni di Sociologia,* 21: 90-111.

Dubet, F., 1987, *La galère: Jeunes en survie,* Paris: Fayard.

————, 1989, *Pobladores,* Paris: L'Harmattan.

Berthelot J.-M., 1996, "Dubet François, Sociologie de l'expérience," *Revue française de sociologie*, 37(1): 173–176.

Berzano, L. and R. Gallini, 2000, "Centri sociali autogestiti a Torino," *Quaderni di Sociologia*, 22: 50–79.

Blee, K. M. and V. Taylor, 2002, "Semi-Structured Interviewing in Social Movement Research," *Methods of Social Movement Research*, 92–117.

Boudon, R., 1996, "Touraine's Subject versus Rawls's Homo Politicus and Habermas's Homo Communicans," Clark, J. and M. Diani, ed., *Alain Touraine*, London: Falmer Press, pp. 263–273.

Bourdieu, P. et J.-C. Passeron 1964, *Les héritiers: les étudiants et la culture*, Paris: Minait.

Boyns, D. and J. D. Ballard, 2004, "Developing a Sociological Theory for the Empirical Understanding of Terrorism," *The American Sociologist*, 35: 5–25.

Briot, M. and P. Chifflet, 2004, "Action Logics of Physical Education Teachers in Their Teaching Teams," *European Physical Education Review*, 10(2): 157–178.

Burawoy, M., 2007, "For Public Sociology," Clawson, D., Zussman, R., Misra, J., Gerstel, N., Stokes, R., Burawoy, M. and I. Wallerstein ed., *Public Sociology: Fifteen Eminent Sociologists Debate Politics and the Profession in the Twenty-first Century*, California: University of California Press, pp. 3–22.

Castel, R. and F. Dubet, 2011, "Verschärfen sich die Ungleichheiten?: Ein Gespräch," *Mittelweg* 36, Heft 2, April/Mai 2011: 3–7.

CFDT, 2015, *CFDT: 50 ans*, Paris: Le Cherche Midi.

Chang K.-S., 2003, "Review: Beyond Neoliberalism by Alain Touraine," *Contemporary Sociology*, 32(3): 361–363.

———, 2012, "Introduction: South Korea's Condensed Transition from Class Politics to Citizenship Politics," *Citizenship Studies*, 16(1): 1–12.

著者不明, 1973,「奴らを撃て！ベルトコンベア社会☆人生案内」

Clark, J. and M. Diani, 1996, "Introduction," Clark, J. and M. Diani, ed., *Alain Touraine*, London: Falmer Press, pp. 1–8.

and Ricoeur, Leiden: Brill.

———, 2008, "Theorising Culture: Hermeneutical Themes in the Social Theory of Alain Touraine," *International Journal of Interdisciplinary Social Sciences*, 2(6): 215-221.

———, 2010, "Western Modernity: One among Many," *Annual Conference of the Australian Sociological Association*, Sydney, 6-9th, 12, 2010.

Bauman, Z., 1983, "Book Reviews (Alain Touraine et al., 'Anti-nuclear protest' and 'Solidarity')," *Sociology*, 17(4): 596-598.

———, 2000, *Liquid Modernity*, Cambridge: Polity Press.（＝2001，森田典正訳『リキッド・モダニティ――液状化する社会』大月書店）

———, 2001, "Feature Review, Can We Live Together? Equality and Difference," *New Political Economy*, 6(3): 427-429.

Beck, U., 1986, *Risikogesellschaft: Auf dem Weg in eine andere Moderne*, Berlin: Suhrkamp Verlag.（＝1998，東廉・伊藤美登里訳『危険社会――新しい近代への道』法政大学出版局）

———, 1994, "Die Erfindung des Politischen," Beck, U., Giddens, A. and S. Lash, *Reflexive Modernization: Politics, Tradition and Aesthetics in the Modern Social Order*, Cambridge: Polity Press.（＝1997，松尾精文・小幡正敏・叶堂隆三訳「政治の再創造――再帰的近代化理論に向けて」『再帰的近代化――近現代における政治，伝統，美的原理』而立書房，pp. 9-103）

Beckford, J. A., 1998, "Re-enchantment and Demodernization: The Recent Writings of Alain Touraine," *European Journal of Social Theory*, 1(2): 194-203.

Berardi, F., 1997[1987], *Dell'innocenza. 1977: l'anno della premonzione*, Velona: Ombre Corte（＝2010，廣瀬純・北川眞也訳『No Future（ノー・フューチャー）――イタリア・アウトノミア運動史』洛北出版）

———, 2009, *Precarious Rhapsody: Semiocapitalism and the Pathologies of the post-alpha generation*, London: Minor compositions（＝2009，櫻田和也訳『プレカリアートの詩――記号資本主義の精神病理学』河出書房新社）

Berelowitch, A. et M. Wieviorka, 1996, *Les Russes d'en bas: enquête sur la Russie post-communiste*, Paris: Seuil.

参考文献

阿木幸男，2000，『非暴力トレーニングの思想――共生社会へ向けての手法』論創社.

Alexander, J. C., 1996, "Collective Action, Culture and Civil Society: Secularizing, Updating, Inverting, Revisiting and Displacing the Classical Model of Social Movements," Clark, J. and M. Diani ed., *Alain Touraine*, London: Falmer Press, pp. 205–234.

雨宮処凜・中島岳志・宮本太郎・山口二郎・湯浅誠，2009，『脱「貧困」への政治』岩波書店.

Amiot, M., 1982, "L'intervention sociologique, la science et la prophétie," *Sociologie du travail*, 24(3): 415-424.

Ansart, P., 1990, *Les sociologies contemporaines*, Paris: Seuil.（＝2004，山下雅之監訳『社会学の新生』藤原書店）

青木聡子，2013，『ドイツにおける原子力施設反対運動の展開――環境志向型社会へのイニシアティヴ』ミネルヴァ書房.

Apter, D. E., 1996, "Discourse as Power: A Second Look at Confrontational Adaptation," Clark, J. and M. Diani ed., *Alain Touraine*, London: Falmer Press, pp. 145-158.

Arnason, J., 1994, "Touraine's Critique of Modernity: Metacritical Reflections," *Thesis Eleven*, 38: 36-45.

――――, 2002, "Communism and Modernity," Eisenstadt, S. N. ed., *Multiple Modernities*, London: Transaction Publishers, pp. 61-90.

――――, 2010, "Introduction: Domains and Perspectives of Civilizational Analysis," *European Journal of Social Theory*, 13(1): 5-13.

Ballantyne, G., 2007, *Creativity and Critique: Subjectivity and Agency in Touraine*

マ行

ヤ行

ラ行

ハ行

タ行

ナ行

サ行

索引

ア行

カ行

著者紹介

濱西栄司（はまにし・えいじ）

ノートルダム清心女子大学文学部准教授。1977年京都市生まれ。

京都大学大学院文学研究科博士後期課程研究指導認定退学。

京都大学博士（文学）。

専門領域：社会学理論，社会運動論，社会集団・組織論
主な著訳書：「サミット・プロテストの全体像とメカニズム――五つの日本開催サミットにおける争点・アクター・アクションと集合的経験／空間的密集」（野宮大志郎・西城戸誠編『サミット・プロテスト――グローバル化時代の社会運動』新泉社，2016年），「後期トゥレーヌの脱近代化論――モダニティをめぐる諸理論と現代アジア」（田中紀行・吉田純編『モダニティの変容と公共圏』京都大学学術出版会，2014年），「新しい社会的リスクと日本型ソーシャル・ガヴァナンス――社会的企業聞き取り調査の分析を中心に」（共生型経済推進フォーラム編『誰も切らない，分けない経済――時代を変える社会的企業』同時代社，2009年），〔共訳〕フランソワ・デュベ『経験の社会学』（新泉社，2011年），〔共訳〕フランソワ・デュベ『教えてデュベ先生，社会学はいったい何の役に立つのですか？』（新泉社，2014年）ほか

トゥレーヌ社会学と新しい社会運動理論

2016年7月11日　第1版第1刷発行

著　者＝濱西栄司

発行者＝株式会社　新　泉　社
東京都文京区本郷2-5-12
TEL03(3815)1662　FAX03(3815)1422
印刷・製本／太平印刷社

ISBN978-4-7877-1604-0　C1036

経験の社会学

フランソワ・デュベ著／山下雅之監訳、濱西栄司、森田次朗訳／二八〇〇円＋税

デュベの理論的主著。従来の社会理論を総合的に捉え直し、〈社会的排除〉と〈社会の解体〉を生きるわれわれの経験と主体性をリアルに描き出す。

教えてデュベ先生、社会学はいったい何の役に立つのですか？

フランソワ・デュベ著／山下雅之監訳、濱西栄司・渡邊拓也訳／二〇〇〇円＋税

みずからの経験を振り返り、本当に社会を批判的にとらえる立ち位置とは何か、個人と社会の構造のどちらに重点をおいて社会を見るのかなど、社会学の基本問題を本音で語る。

声とまなざし　社会運動の社会学

アラン・トゥレーヌ著／梶田孝道訳／三八〇〇円＋税

社会の解体にいち早く注目し、新しい社会の創造と「アクター」に関する理論・方法論を提示した、フランス社会学を代表するトゥレーヌの名著。